KB091732

도

게임 개발

바이블

레트로 게임 개발 바이블

ⓒ 2023. 박주항 All rights reserved.

1쇄 발행 2023년 1월 5일

지은이 박주항
펴낸이 장성두
펴낸곳 주식회사 제이펍

출판신고 2009년 11월 10일 제406-2009-000087호
주소 경기도 파주시 회동길 159 3층 / **전화** 070-8201-9010 / **팩스** 02-6280-0405
홈페이지 www.jpub.kr / **원고투고** submit@jpub.kr / **독자문의** help@jpub.kr / **교재문의** textbook@jpub.kr

소통기획부 김정준, 이상복, 송영화, 권유라, 송찬수, 박재인, 배인혜
소통지원부 민지환, 이승환, 김정미, 서세원 / **디자인부** 이민숙, 최병찬

진행 및 교정·교열 이상복 / **내지편집** nuːn / **표지디자인** 최병찬
용지 에스에이치페이퍼 / **인쇄** 한승문화사 / **제본** 일진제책사

ISBN 979-11-92469-78-2 (93000)
값 44,000원

※ 이 책은 저작권법에 따라 보호를 받는 저작물이므로 무단 전재와 무단 복제를 금지하며,
   이 책 내용의 전부 또는 일부를 이용하려면 반드시 저작권자와 제이펍의 서면 동의를 받아야 합니다.
※ 잘못된 책은 구입하신 서점에서 바꾸어드립니다.

제이펍은 독자 여러분의 아이디어와 원고 투고를 기다리고 있습니다. 책으로 펴내고자 하는 아이디어나 원고가 있는
분께서는 책의 간단한 개요와 차례, 구성과 지은이/옮긴이 약력 등을 메일(submit@jpub.kr)로 보내주세요.

레트로 게임 개발 바이블

박주항 지음

Jpub
제이펍

※ 드리는 말씀

- 이 책에 기재된 내용을 기반으로 한 운용 결과에 대해 지은이, 소프트웨어 개발자 및 제공자,
  제이펍 출판사는 일체의 책임을 지지 않으므로 양해 바랍니다.

- 이 책에 등장하는 각 회사명, 제품명은 일반적으로 각 회사의 등록상표 또는 상표입니다.
  본문 중에는 ™, ⓒ, ® 등의 기호를 생략했습니다.

- 이 책에서 소개한 URL 등은 시간이 지나면 변경될 수 있습니다.

- 책의 내용과 관련된 문의 사항은 지은이나 출판사로 연락해주시기 바랍니다.
  - 지은이: juhang3@daum.net
  - 출판사: help@jpub.kr

차 례

PART 5 MS-DOS용 게임 만들기

김용현(Microsoft MVP)

MSX 게임 개발에 필요한 환경 구축, 디버깅, 리소스 작성, 각종 에뮬레이터 정보, 미리 만들어둔 실전 코드, WSL 환경 및 크로스 컴파일 기법 등 숙련된 개발자의 모든 노하우를 단번에 얻을 수 있었습니다. 에뮬레이터/윈도우/안드로이드 환경에서 개발하는 가장 실용적이고 빠르고 독창적인 방법을 담고 있고, 그 과정을 충분히 즐길 수 있도록 알차게 구성된 책입니다. 분야 전문가의 기반 지식, 그리고 최신 환경에서 구식 환경을 구축하고 개발 및 디버깅하려는 집념과 노력에 박수를 보내고 싶습니다. 네이티브에 매력을 느끼는 개발자들이 취미로 접해보기 대단히 좋은 내용입니다. 개인적으로도 추억이 방울방울 돋는 매우 재밌는 내용이었습니다.

 김호진

레트로 게임은 현대 게임들의 기초가 되는 존재입니다. 그 존재에 대한 개발 방식이 매우 흥미로웠습니다. 이해하기 어려운 부분은 있었으나 실습 내용과 그에 따른 상세한 설명을 읽는 데에는 무리가 전혀 없었습니다. 저자가 최대한 읽히기 쉽게 썼고 MSX라는 존재를 보다 쉽게 전달하기 위해 최선을 다했다는 느낌이 드는 책이었습니다.

김효진(스튜디오쥬)

MSX 같은 레트로 플랫폼에서 작동하는 게임을 현세대에서 프로페셔널하게 개발하는 정수가 담겨 있습니다. 매 페이지마다 저자가 레트로 게임을 개발하는 과정에서 얻은 정보와 노하우의 집대성을 확인할 수 있습니다. 자료도 거의 남지 않은 플랫폼에서 최신 IDE로 디버깅까지 하며 개발하는 게 가능하다곤 생각도 못 했습니다. 거기다 하나의 플랫폼을 넘어 여러 플랫폼까지 커버하는 책의 내용에 경의를 표합니다. 바이블이라 할 정도로 몹시 넓은 범위를 커버하다 보니, 세세한 부분까지는 다루지 않는 경우가 있어 아쉬웠습니다.

 정욱재

개발자라면 한 번쯤은 옛날 기기에 올릴 수 있는 소프트웨어를 만들어보고 싶을 것입니다. 이 책은 그러한 로망을 채워주는 책입니다. 단순히 따라 하는 것을 넘어 메모리 관리와 같은 심화 부분까지 잘 설명해주니 디테일한 이해를 원하는 분들도 정말 재밌게 읽을 수 있습니다. 적어도 저는 정말 재밌게 읽었습니다!

 최희욱(방송통신대)

IT 기초 지식을 쌓는 데에도 매우 도움이 되는 책입니다. 다양한 내용을 실제로 실습해보면서 자세한 원리까지 동시에 파악할 수 있었습니다. 실습이 많은 것이 부담이 되지만 도움 되는 자료 역시 충분히 제공되므로 쉽게 따라 할 수 있습니다.

제이펍은 책에 대한 애정과 기술에 대한 열정이 뜨거운 베타리더의 도움으로
출간되는 모든 IT 전문서에 사전 검증을 시행하고 있습니다.

'레트로 게임'의 범위를 명확하게 규정할 수는 없겠지만, 일단은 '1980년에서 2000년 사이에 출시한 게임'이라고 간단하게 정의하고자 한다. 이때만 해도 통합된 플랫폼이 전무했기 때문에 다양한 유형의 컴퓨터와 게임기가 출시되었다.

어릴 적에는 게임을 플레이하는 것에만 관심이 있었고 게임이 컴퓨터나 게임기에서 어떻게 작동하는지를 생각해본 적이 없었다. 게임 개발 회사에 입사하여 여러 가지 프로그래밍 언어나 개발 스킬을 습득했지만, 이렇게 습득한 기술을 온라인 게임 개발에만 활용했을 뿐 레트로 게임 개발에 활용하려는 생각에는 미치지 못했다.

클라이언트 프로그래머가 아닌 온라인 게임 서버 프로그래머로 배치되었기 때문에 프로그래밍 관심사가 시스템 프로그래밍 쪽으로 집중되었다. 시스템 프로그래밍의 경험은 나중에 자작 OS인 YUZA를 개발하는 데 영감을 주었다.

게임 회사에 안정적으로 정착하고 나서, 〈프리스타일〉, 〈프리스타일 2〉, 〈고스트X〉, 〈능력자X〉 등의 게임 프로젝트를 경험하면서 비로소 그렇게 원했던 게임 제작을 할 수 있게 되었지만 필자가 게임 업계에서 바랐던 것은 온라인 게임이 아닌 하나의 완결된 패키지 게임을 제작하는 것이었다.

시간이 흘러 프로그래밍 경험이 어느 정도 쌓이고 나서 어떤 프로젝트든 해낼 수 있다는 자신감이 생겼을 때, 문득 어릴 적 재밌게 즐겼던 게임은 어떤 식으로 구현했을까 하는 의문이 들기 시작했다. 시스템이 열악하고 개발 언어도 편하지 않아서 그 당시 개발자는 불편하게 프로그래밍했을 거란 추측만 막연히 들 뿐이었다. 또한 현시점에서 고전 플랫폼에 작동하는 프로그램을 개발하는 방법도 궁금해지기 시작했다.

이런 몇 가지 이유로 고전 플랫폼 프로그래밍에 도전을 하게 되었다. 고전 프로그래밍에 최초로 도전했던 플랫폼은 MS-DOS 플랫폼이었고, 본서를 집필하게 된 결정적인 계기가 된 것은 ubox MSX 라이브러리를 접하고 나서다. 이 라이브러리를 활용하면 〈왕가의 계곡〉이나 〈구니스〉 같은 MSX 게임을 손쉽게 제작할 수 있다는 걸 알게 되었으며, 이런 좋은 라이브러리를 널리 알리고 싶어서 서적 집필에 까지 이르게 된 것 같다.

MSX는 간단히 말하면 일본에서 개발한 8비트 컴퓨터다. 컴퓨터를 부팅하면 기본적으로 베이직 프로그램이 실행되며 간단한 프로그램을 제작할 수 있다. 하지만 MSX가 한국에 유행하던 시절에는 개발 도구라는 이미지보다는 게임기로서의 이미지가 강했다. 한국에서는 아예 게임기 형태의 MSX인 재믹스라는 제품을 출시하기도 했다.

MSX는 분명 나름 전성기가 꽤 길었으나 1990년대 초반에 접어들면서 더 우수한 하드웨어와 소프트웨어가 등장하면서 역사의 사양길에 접어든다. 지금 보면 보잘것없는 그래픽과 사운드겠지만, 당시 출시된 게임에서 큰 인상을 받았던 사람들이 어른이 되어 MSX를 잊지 않고 MSX상에서 작동하는 게임을 현세대 기술로 구현하는 방법을 강구하기 시작했다. 그 결과 Z80 어셈블리 언어나 베이직을 사용하지 않고 C 언어로 MSX용 게임을 개발할 수 있는 환경이 구축되었다.

MSX라는 플랫폼을 포함한 고전 레트로 기기에서 작동하는 프로그램 개발에 관심이 있는 개발자는 소수이며 체계적으로 레트로 게임 개발을 설명하는 서적도 드물다. 특히 한국에서는 전무하다고 봐도 무방하다. 또한 현대적인 언어인 C 언어 수준의 추상화된 언어로 고전 게임 개발을 설명하는 서적도 존재하지 않는다. 이에 따라 필자는 누구라도 쉽게 고전 시스템에서 작동하는 게임을 제작하는 데 도움이 되는 책을 출간하자고 마음먹었다.

본서는 MSX를 중심으로, ubox MSX 라이브러리를 활용하여 MSX 실기에서 작동하는 게임을 개발하는 방법을 설명한다. ubox MSX 라이브러리를 활용하면 우리가 일반적인 방법으로 게임을 개발하는 환경과 유사하게 MSX 게임을 개발할 수 있다. MSX 플랫폼에서 게임을 개발하는 방법을 습득하고 나서는, 이를 발판 삼아 다른 레트로 기기에서도 게임을 개발할 수 있는 방법을 살펴본다.

또한 이 책에서는 현세대 프로그래밍 도구로 레트로 게임을 제작하기 위해 파이썬 등의 다양한 프로그래밍 언어를 소개하고 최신 IDE를 소개한다. 그리고 하나의 소스로 Win32, 안드로이드, 그리고 새로운 플랫폼에서도 게임이 작동할 수 있도록 구조를 구축할 것이다. 이 책을 다 읽고 나면 단순히 고전 게임 개발을 위한 프로그래밍이 아닌, 세대를 초월한 프로그래밍의 재미에 몰입하게 될 것이다.

이 책을 읽는 독자는 분명 MSX 및 레트로 기기에 남다른 애착을 가지고 있을 것으로 판단한다. 부디 이 책이 레트로 게임을 제작하는 데 유용한 길잡이가 되길 바란다.

박주항

MSX는 1980년대에 활성화된 플랫폼으로, 현시점에서는 주목받는 플랫폼은 아니다. 당시 MSX 프로그래밍을 경험했거나 해당 플랫폼의 게임을 즐겨 한 사람만이 관심을 가질 추억 속의 플랫폼이다.

하지만 이런 고전 플랫폼에서 작동하는 게임을 제작하기 위해서는 다양한 프로그래밍 지식이 필요하다. 어떻게 보면 고전 플랫폼에서 작동하는 게임을 개발하는 것 자체는 부수적인 재미라고 할 수 있으며 게임 개발에 필요한 프로그래밍 스킬을 학습하는 것이 본서의 주요 목적이라고도 할 수 있다. 이 책의 학습을 통해 얻을 수 있는 주요 이점은 다음과 같다.

- 추상화 언어의 마지노선인 C 언어로 구형 플랫폼에서 작동하는 게임을 제작할 수 있다.
- 개발 결과물이 어떻게 구형 플랫폼에서 작동하는지를 이해함으로써 임베디드 소프트웨어 개발에 대한 기초를 마련할 수 있다.
- MSX 플랫폼용 게임 개발의 원리를 터득하고 나면 다양한 고전 하드웨어에서 작동하는 게임을 제작할 수 있는 역량을 갖추게 된다.

프로그래밍 언어는 C 언어나 그보다 고수준의 언어에만 집중한다. 플랫폼 종속적인 어셈블리 언어나 베이직 언어는 최대한 배제했다. 플랫폼 종속적인 언어는 학습 효율성이 떨어진다. 필요한 상황이 발생했을 경우에만 공부하면 된다. 다만, 레트로 게임기의 구조를 이해하기 위해서는 어셈블리 언어를 언급하지 않을 수 없는 부분이 있다. 이러한 부분에서만 최대한 내용을 간소화해서 설명했다.

본서는 구형 하드웨어에서 작동하는 프로그램 개발을 다루지만 최신 개발 시스템을 사용해서 개발한다. 현세대 프로그래밍 관점에서 레트로 게임을 개발하는 방법을 설명하기 때문에 여러분의 프로그래밍 능력 향상에 큰 도움을 주리라 확신한다.

또한, 게임 개발은 게임 로직을 작성하는 것도 중요하지만 강력한 디버깅 기능도 필수다. 프로그램이 정상 작동한다는 것을 보장하려면 내부 작동 원리를 확인할 필요가 있는데, 이를 위해서는 프로그램을 디버깅할 방법이 필요한 것이다. 로그를 남기는 방법으로 디버깅이 가능하지만 이 방법으로는 한계가 있다. 본서는 곳곳에서 동적 디버깅을 활용해 프로그램 개발 시간의 단축, 플랫폼에 대한 이해라는 두 가지 토끼를 잡을 수 있다는 것을 보여줄 것이다. 시간 투자 관점에서 볼 때, 프로그램 개발은 로직 구현이 절반, 디버깅이 절반이라고 해도 과언이 아니다.

책을 통해 얻을 수 있는 부수적인 효과를 정리하면 다음과 같다.

- 빌드 시스템에 대한 이해
- SDL을 활용한 크로스 플랫폼 프로그래밍(Win32/안드로이드 앱 개발, 포팅)
- 파이썬 언어 활용 능력
- 디버깅 시스템에 대한 이해

이 항목들을 보면 알 수 있듯이 본서는 레트로 게임을 편하게 제작하기 위해 다양한 프로그래밍 분야를 설명하는 책이라 보면 된다. 레트로 게임 프로그래밍은 결코 어렵지 않다. 필자도 경험이 일천한 상태에서 도전한 것이다.

마지막으로, 레트로 게임에 관한 내용을 다루는 최신 레퍼런스를 찾기가 쉽지 않다. 시간이 지날수록 인터넷 링크는 깨지고 과거에는 작동하던 내용이 현세대 플랫폼에서는 작동하지 않는 경우가 허다하다. 이에 본서는 시간이 아무리 흘러도 프로그래밍을 하는 데 어려움을 겪지 않도록 관련 내용을 최대한 정리했다. 지금 당장이 아니더라도 언젠가 레트로 게임 프로그래밍에 도전하고자 한다면 본서는 최고의 레퍼런스가 될 것이다.

결국 이 책은 레트로 게임기에 대한 프로그래밍 지식이 없는 현세대 프로그래머가 현대적 관점에서 레트로 게임을 개발하는 데 필요한 기술을 익히고 여러 제약 조건을 해결하는 방법을 보여주는 책이다.

대상 독자

독자가 프로그래밍 자체를 좋아한다면 레트로 게임에 대한 추억이 없어도 이 책을 재밌게 읽는 것이 가능하다. 또한 게임을 좋아하지만 프로그래밍에는 익숙하지 못한 독자도 고려했다. 이런 관점에서 이 책의 대상 독자는 다음과 같다.

- 기존의 식상한 방식을 벗어나 간단한 게임 제작을 통해 C 프로그래밍을 시작하려는 사람
- 그저 프로그래밍을 좋아하는 사람

- 어떤 문제 상황과 맞닥뜨렸을 때 이를 해결하는 능력을 기르고 싶은 사람

- 자신만의 레트로 게임을 제작하고 싶은 사람

- 시스템 프로그래밍에 대한 이해도를 높이고 싶은 사람

2022년 기준, 게임 개발 플랫폼인 유니티나 언리얼 엔진을 사용하면 자신이 원하는 게임을 손쉽게 제작할 수 있다. 관련 레퍼런스도 많아서 비개발자라 하더라도 마음만 먹는다면 간단한 플랫폼 게임은 금방 만들 수 있다. 다만 최신 소프트웨어는 구조가 복잡하고 난해해서 개인 개발보다는 팀 협업 개발이 필수적이다. 이에 반해 레트로 게임은 볼륨이 작고 로직이 단순하기 때문에 프로그래밍의 부담이 적다. 게임 개발에 관심이 있다면 현세대 개발 플랫폼인 유니티, 언리얼 엔진과 더불어 레트로 게임 프로그래밍에도 도전해서 즐거운 게임 개발 라이프를 이어나갈 수 있을 것이다.

책의 구성

책은 크게 다음 세 가지 내용을 다룬다.

- MSX 게임 프로그래밍(1~4부)
- MS-DOS 게임 프로그래밍(5부)
- 기타 레트로 게임 프로그래밍(6부)

세 파트는 독립적으로 구성되어 있기 때문에 자신이 관심 있는 레트로 플랫폼 파트를 바로 읽어도 크게 상관은 없다. 다만 MS-DOS 게임 프로그래밍 파트는 MSX 게임 프로그래밍 파트를 읽었다는 가정하에 내용을 전개하는 부분이 존재하며 MSX 게임 프로그래밍 파트에 비해 내용이 다소 어렵다. 프로그래밍에 능숙하다면 상관없지만 입문자라면 순차적으로 책을 읽는 것을 추천한다.

책의 전반부는 MSX 플랫폼에 집중해서 설명을 한다. MSX 플랫폼에 관한 이론을 다루고, 프로그래밍 면에서는 플랫폼 종속적인 내용을 최대한 지양하고 C 언어로 간단한 게임 로직을 작성하는 데 집중한다. 이를 통해 하나의 고전 플랫폼에 접근하는 방식을 이해함과 동시에 작성한 게임 로직을 다른 플랫폼에 손쉽게 이식하는 방법의 기초를 알게 될 것이다.

MSX 플랫폼에서의 프로그래밍 내용을 전부 학습하고 나면 레트로 게임 프로그래밍을 위한 일반적인 접근 방식을 이해할 수 있다. 이런 토대를 기반으로 책의 후반부에는 MS-DOS 및 기타 레트로 게임기에서의 C 프로그래밍에 도전한다.

기타 레트로 게임 프로그래밍 부분은 해당 플랫폼에서 C 프로그래밍이 가능한 빌드 시스템을 구축

하는 데 중점을 두었기 때문에 각 장을 독립적으로 읽을 수 있다.

각 장의 구체적인 내용은 다음과 같다.

1부는 본격적인 개발에 앞서 MSX를 살펴보고 개발 환경을 구축하는 내용이다.

- **1장**: MSX 플랫폼을 리뷰한다. MSX 머신의 스펙을 살펴보고 당시에 유명했던 몇 가지 게임을 살펴본다. 실기가 아닌 에뮬레이터를 사용해서 MSX 환경을 구축하는 방법을 살펴본다.

- **2장**: MSX1 게임 개발을 위한 빌드 시스템을 구축하는 방법을 설명한다. 윈도우 10 또는 그 이상의 버전에서 각종 도구 및 IDE를 설치하는 방법을 설명한다.

2부는 오늘날의 기술로 MSX1 게임을 개발하는 거의 모든 방법을 다룬다.

- **3장**: MSX1 게임 제작을 용이하게 해주는 ubox MSX 라이브러리를 소개하고 몇 가지 샘플 C 프로젝트를 소개함으로써 MSX1 게임 개발을 위한 기초를 마련한다.

- **4장**: MSX1용 샘플 게임 프로젝트를 몇 가지 소개한다. 스네이크, 소코반, 테트리스 등의 게임 제작 방법을 살펴본다.

- **5장**: ubox MSX 라이브러리가 제공하는 샘플 게임 프로젝트인 'GREEN'을 분석한다. 이 프로젝트를 이해하면 MSX1에서 작동하는 2D 플랫포머 게임의 제작이 가능해진다.

- **6장**: GREEN 프로젝트에서 사용된 리소스 및 음원 제작을 위해 사용된 툴을 살펴본다. 맵 데이터 제작 툴인 Tiled 에디터를 중점적으로 살펴보며, 게임 데이터를 MSX1에서 사용하기 위한 변환 툴을 설명하는 과정에서 파이썬 언어도 간단히 설명한다.

- **7장**: MSX1 게임 〈왕가의 계곡〉과 비슷한 유형의 게임 프로젝트인 '피라미드 퀘스트'를 분석한다. 7장까지 완벽히 소화하고 나면 자신만의 MSX 게임을 온전히 제작할 수 있다.

- **8장**: 좀 더 볼륨이 큰 레트로 게임 제작을 위해, 게임에서 사용 가능한 그래픽 리소스를 제작하는 방법을 설명한다.

3부에서는 디버깅과 크로스 플랫폼 프로그래밍(포팅)을 다룬다.

- **9장**: 앱을 개발하다 보면 늘상 버그가 발생하기 마련이다. 9장에서는 이러한 버그를 빠른 시간 내에 수정할 수 있는 디버깅에 대한 이론을 설명한다.

- **10장**: MSX1 게임을 다양한 플랫폼에 이식할 수 있는 크로스 플랫폼 프로그래밍에 대해 설명한다. SDL 그래픽스 라이브러리를 기반으로 크로스 플랫폼 프로그래밍에 대해 구체적으로 설명한다.

4부에서는 MSX 플랫폼을 한층 더 깊이 살펴본다.

- **11장**: 윈도우가 아니라 MSX 컴퓨터 환경에서 프로그래밍을 하는 방법을 살펴본다. MSX 플랫폼의 전성기 시절에, MSX 플랫폼 자체에서 C 프로그램을 개발했던 환경을 재현한다.
- **12장**: ubox MSX 라이브러리를 사용하지 않고 MSX 게임을 제작하는 방법을 살펴본다. 여기까지 소화하고 나면 자유도가 더욱 높고 볼륨이 큰 게임을 제작할 수 있다.
- **13장**: C 언어 외에 MSX 베이직, Z80 어셈블리 등으로 MSX 프로그램을 작성하는 방법을 다룬다.

5부에서는 MSX 이외의 레트로 플랫폼 중 우리에게 가장 익숙한 MS-DOS 플랫폼에서 게임을 개발하는 방법을 살펴볼 것이다. MSX 플랫폼 게임 프로그래밍과 마찬가지로 MS-DOS 플랫폼에서 작동하는 게임을 현세대 방식으로 개발하는 방법을 설명한다.

- **14장**: MS-DOS 플랫폼에 대해 전체적으로 살펴보고, MS-DOS 운영체제를 탑재한 x86 계열 아키텍처와 함께 발전에 따른 메모리 관리 방식의 변화를 설명한다.
- **15장**: 먼저 레트로 기기를 시뮬레이션해주는 에뮬레이터 도스박스를 소개하고 개발 프로그램을 컴파일하기 위한 다양한 컴파일러를 소개한다. 이를 통해 해당 레트로 기기에 작동하는 게임 개발 방법에 대한 기초를 마련한다.
- **16장**: 다양한 도스 샘플 프로젝트를 빌드하는 방법을 설명한다. 도스박스와 네이티브 컴파일러를 활용해 16비트/32비트 도스 프로그램을 빌드하는 방법, 그리고 비주얼 스튜디오 코드와 도스박스를 연동해서 개발 환경의 편의성을 높이는 방법을 설명할 것이다.
- **17장**: VGALIB 라이브러리를 활용해서 게임을 작성해본다. VGALIB 라이브러리를 활용하면 듀얼 시스템 프로그래밍이 가능해서 동적 디버깅을 수행할 수 있다.
- **18장**: 현대적인 프로그래밍 방식으로 도스 게임을 개발할 수 있는 알레그로 게임 엔진을 소개한다. 다양한 샘플 예제를 소개하며, 17장과 마찬가지로 듀얼 시스템 프로그래밍을 활용할 수 있기 때문에 주목해야 한다.
- **19장**: 도스 게임의 네이티브 디버깅 방법을 설명한다. 비록 듀얼 시스템 프로그래밍을 사용하면 프로그램의 디버깅이 용이하긴 하지만 100% 해당 플랫폼과 결과가 동일하다고 보장할 수는 없다. 19장을 학습하면 네이티브 도스 환경에서 실행되는 프로그램의 디버깅 원리를 습득할 수 있다.
- **20장**: SDL + HX 도스 익스텐더를 활용해서 SDL 1.2로 작성한 프로그램을 도스상에서 실행하는 방법을 알아본다.

6부에서는 MSX와 MS-DOS 편 부분에서 학습한 내용을 토대로 다양한 레트로 게임기에서 작동하는 게임을 개발하는 방법을 설명한다. MSX나 MS-DOS 편에 비해 자세한 내용은 소개하지는 않지만 기초적인 개발 환경 구축 방법을 설명하고 샘플 예제를 제공해서 해당 플랫폼에서 게임 개발을 시작할 수 있는 가이드를 제공한다.

챕터가 진행될수록 게임 코드 작성 방법은 플랫폼 종속적인 부분에서 멀어지며 현세대 프로그래밍 인터페이스와 가까워진다. 예를 들어 16장에서는 실제 도스 환경에서 그 당시의 개발 툴을 사용해서 개발을 설명하므로 도스에 종속적인 코드가 많다. 하지만 후반부로 진행함에 따라 프로그래밍은 32비트로 진행하고 알레그로4 엔진 및 SDL을 사용함에 따라 도스의 세부적인 내용은 몰라도 게임 프로그램을 제작할 수 있게 챕터를 배치했다.

예제 소스

진자책의 경우는 싱관없지만 종이책의 경우 인터넷 URL 등을 수동으로 타이핑하기는 어려우므로 참조 페이지를 마련했다.

```
https://github.com/pdpdds/retrogamedev
```

책에서 '참조 페이지'를 언급한다면 위 저장소에서 본문 중 현재 챕터에 해당하는 폴더에 들어가서 관련 링크 및 동영상을 확인하면 된다.

또한 각종 링크를 통해 책에서 필요로 하는 소스 코드나 유틸리티를 다운로드할 수 있게 했지만 인터넷의 특성상 링크가 사라질 수도 있고 버전이 달라서 프로젝트가 빌드되지 않는 문제가 발생할 수 있다. 이런 문제를 방지하기 위해 공유 폴더에 필요 도구 및 유틸리티를 업로드해두었다. 필요 도구나 유틸리티를 다운로드하는 데 어려움이 있다면, 마찬가지로 본문의 챕터에 해당하는 공유 폴더 내 폴더에 들어가서 다운로드하도록 한다. 공유 폴더의 주소 역시 참조 페이지에서 확인할 수 있다.

소스 코드 표기

책에서 설명하는 소스 코드는 핵심이 아닌 부분을 생략하기 위해 다음과 같이 표현하여 생략한다.

```
......
```

또한 중괄호의 경우에는 책에서는 지면을 절약하기 위해 다음과 같이 K&R 스타일처럼 표기했다.

```
int main (void) {
    ......
}
```

하지만 필자는 BSD 스타일을 선호한다. 그래서 실제 소스 코드는 BSD 스타일이 많으므로 유의한다.

```
int main (void)
{
    ......
}
```

코딩 스타일은 특별히 강제하지 않으며 자신이 선호는 방식을 따르도록 한다.

코딩 컨벤션

본서는 기본적으로 특정 코딩 컨벤션coding convention을 철저하게 따르지는 않는다. 함수와 변수를 예로 들어보겠다. 최근 많은 언어에서는 함수 이름을 명명할 때 파스칼 케이스 또는 캐멀 케이스 표기법을 쓰는 게 일반적일 것이다.

```
ProcessLogic(void);
```

하지만 본서는 스네이크 표기법을 혼용하기도 했다. 예를 들어 다음과 같은 함수 이름도 존재한다.

```
process_logic();
```

변수 선언에서도 엄격성을 준수하지 않는다. 다음 표현은 헝가리안 문법으로 포인터를 표현한 것이다.

```
void* pMem = 0;
```

하지만 IDE가 비약적으로 발전하면서 변수의 타입을 문법적으로 자세하게 표현할 필요가 없게 되었으므로 헝가리안 문법을 반드시 따르지는 않는다.

```
void* mem = 0;
```

I

준비운동

1부에서는 MSX 플랫폼을 소개한다. 레트로 머신에서 게임을 제작하는 만큼 해당 머신의 스펙을 이해하고 여러 가지 제약 사항을 파악해야 한다. 또한 실기를 활용하기가 어려운 만큼 에뮬레이터를 사용해서 MSX 시스템에 익숙해지는 것을 목표로 한다.

MSX 플랫폼에 익숙해지고 나서는 MSX용 게임을 제작하기 위한 개발 환경을 구축한다. 책 집필 시점 기준 최신 개발 툴을 최대한 활용해서 효율적으로 레트로 게임을 개발할 수 있는 환경을 구축할 것이다. 레트로 기기에서 작동하는 게임을 개발한다고 해서 이를 위해 이전 시대의 불편한 개발 환경을 사용할 필요는 없다. 본서에서는 최대한 편리한 개발 환경을 구축하는 것을 목표로 한다.

CHAPTER 1

MSX 플랫폼과 친해지기

MSXMachines with Software eXchangeability는 1983년에 미국 마이크로소프트와 일본 아스키가 제창한 8비트 및 16비트 개인용 컴퓨터의 통일 규격이며, MSX와 그 후계 규격인 MSX2(1985년), MSX2+(1988년), MSXturboR(1990년, 16비트 규격)을 총칭하여 부르는 명칭이다.[1]

MSX는 부팅 시 주변기기를 체크하고 별도의 롬팩이나 디스켓을 통해 프로그램을 실행한다. 외부 미디어가 장착되지 않았다면 머신에 내장된 베이직이 실행된다.

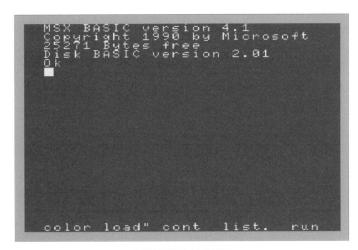

MSX 베이직 실행 화면

---

1   출처: https://ko.wikipedia.org/wiki/MSX

MSX가 시중에 유통된 초기에는 MSX 베이직 언어와 Z80 어셈블리 언어를 사용해서 프로그램을 개발했다. 이후에는 MSX-DOS 운영체제가 보급되면서 MSX 기기 자체에서도 C 언어를 사용해서 프로그램을 제작할 수 있게 되었다.

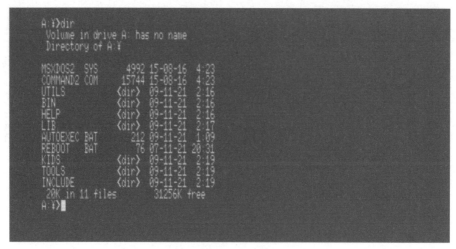

MSX-DOS 운영체제 실행 화면

MSX 기기 변천사는 다음 표와 같다.

MSX 기기 변천사

MSX 기종	내용	출시년도
MSX1	최초의 MSX 규격이다. 그냥 MSX라고 표기하면 MSX 시리즈를 대표하는 의미와 혼동될 수 있으므로 지금부터는 MSX1이라 지칭한다.	1983년
MSX2	메모리와 비디오 메모리를 최소 64 KB 이상으로 설정하고 512 × 212 비트맵 그래픽스를 채용	1985년
MSX2+	VDP[2]가 V9938에서 V9958로 변경. 하드웨어 스크롤 기능 강화	1988년
MSXturboR	이 기종으로 출시한 제품은 FS-A1ST와 FS-A1GT 두 가지뿐이다. 기존 MSX1의 8배 속도를 자랑한다.	1990년

2부에서는 MSX1용 게임 제작을 설명한다. MSX1의 스펙을 넘어서는 게임 개발 방법은 3부에서 설명한다.

---

2 MSX의 비디오 칩. 1.3절을 참고한다.

1.1 에뮬레이터

실기를 갖추는 것은 현실적 여건상 어렵기 때문에 MSX용 에뮬레이터를 사용할 것이다. 대표적인 MSX용 에뮬레이터는 다음과 같다.

MSX 에뮬레이터 목록

에뮬레이터	특징	공식 사이트
blueMSX	자체 디버거 지원	http://bluemsx.msxblue.com
WebMSX	웹에서 게임 실행 가능	https://webmsx.org
openMSX	자체 디버거 지원	https://openmsx.org
fMSX	오픈소스 에뮬레이터. 단 최신 버전은 별도의 라이선스가 있다.	https://fms.komkon.org/fMSX

openMSX와 fMSX는 나중에 다시 언급하겠다. 여기서는 blueMSX와 WebMSX를 살펴보자.

bueMSX를 설치해서 실행한 다음 롬 파일을 마운트해서 게임을 하나 실행해보면 감을 잡기 좋을 것이다. 게임 롬 파일은 인터넷상에서 쉽게 구할 수 있다.

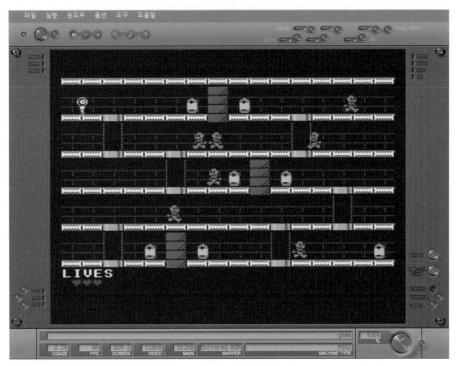

blueMSX 실행 화면

하지만 이보다 더 편하게 MSX 게임을 플레이해보는 방법은 **WebMSX**를 사용하는 것이다. 최근에는 컴퓨터 및 인터넷의 성능이 비약적으로 향상되었기 때문에 웹 브라우저상에서도 MSX용 게임을 무리 없이 실행할 수 있다.

WebMSX 실행 화면

`TIP` WebMSX는 소스 코드가 공개되어 있기 때문에 직접 웹페이지를 구축하는 것도 가능하다.

```
https://github.com/ppeccin/WebMSX
```

또한 WebMSX와 MSX 게임 롬을 결합해서 게임 서비스를 제공하는 홈페이지도 존재한다. 참조 페이지를 확인하면 여러 가지 MSX 게임을 플레이할 수 있다.

홈페이지에 접속한 다음, 롬 파일을 마운트해서 웹상에서 게임을 플레이해보자. 예를 들어 다음 그림 은 WebMSX를 사용해서 〈알레스트〉라는 게임을 실행한 화면이다.

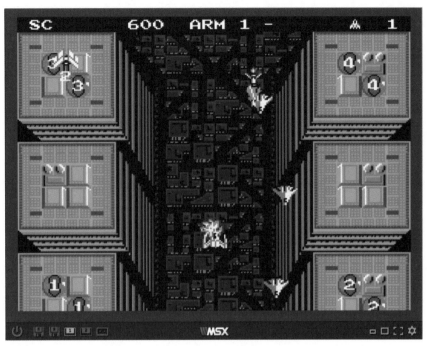

게임 알레스트 실행 화면

1.2 MSX1 게임

본서는 MSX1 머신에서 작동하는 게임 개발 방법을 중점적으로 설명한다. 이를 위해 MSX1 머신 기반으로 제작된 게임에 익숙하지 않은 독자를 위해 대표적인 게임을 몇 가지 살펴보겠다.

MSX1	내용
<마성전설>	왕국의 기사 '포포론'이 공주 '아프로디테'를 구출하기 위해 모험을 떠나는 내용. 종스크롤 슈팅 게임이며 MSX1 플랫폼의 대표적인 게임 중 하나다.
<왕가의 계곡>	각 스테이지에 존재하는 보물을 다 먹으면 다음 스테이지로 넘어가는 구조로 구성된 퍼즐 게임이다.
<구니스>	코나미에서 제작한 게임이며 총 5스테이지로 구성되었다. 각 스테이지마다 갇혀 있는 아이들 7명을 구출하는 것이 목표다.
<요술나무>	'매지컬 트리'라고도 알려진 이 게임은 2천 미터 높이 나무 정상에 도달하는 것을 목표로 하는 게임이다.
<자낙>	포니 캐년Pony Canyon에서 개발한 종스크롤 슈팅 게임

MSX1 게임을 플레이해보면 대부분의 게임이 다음과 같은 범주에 속한다는 것을 알 수 있다.

- 배경은 고정되어 있고 캐릭터 스프라이트가 스크롤되는 2D 플랫포머 게임
- 픽셀 단위가 아닌, 타일 단위로 배경이 스크롤되는 횡스크롤/종스크롤 게임

2D 플랫포머 게임의 대표적인 예는 왕가의 계곡이다.

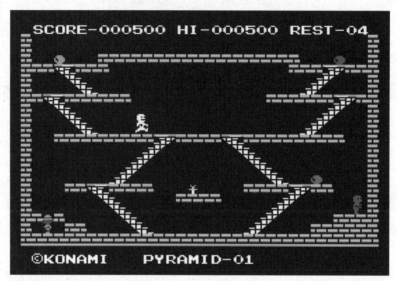

대표적인 MSX1 게임, 왕가의 계곡

타일 단위로 배경이 스크롤되는 대표적인 게임으로는 마성전설을 들 수 있다.

타일 기반 배경 스크롤 게임, 마성전설

MSX1 게임에 익숙하지 않다면 왕가의 계곡, 마성전설 등 다양한 게임을 실행해서 MSX1 게임의 스타일을 파악해보자.

1.3 MSX1 스펙

MSX1 게임 제작에 앞서 MSX1 머신의 스펙을 간단히 확인해보자.

MSX1 머신 스펙

항목	내용
내용	자일로그 Z80A 3.58 MHz(8비트)
내장 롬 크기	32 KB, 16 KB는 MSX-BASIC이 차지
램	최소 8 KB 이상, 대부분의 머신은 64 KB
VDP	Texas Instruments TMS-9918/TMS-9928/TMS-9929
비디오램(VRAM)	16 KB(최대 해상도: 256 × 192픽셀)
배경 스프라이트	타일 기반 스프라이트
사운드 칩	General Instrument AY-3-8910(PSG)
색상	최대 16색

엑스박스 X로 출시된 〈포르자 호라이즌 5〉의 경우 용량이 103.5 GB다. MSX1 롬팩의 최대 크기는 32 KB이므로 포르자 호라이즌 5의 용량은 대략 MSX1 롬팩의 3백만 배 이상이다.

MSX1에서는 최대 16가지 색상만을 사용할 수 있으며 대표적인 화면 모드는 스크린 모드 2다. 다음 표는 MSX1에서 지원하는 스크린 모드들이다.

MSX1 스크린 모드 종류

스크린 모드	그래픽 모드
0	텍스트 모드
1	텍스트 모드
2	그래픽 모드, 256 × 192픽셀
3	그래픽 모드, 64 × 48픽셀

우리는 MSX1에서 최대 해상도를 표현할 수 있는 스크린 모드 2에서 작동하는 게임을 작성할 것이다. MSX 플랫폼의 다양한 스크린 모드에 대해서는 아래 링크를 참고한다.

```
https://www.msx.org/wiki/SCREEN
```

VDPvideo display processor는 MSX의 비디오 칩을 가리키는 용어다.

MSX1에서 사용하는 VDP Texas Instruments TMS9918

VDP의 주요 특징은 다음과 같다.

- 이미지 데이터를 저장하는 VDP 전용의 특별한 16 KB VRAM을 가지고 있다. MSX CPU는 VDP를 통해서만 VRAM에 접근 가능하다.

- 레지스터 세트를 제공한다. 이 레지스터를 사용하면 VDP가 작동하는 화면 모드, 화면 갱신 빈도 등을 비롯한 VDP의 작동을 제어할 수 있다. 총 39개의 쓰기 전용 레지스터와 10개의 읽기 전용 (상태) 레지스터를 제공한다.

- Z80 CPU와는 독립적으로 그래픽 작업을 수행할 수 있는 명령어 세트를 제공한다. 사각형을 그리거나 선을 그리는 등의 다양한 명령을 제공하며 Z80 CPU 연산과는 독립적으로 작동하므로 속도 향상에 도움을 준다.

VDP를 통해서 VRAM에 접근할 수 있는데 이 부분은 C 언어로는 작성할 수 없는 부분이다. VDP를 제어하는 명령어 세트에 대해서는 특별히 설명하지 않는다.

MSX1의 초기 버전은 스펙이 낮았지만 확장을 통해 롬팩을 꼽을 수 있는 카트리지 수를 늘리거나 기본 램 용량을 8 KB에서 64 KB까지 늘릴 수 있게 되었다. 또한 다양한 외부 장치도 연결이 가능해졌다. 지금까지 설명한 MSX1 머신의 전체적인 구조는 다음 그림과 같다.[3]

---

3 https://github.com/Konamiman/MSX2-Technical-Handbook

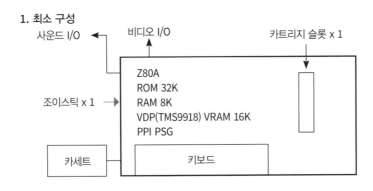

롬팩의 최대 크기는 32 KB 이하가 되어야 하며 램의 크기는 8 KB~64 KB, 비디오램은 16 KB라는 것을 기억해두자. 2021년 기준 최신 데스크톱의 메모리는 64 GB, NVIDIA 지포스 RTX 3090의 비디오램의 크기가 24 GB인 것을 생각하면 MSX1 머신의 사양은 너무 초라해 보인다.

또 인텔 i9 코어 시리즈의 코어 하나의 클록 속도는 대략 4 GHz이며 Z80 프로세서의 클록은 3.58 MHz이므로 비교하기 민망할 정도의 성능이다. 멀티 코어를 고려했을 때, i9 시리즈는 코어가 10개, 논리 코어가 20개인 것을 감안하면 두 CPU 간 성능 격차는 더욱더 벌어진다.

이런 열악한 조건에서 게임을 개발하는 것이 가능할까 의문을 품을 수 있다. 하지만 가능하기에 본서가 출간된 것이다. 그러므로 이러한 하드웨어 제약 조건에 너무 신경을 쓸 필요는 없다.

1.4 메모리 레이아웃

다음 그림은 MSX1 시스템이 부팅했을 시의 일반적인 메모리 레이아웃을 보여준다. 바이오스 로직이 0x0000~0x3FFF에 위치하고 바이오스 로직 호출에 따른 작업 공간을 확보하기 위해 0xF300~0xFFFF를 할당한다.

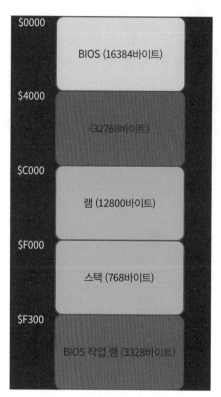

MSX1 부팅 시의 메모리 레이아웃

게임 롬의 코드는 0x4000번지에 매핑된다. 따라서 게임 롬은 자신의 코드가 0x4000에서 시작한다고 가정하고 코드를 작성해야 한다. 메모리 레이아웃을 보면 0x0000~0xBFFF는 바이오스와 게임 롬 영역에 해당하는데 48 KB 크기다. 그러므로 위 그림에서 실질적인 램의 크기는 16 KB라고 보면 된다 (MSX1 시스템의 메인 램 크기는 8 KB~64 KB).

한편 MSX 플랫폼은 8비트 컴퓨터라서 8비트 레지스터가 기본이지만 16비트 레지스터도 있으며 메모리 어드레스 라인이 16비트이므로 주소를 최대 64 KB까지 지정할 수 있다. 그런데 만약 메인 램이 64 KB 크기라면 메인 램 전부를 사용할 수 없다는 문제가 발생한다. 예를 들어 앞에서 확인했듯이 48 KB 어드레스는 바이오스와 32 KB 게임 롬팩이 영역을 차지한다. 그렇게 되면 메인 램은 16 KB만 주소 라인에만 매핑할 수 있고 나머지 48 KB는 사용할 수가 없게 된다. 이 문제를 해결하려면 별도의 메모리 관리 시스템이 필요하다.

그리고 MSX1 게임 중에서는 32 KB를 초과하는 게임도 존재한다. 만약 게임의 크기가 128 KB라고 가정해보자. 이 경우 MSX1 시스템은 최대 주소 접근이 64 KB에 한정되므로 롬팩의 모든 주소에 접근하는 것이 불가능하다. MSX1은 슬롯과 페이지 개념[4]을 사용해서 64 KB 이상의 영역의 공간을 활용한다.

마치며

1장에서는 MSX1 플랫폼에 대해 간단한 리뷰를 했다. 다음 장 넘어가기 전에 학습한 내용을 점검해 보자.

- MSX1의 스펙에 대한 이해
- MSX 에뮬레이터의 설치 및 사용법 확인
- 다양한 MSX1 게임 실행해보기
- MSX1의 메모리 관리 시스템

MSX1은 1983년에 출시한 플랫폼이라 하드웨어 성능이 매우 낮다. 그뿐만 아니라 롬팩의 최대 크기는 32 KB로 제한된다. 이 정도 크기로 마성전설 같은 게임을 구현할 수 있다는 것은 매우 놀라운 일이다.

한편 우리는 C 언어로 게임을 제작할 것이다. 기본적으로 C 언어로 프로그램을 제작하면 어셈블리 언어로 제작한 것에 비해 프로그램 덩치가 크다. 그래서 32 KB 이내로 바이너리를 생성하는 것이 C 언어로는 조금 어려워 보인다. 하지만 이후 소개할 ubox MSX 라이브러리를 활용하면 이런 제약 조건을 극복할 수 있으며 그 당시에 제작했던 게임과 비슷한 결과물을 구현할 수 있다. 계속해서 다음 장에서는 ubox MSX 라이브러리를 활용하기 위한 개발 환경을 구축하는 방법을 설명한다.

---

4 슬롯 시스템에 대해서 더 자세히 알고 싶다면 참조 페이지를 확인한다.

2 CHAPTER

개발 환경 구축

2장에서는 MSX1용 게임 제작을 위한 개발 환경을 구축하는 방법을 설명한다. 개발 시스템의 구축은 다음 원칙을 따른다. 다른 레트로 게임 개발 환경도 이 원칙을 따른다.

- 개발 시스템은 윈도우 10 운영체제나 그 이상의 버전에서 구축한다.
- C 언어로 개발할 수 있는 환경을 구축한다.

필자의 개발 환경은 다음과 같다.

개발 환경 스펙

항목	내용
운영체제	64비트 Windows 10 Pro
CPU	16 GB 메모리
메모리	Intel® Core™ i7-8750H CPU @ 2.20 GHz

MSX 게임을 만들자고 결정한 이후 가장 먼저 취한 액션은 C 언어로 MSX 게임을 개발하는 것이 가능한지를 알아보는 것이었다. 베이직 언어나 Z80 어셈블리 언어를 사용해도 게임 개발은 가능하지만 생산성이 떨어지고 무엇보다 게임 로직의 재활용이 매우 힘들다. 만약 C언어나 C++ 언어로 게임 로직을 작성할 수 있다면 이 로직은 SDL이나 Cocos2d-x, SFML 같은 크로스 플랫폼 게임 엔진에서 재활용하여 다양한 플랫폼으로 게임을 마이그레이션할 수 있다.

조사해본 결과 C++로 MSX용 게임을 개발하는 사례는 없었다. C++ 언어는 게임 개발과 궁합이 매우 좋기 때문에 C++로 MSX 게임 개발을 할 수 없다는 것은 매우 아쉬운 부분이다. 하지만 우리는 수만 줄 이상의 거창한 게임을 만들 것이 아니기에 C++가 아니더라도 C 언어를 사용해서 우리가 원하는 게임을 충분히 제작할 수 있다. 지금까지 MSX용 프로그램을 제작할 수 있다고 확인된 프로그래밍 언어는 다음과 같다.

- MSX-BASIC
- 자바
- Z80 어셈블리
- C
- 스크립트 언어

C 언어로 게임을 개발하기로 정했다면 다음 스텝은 게임 개발에 도움을 주는 C 게임 라이브러리를 찾는 것이다. 1장에서 언급한 ubox MSX 라이브러리는 C 언어로 게임을 제작할 수 있는 인터페이스를 제공한다. ubox MSX 라이브러리를 활용할 것이므로 빌드 시스템은 ubox MSX 라이브러리를 빌드하는 데 초점을 맞춘다. ubox 라이브러리는 빌드를 위해 빌드 스크립트인 Makefile을 사용하므로 Makefile 스크립트를 해석할 수 있는 POSIX 대응 빌드 시스템이 필요하다. 본서에서는 WSL2를 활용해서 POSIX 대응 빌드 시스템을 구축한다.[1]

POSIX 대응 빌드 시스템을 구축하고 ubox MSX 라이브러리 및 샘플 프로젝트를 빌드할 수 있는 환경을 구축하는 것이 이번 장의 주목적이다. 다음 두 그림은 ubox MSX 라이브러리가 제공하는 게임인 GREEN 프로젝트의 실행 화면을 보여준다.

---

1 본서는 윈도우 10 운영체제를 기반으로 설명하기 때문에 리눅스 기반에 대해서는 자세히 언급하지 않는다. 하지만 WSL2 자체가 리눅스를 지원하기 위한 부속 레이어이며 우분투 20.04 LTS 버전을 사용하므로, 리눅스 프로그래밍에 익숙하다면 우분투 20.04 LTS로 이 책 내용을 진행하는 것도 가능하다. 또한 책에서 소개하는 다양한 윈도우 프로그램의 경우, 대응하는 리눅스 프로그램이 존재한다. 네이티브 리눅스 환경에서 이 책을 학습하는 데 어려움이 있다면 필자에게 문의하기 바란다.

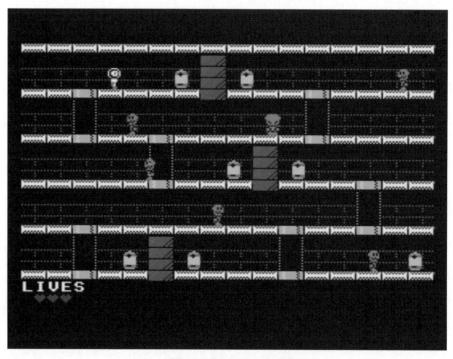

ubox 샘플 프로젝트 GREEN의 타이틀 화면

ubox 샘플 프로젝트 GREEN의 게임 화면

TIP C 언어로 프로그램을 작성하면 성능이 낮은 구형 하드웨어에서 퍼포먼스가 떨어질 우려가 있다. 실제로 중첩 for 문을 잘못 사용하면 프로그램이 버벅거리기도 한다. 그래서 속도 향상을 위해 어셈블리 언어 사용도 고려해볼 수는 있다. 다만 무조건 C 언어가 레트로 플랫폼 게임을 개발하는 데 퍼포먼스가 나쁘다고 생각하는 것은 잘못된 관념이다. C로 개발한 프로그램이 느려질 수 있는 이유는 C로 구현한 C 함수를 호출할 때다. 만약 어셈블리 언어로 구현된 C 함수를 호출한다면 해당 함수 호출에 따른 부하는 없다고 봐도 무방하다. 특히 본서에서 소개할 ubox MSX 라이브러리는 핵심 C 함수를 모두 어셈블리 언어로 구현했다. 그러므로 C 함수를 잘못된 방법으로 사용하지 않는 한 C 프로그래밍에 따른 성능 걱정은 하지 않아도 된다.

이번 장에서 순차적으로 살펴볼 내용은 다음과 같다.

1. IDE 설치

2. WSL2 설치

3. 우분투 20.04 LTS 설치

4. 예제 소스 코드 설치 및 빌드

시작이 반이라는 말이 있듯이 개발 환경을 제대로 구축해서 빌드에 성공했다면 본서 내용의 절반을 독파한 것이나 마찬가지다.

2.1 IDE

프로그래밍을 위해서는 개발 언어뿐만 아니라 **IDE**integrated development environment, 즉 통합 개발 환경이 중요하다. 본서는 레트로 게임을 개발하기 위해 다양한 IDE를 활용하는데, 먼저 비주얼 스튜디오 코드를 소개한다. 다음 링크에서 **비주얼 스튜디오 코드**Visual Studio Code를 다운로드하고 설치한다 (이 책에서는 비주얼 스튜디오 코드는 영문판을 기준으로 설명한다).

```
https://code.visualstudio.com
```

TIP 비주얼 스튜디오 코드와 비주얼 스튜디오는 완전히 다른 제품이니 주의한다. 비주얼 스튜디오 역시 본서에서 사용하는 IDE이므로 비주얼 스튜디오를 사용하는 내용을 만나면 부록 A를 참조해서 비주얼 스튜디오도 설치하도록 한다.

비주얼 스튜디오 코드 실행 화면

2.2 WSL2

WSL2 Windows Subsystem for Linux 2는 윈도우 운영체제에서 리눅스 환경을 재현해주는 서브시스템이다. MSX1 개발 환경을 구축하기 위해 POSIX 대응 시스템 중 하나인 시그윈Cygwin도 사용할 수 있지만 시그윈의 경우 운영체제에 몇 가지 응용프로그램을 설치해야 하는 반면 WSL2는 WSL2를 활용하는 시스템 내에만 프로그램을 설치하면 되므로 윈도우 운영체제의 레지스트리 등을 건드릴 필요가 없다는 장점이 있다.

WSL2는 기본적으로 활성화되어 있지 않다. 그러므로 WSL2를 사용하기 위해서는 시스템을 활성화해야 한다. 참조 페이지의 'WSL2 설치' 링크 등을 확인해서 WSL2 시스템을 활성화한다.

2.3 우분투 20.04 LTS

WSL2 자체는 리눅스 계열의 배포판을 실행 가능하게 해주는 호환 레이어다. 그러므로 리눅스 배포판을 설치할 필요가 있다. 본서에서는 우분투 20.04 LTS 리눅스 배포판을 사용한다. 우분투 20.04 LTS는 마이크로소프트 앱 스토어에서 다운로드할 수 있다.

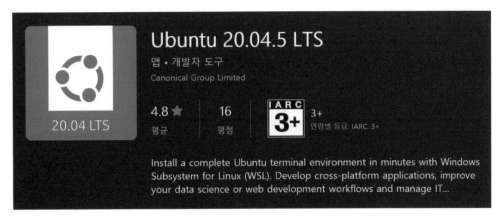

우분투 20.04 LTS 버전 다운로드 페이지

TIP 윈도우 운영체제가 아닌 리눅스 환경에서 개발 환경을 구축하고 싶다면 우분투 20.04 LTS 버전을 사용하면 된다. 또는 VirtualBox나 VMWare 등의 가상 에뮬레이터에서 설치한 우분투에서도 동일한 MSX1 개발 환경을 구축할 수 있다.

우분투 20.04 LTS 설치를 완료했다면 윈도우 검색창에서 wsl을 입력하여 우분투 20.04 LTS를 실행한다.

우분투를 처음 실행하면 계정과 패스워드를 등록해야 한다. 자신이 선호하는 계정과 패스워드를 등록한다.

```
Installing, this may take a few minutes...
......
Enter new UNIX username: retro
New password:
Retype new password:
......
retro@TABLET-U0S17BEP:~$
```

정상적으로 우분투가 설치되었다면 위와 같아야 한다. 필자는 계정명을 retro로 설정했다.

2.4 빌드 시스템 및 WSL 환경 구축

우분투를 설치했다면 이제 우분투에 빌드 시스템을 구축해야 하지만, 빌드 시스템을 직접 구축하는 것은 조금 복잡한 면이 있으므로 독자 여러분이 조금이라도 빨리 C 코딩에 들어가는 데 어려움이 없도록 빌드 시스템을 미리 구축한 우분투 배포판을 준비했다. 공유 폴더에서 다음 tar 파일을 다운로드한다. 파일명 뒤의 날짜는 시간이 지남에 따라 달라질 수 있다.

```
retro_msx-export-2022-05-27.tar.gz
```

2.4.1 콘솔을 이용하는 방법

공유 폴더에서 받은 배포판 파일을 설치할 적당한 폴더를 콘솔창에서 수동으로 만든다(예: mkdir c:\retro_msx). 이때, 혹시라도 WSL2가 아니라 WSL1을 사용하고 있다면 먼저 WSL의 기본 버전을 2로 지정해야 한다.[2] 그다음 wsl --import 명령을 이용해 배포판을 WSL에 등록한다.[3] 예를 들어 배포판 이름을 retro_msx로 정하고, 다운로드했던 tar 파일이 C:\Downloads에 있다고 하면 전체 명령은 다음과 같을 것이다.[4]

```
wsl --import retro_msx c:\retro_msx C:\Downloads\retro_msx-export-2022-05-27.tar.gz
```

이제 실습상 편의를 위해 retro_msx 배포판을 WSL의 기본 실행 배포판으로 지정하자. 별다른 설정을 한 적이 없다면 콘솔창에서 wsl을 입력할 경우 기본적으로 Ubuntu-20.04가 실행될 것이기 때문이다. 우선 콘솔창을 실행하고 wsl --list를 실행해서 시스템에 설치된 배포판을 확인한다.

```
Linux용 Windows 하위 시스템 배포:
Ubuntu-20.04(기본값)
retro_msx
```

방금 설치했던 retro_msx 배포판이 보인다. 다음 명령으로 이 배포판을 기본 실행 프로그램으로 변경한다.

```
wsl --set-default retro_msx
```

이제 검색창이나 콘솔창에서 wsl을 실행하면 기본 배포판으로 지정된 retro_msx 배포판이 실행된다. 제대로 변경되었는지의 여부는 make 명령을 입력해서 해당 패키지의 설치 유무를 확인하면 된다. retro_msx가 기본 배포판으로 변경되었다면 make 패키지가 설치되어 있어야 한다. 즉 retro_msx 배

---

[2] wsl --status 명령으로 기본 버전을 확인할 수 있고, wsl --set-default-version 2 명령으로 기본 버전을 2로 바꿀 수 있다.

[3] 다음 문서 등을 참고. https://docs.microsoft.com/ko-kr/windows/wsl/use-custom-distro

[4] 참고로 수동으로 등록한 배포판을 삭제하는 명령은 wsl --unregister ⟨배포판 이름⟩이다.

포판 환경에서 make 명령을 실행했을 때 Command 'make' not found…가 아니라 다음과 같이 나와야 한다.

```
make: *** No targets specified and no makefile found.  Stop.
```

2.4.2 GUI 프로그램을 이용하는 방법

리눅스 배포판을 관리해주는 GUI 프로그램을 사용하면 WSL 사용이 좀 더 편리해질 수도 있다.

필자는 WSL Distro Manager라는 프로그램을 사용하는 것을 추천한다.[5]

```
https://github.com/bostrot/wsl2-distro-manager
```

이 저장소의 Release 메뉴에서 최신 버전을 다운로드한다. 필자가 사용한 버전은 1.5.0으로 파일명은 wsl2-distro-manager-v1.5.0.zip이다.

압축을 풀고 프로그램을 실행한다. 왼쪽 상단의 메뉴 버튼을 누르고 Add an Instance를 선택하거나 왼쪽 메뉴 중 더하기 아이콘을 누르면 배포판을 추가한다. Name에는 배포판에 지정할 이름을 입력하고 Path to rootfs or distro name에는 다운로드한 배포판(tar 파일)의 위치를 지정한다. 선택 사항으로 Save location에 배포판을 설치할 폴더를 지정할 수 있다.

필자의 경우 배포판 이름은 retro_msx라는 이름으로 정했고, 설치 폴더는 C 드라이브 루트의 retro_msx라는 폴더를 지정했다(C:\retro_msx). 이렇게 배포판을 추가하면 다음 그림과 같이 새롭게 추가된 항목이 보일 것이다.

---

5 집필 초기에는 WSL Manager라는 프로그램을 사용했으나 업데이트가 중지되어 특정 시스템에서 정상 실행되지 않는 문제가 있다. 그럼에도 사용해보려면 공유 폴더에서 WslManagerSetup.exe를 다운로드해서 설치해보자.

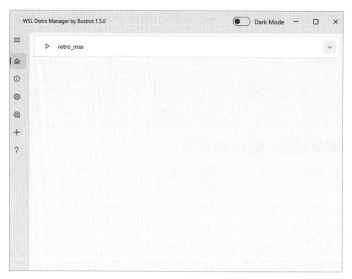

MSX 개발 환경이 구축된 리눅스 배포판(retro_msx)을 추가한 화면

retro_msx 왼쪽의 플레이 버튼을 클릭해서 리눅스 배포판이 정상적으로 실행되는지 확인해보자. 더 자세한 설치 및 사용 방법은 참조 페이지에서 확인한다.

2.4.3 retro_msx 배포판의 내용

필자가 제공하는 retro_msx 배포판에 설치된 개발 도구는 다음과 같다.

MSX 개발 배포판에 설치한 도구들

도구	설치 목적
SDCC 4.0	컴파일러
파이썬 3.9	파이썬 언어 지원
아코스 트래커 2	사운드 지원을 위한 툴
GCC	GNU 컴파일러 툴 모음

WSL2 시스템을 활용하면 윈도우 운영체제의 파일 시스템과 리눅스 배포판의 파일 시스템을 모두 사용할 수 있다. 예를 들어 C 드라이브의 루트 폴더를 마운트하고 싶다면 다음과 같이 명령을 입력하면 된다.

```
cd /mnt/c
```

이를 통해 C 드라이브의 모든 데이터에 접근할 수 있다.

2.5 소스 코드 설치

ubox MSX 라이브러리가 제공하는 데모 프로젝트인 게임 GREEN을 분석하면 ubox MSX 라이브러리를 활용하는 방법 대부분을 습득할 수 있다(이하 이 책에서 '데모 프로젝트'라고 하면 기본적으로 ubox 데모 프로젝트를 가리킨다). 하지만 ubox가 제공하는 샘플 프로젝트는 GREEN 프로젝트 하나뿐이며 단계적으로 ubox를 사용하는 방법을 설명하는 튜토리얼은 존재하지 않는다. ubox 데모 프로젝트와 같은 완성도 있는 게임을 만들기 전에 ubox의 구조를 이해하는 것이 중요하므로 ubox MSX 라이브러리 사용법을 단계적으로 학습하기 위해 깃허브에 튜토리얼을 준비해뒀다.

예제 프로젝트는 아래 링크에서 다운로드할 수 있다.

```
https://github.com/pdpdds/ubox_example
```

소스 코드는 깃허브에 접속한 다음 Code 버튼을 눌러 다운받을 수도 있고 git clone 명령 혹은 Github Desktop 클라이언트[6]를 설치해서 다운로드할 수도 있다.

> **TIP** 수많은 프로젝트를 다운로드하고 관리하기 위해서는 제대로 된 형상 관리 시스템이 필요하다. Github Desktop은 수많은 프로젝트를 관리하는 데 큰 도움을 주므로 Github Desktop을 알아두면 큰 도움이 될 것이다.

여기에서는 실습 편의를 위해 예제 프로젝트 소스 코드를 다운로드할 때 WSL상에서 git clone 명령을 사용하여 다운받는 것을 권장한다. 윈도우 환경에서 작동하는 일부 git 클라이언트의 경우, 소스 코드를 다운받는 과정에서 파이썬 스크립트의 개행 문자를 LF에서 CR+LF로 바꿔버리는데 그러면 WSL 안에서 빌드 시 오류가 발생하기 때문이다. 소스 코드를 C:\retrodev 폴더에 설치한다고 가정하자. 해당 폴더를 만들어둔 뒤, WSL 안에서 다음 명령을 순차적으로 실행하면 된다.

```
cd /mnt/c/retrodev
git clone https://github.com/pdpdds/ubox_example
```

정상적으로 명령이 수행되었다면 C:\retrodev\ubox_example 폴더에서 소스 코드를 확인할 수 있을 것이다.

소스 코드 폴더를 구성하는 서브 폴더의 대략적인 내용은 다음과 같다.

---

6 https://desktop.github.com/

- include: ubox MSX 라이브러리 헤더 파일

- lib: ubox MSX 라이브러리(make로 빌드 후 생성됨)

- game: ubox MSX 라이브러리 샘플 게임 프로젝트인 GREEN 프로젝트

- examples: MSX1 C 프로그래밍을 위한 샘플 프로젝트 모음

- demo: 심화된 게임 프로젝트인 피라미드 퀘스트 및 배경 스크롤 예제

2.6 소스 코드 빌드

이제 빌드 환경 구축을 완료했고 소스 코드 설치도 완료했다. 지금부터 IDE를 실행하고 소스 코드를 빌드한 다음 실행 결과물을 에뮬레이터에서 실행해보겠다. 비주얼 스튜디오 코드를 실행하고 다음 절차를 따른다. 앞서 언급했듯 영문판 메뉴를 기준으로 설명한다.

1. 메뉴의 File → Open Folder를 선택한 다음 ubox_example 루트 폴더를 선택한다.
2. 메뉴의 View → Terminal을 선택(단축키 Ctrl + `)해서 윈도우 터미널을 실행한다.
3. 터미널에서 wsl을 입력한다.
4. make game을 입력한다.

마지막 출력 로그가 다음과 같다면 성공이다. 시간이 다소 걸릴 수 있다.

```
......
Binary file start = 00004000
Records start     = 00004000
Highest address   = 0000BFFF
Pad Byte          = 0


ROM: 11430 bytes
RAM: 01256 bytes
```

빌드에 실패했다면 환경을 다시 점검하고(필자에게 문의해도 좋다) make clean을 입력한 다음 다시 make game을 입력한다.

롬 파일은 ubox_example/game/bin 폴더에 game.rom 파일로 생성된다. 생성된 게임 파일이 잘 작동하는지 blueMSX나 WebMSX로 테스트해본다. blueMSX의 경우 실행한 다음 카트리지 슬롯 1에 롬 파일을 마운트하면 된다.

마치며

지금까지 윈도우 10에서 MSX1 게임 개발을 위한 환경 설정 방법을 살펴봤다. 소스 코드 빌드 용도로 WSL2 POSIX 대응 시스템을 구축하는 방법을 설명했으며 ubox MSX 라이브러리 및 GREEN 프로젝트의 빌드 방법을 살펴봤다.

2부로 넘어가기 전에 몇 가지 사항을 이번 장에서 배운 내용을 복습해본다.

- 비주얼 스튜디오 코드 사용법
- WSL2 시스템 및 리눅스 배포판에 대한 이해
- 리눅스 배포판 실행 및 관리 방법
- 리눅스 셸 사용법 및 기본 명령어 숙지
- ubox MSX 라이브러리 폴더 구성
- ubox MSX 라이브러리 및 샘플 프로젝트 빌드 방법

여기서는 자세히 설명하지 않았지만 소스 코드 형상 관리 시스템을 알아두면 좋다. Git이나 SVN 등 형상 관리 시스템에 대해 시간 날 때 꼭 학습을 하도록 한다.

PART

2

MSX1 게임 개발

2부에서는 본격적으로 MSX1 게임을 개발해본다. 독자가 C 프로그래밍에 어느 정도 경험이 있다고 가정하나 C 언어를 처음 접한다 하더라도 크게 걱정할 필요는 없다. 프로그래밍에 처음 입문한다면 C 언어 책이나 인터넷에서 C 언어 레퍼런스를 참고해서 기본 문법 정도는 학습하도록 한다.

2부의 최종 목표는 독자가 샘플 프로젝트인 GREEN 수준의 게임을 제작 가능하도록 도움을 주는 것이다.

기초 다지기

3장에서는 MSX 게임을 본격적으로 개발하기에 앞서, 기본적인 C 프로그래밍에 대한 기초를 마련하기 위해 간단한 예제를 살펴볼 것이다. 이 과정에서 ubox MSX 라이브러리 API를 활용하는 방법을 확인한다. 먼저 다음 6개의 프로젝트를 살펴볼 것이다. ubox MSX 라이브러리는 C:\github\ubox_example 폴더에 설치했다고 가정하고 내용을 설명한다.

- HelloWorld: examples/01_hello
- 콘솔 모드 HelloWorld: examples/02_consolehello
- 타이머: examples/03_timer
- 외부 라이브러리 활용하기: examples/04_clibrary
- 배경음악: examples/05_sound
- 효과음: examples/06_effect

첫 번째 HelloWorld 예제에서는 모든 프로그래밍 언어의 시작점이 되는 HelloWorld 문자열 출력 방법을 살펴본다. 단 우리가 제작할 프로그램은 게임이므로 그래픽 화면으로 전환된 상태에서 문자열을 출력하는 방법을 보여줄 것이다.

두 번째 콘솔 모드 HelloWorld 예제에서는 그래픽 모드로 전환하지 않은 상태에서 MSX의 바이오스 기능을 호출하여 문자열을 찍는 방법을 확인해본다.

세 번째 타이머 예제에서는 특정 시간 간격으로 콜백 함수를 호출하는 방법을 살펴본다.

네 번째 외부 라이브러리 활용하기 예제에서는 기존 C 라이브러리를 활용하는 방법을 살펴볼 것이다.

다섯 번째 배경음악 예제는 배경음을 출력하는 방법을 설명하며, 여섯 번째 효과음 예제에서는 효과음을 출력하는 방법을 보여준다.

언급한 예제들을 설명하기에 앞서 ubox MSX 라이브러리를 먼저 소개한다.

3.1 ubox MSX 라이브러리

ubox MSX 라이브러리는 후안 J. 마르티네스Juan J. Martínez가 공개한 MSX1 게임 개발을 위한 C 라이브러리다.

```
https://www.usebox.net/jjm/ubox-msx-lib
```

홈페이지를 방문하면 ubox 라이브러리에 대한 소개와 API 레퍼런스 및 게임 제작에 사용되는 툴에 대한 설명을 확인할 수 있다. 본서에서 설명하는 ubox 관련 내용은 해당 홈페이지를 참고했으며 저자에게 직접 사용 허락을 받았다.

ubox MSX 라이브러리는 MSX1 게임을 쉽게 제작하자는 취지 아래 제작된 C 라이브러리다. 사용자가 최대한 쉽게 사용할 수 있도록 인터페이스를 구축했다. 물론 MSX 베이직 언어와 Z80 언어로도 MSX 게임을 작성하는 것이 가능하지만 언어의 범용성이 낮고 시간 투자 대비 효율성이 떨어지므로 실용적인 언어로 게임을 작성하는 방법을 강구해야 한다. C 언어는 범용적으로 사용되는 언어일 뿐만 아니라 당분간은 사멸할 운명에 처한 언어가 아니므로 C 언어로 MSX 게임을 개발할 수 있다면 최적일 것이라 판단했다. ubox MSX 라이브러리는 Z80 CPU를 제어하는 코드를 Z80 어셈블리 언어로 구현한 다음, 그 코드를 래핑하여 C 언어에서 호출할 수 있도록 구현했다.

ubox MSX 라이브러리 스펙

항목	내용
플랫폼	MSX1
롬 크기	최대 32 KB
배경 스프라이트	타일 기반 스프라이트
색상	16가지 색
스크린	스크린 모드 2
컴파일러	SDCC 4.0

ubox MSX 라이브러리의 개발 타깃 플랫폼은 MSX1이다. 따라서 개발한 게임은 MSX1 및 상위 머신에서도 실행 가능하다. 롬의 최대 크기는 32 KB로 한정된다. 32,768바이트만 가지고 게임 제작이 가능할까 의문이 들겠지만 GREEN 프로젝트나 피라미드 퀘스트도 그 크기가 32 KB 이하다. 특히 피라미드 퀘스트의 스테이지는 총 10스테이지인데 40스테이지까지 제작해도 용량이 32 KB를 초과하지 않는다. 그리고 ubox MSX 라이브러리는 게임에 사용되는 리소스를 최대한 줄이기 위해 다양한 툴을 제공한다. 툴의 사용법은 후반부에 설명한다.

배경 스프라이트는 MSX1의 하드웨어 제약으로 인해 픽셀 기반이 아닌 타일 기반으로 스크롤한다. 즉 부드러운 배경 스프라이트는 MSX1에서는 구현하기 어렵다. 다만 타일 크기 단위로 스크롤하는 것은 가능하며 기본 타일 크기는 8 × 8 크기다. 1장에서 언급한 마성전설을 플레이해보면 타일 기반 배경 스크롤에 대해 좀 더 쉽게 이해할 수 있다.

유명한 게임 중 하나인 자낙도 자세히 살펴보면 배경이 타일 기반으로 스크롤된다는 것을 알 수 있다.

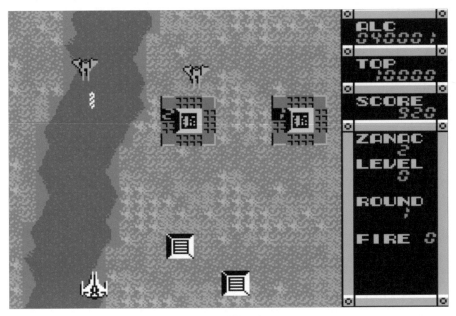

자낙 실행 화면

한편 자낙의 강화 버전인 〈자낙 EX〉는 픽셀 기반으로 배경이 스크롤된다(MSX2용).

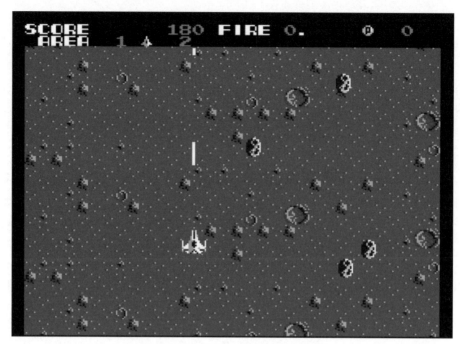

픽셀 기반으로 배경이 스크롤되는 자낙 EX

마성전설 또는 자낙 게임을 플레이해보면 타일 기반 배경 스크롤이 어떤 것인지 감이 올 것이다.

MSX1 플랫폼에서는 부드러운 배경 스크롤 구현에 한계가 있지만 구니스, 왕가의 계곡 같은 2D 플랫포머 게임은 손쉽게 제작할 수 있다. ubox MSX 라이브러리의 1차 목표도 이런 2D 플랫포머 게임을 쉽게 제작하는 데 있다.

32 KB 용량의 한계를 넘어서는 메가 롬팩의 제작 방법이나 픽셀 기반 스프라이트 등 MSX1 이상의 플랫폼을 활용하는 게임 제작 방법은 3부에서 소개한다.

ubox MSX 라이브러리는 크게 세 가지 구성 요소로 나뉜다.

* ubox 라이브러리: 게임 제작을 위한 기본 프레임워크
* mplayer 라이브러리: 배경음악 및 사운드 처리
* spman 라이브러리: 캐릭터 스프라이트 처리

ubox MSX 라이브러리의 API는 사용자가 MSX의 세부 사항을 몰라도 손쉽게 게임을 제작할 수 있는 것을 목표로 하므로 ubox 라이브러리 사용법만 제대로 숙지하는 것으로 충분하다. 지금부터 몇 가지 샘플 프로젝트를 살펴보면서 ubox MSX 라이브러리 API에 친숙해지도록 한다.

3.2 HelloWorld

콘솔 프로그램이든 그래픽 프로그램이든 최초 시작은 HelloWorld 문자열 출력에서부터 시작한다. HelloWorld 프로젝트는 ubox MSX 라이브러리를 활용해서 HelloWorld 문자열을 출력하는 방법을 보여준다. 프로젝트 코드는 examples/01_hello 폴더를 참고한다. 프로젝트를 수정하고 빌드하는 방법을 확인하기 위해 이번 절에서는 조금 구체적으로 내용을 설명한다.

먼저 비주얼 스튜디오 코드를 실행하고 나서 HelloWorld 프로젝트를 지정해야 한다. 프로젝트라고 지칭하지만 별도의 프로젝트 파일이 존재하는 것은 아니다. 메뉴의 File → Open Folder를 선택해서 examples/01_hello 폴더를 지정한다. 그다음 메뉴의 View → Terminal을 선택해서 윈도우 터미널을 실행한다.

윈도우 터미널 실행 화면

터미널 실행 시 경로가 01_hello 프로젝트가 존재하는 폴더인지를 확인한다(참고로 예전에는 콘솔창이 윈도우 운영체제의 기본 터미널이었지만 지금은 파워셸이 기본 콘솔창이다). 이제 터미널에 wsl을 입력해서 리눅스 개발 환경으로 전환한 다음 make를 입력해서 프로젝트를 빌드한다. 정상적으로 빌드되면 롬 파일이 examples/bin 폴더에 01_hello.rom으로 생성된다.

생성한 롬 파일을 blueMSX로 실행해보자. blueMSX를 실행한 다음 카트리지 슬롯 1에 롬 파일을 마운트한다.

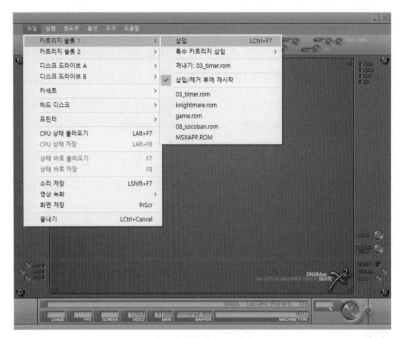

카트리지에 롬 삽입하기

HelloWorld 프로젝트의 실행 결과는 다음 그림과 같다.

01_hello.rom 실행 결과

TIP blueMSX를 실행하고 나서 빌드한 결과를 확인하기 위해 매번 blueMSX 앱을 종료하고 다시 실행할 필요는 없다. 롬 파일을 실행한 후 재실행하지 않는 한 blueMSX는 롬 파일에 액세스하지 않는다. 그러므로 blueMSX를 실행한 채로 프로젝트를 수정하고 롬을 새롭게 생성해도 파일 접근 문제는 발생하지 않는다. 새롭게 생성한 롬 파일을 다시 로드하려면 메뉴에서 실행 -> 하드 리셋을 선택하거나 단축키 F12를 누르면 된다.

이어서 2부에서 소개할 프로젝트들은 이 프로젝트에서 설명한 절차대로 코드를 빌드하고 실행하면 된다.

3.2.1 소스 분석

HelloWorld 프로젝트의 소스 코드 파일 구성은 다음 표와 같다.

HelloWorld 프로젝트를 구성 파일 리스트

파일	설명
crt0.z80	C 런타임 초기화 코드(스타트업 코드)
main.c	메인 함수 구현
tiles.h	타일 이미지 데이터
makefile	빌드 스크립트

먼저 메인 함수를 살펴보자. 메인 함수에서는 그래픽을 화면 모드 2로 전환하고 타일 이미지를 메모리에 업로드한다. 그다음 "HELLO WORLD!!" 문자열을 출력하고 나서 무한 루프로 진입한다. 화면 모드 2는 1.3절의 표에서 보았듯 해상도가 256 × 192픽셀이었다.

main 함수 (main.c)

```
#include "ubox.h"  // ubox MSX 라이브러리 헤더 파일 ❶
......
void main() {  // 메인 함수
    ubox_init_isr(2);  // 초당 프레임을 설정한다. 30 FPS로 설정
    ubox_set_mode(2);  // 화면을 스크린 모드 2로 설정 ❷
    ubox_set_colors(1, 1, 1);  // 화면 색상을 검은색으로 초기화

    ubox_disable_screen();  // 화면 접근을 비활성화한다.

    ubox_set_tiles(tiles);  // 타일을 업로드한다. ❸
    ubox_set_tiles_colors(tiles_colors);  // 타일에서 사용하는 색상 정보를 업로드한다. ❹

    ubox_fill_screen(WHITESPACE_TILE);  // 화면을 공백으로 채운다.
    put_text(11, 11, "HELLO WORLD!!");  // "HELLO WORLD!!" 문자열을 출력한다. ❺

    ubox_enable_screen();  // 화면 갱신을 허용한다.
```

```
    while (1) {  // 무한 루프
        ubox_wait();
    }
}
```

ubox 라이브러리를 사용하려면 먼저 ❶과 같이 ubox.h 헤더 파일을 포함해야 한다. 그다음 ❷와 같이 ubox_set_mode 함수를 호출해서 화면을 스크린 모드 2로 전환한다.

화면 모드를 전환하고 나서는 문자열을 출력하기 위해 타일 이미지를 메모리로 업로드한다.

문자 이미지를 포함한 타일 이미지는 tiles.h에 정의되어 있다. tiles.h는 GREEN 프로젝트에서 사용한 tiles.png 이미지 파일로부터 생성했으며 tiles 바이트 배열이 타일 데이터에 해당한다. 이 타일 데이터를 ❸의 ubox_set_tiles 함수를 호출해서 타일 데이터 tiles를 비디오 메모리로 업로드한다.

32 × 8개의 타일로 구성된 타일 이미지

타일 하나의 크기는 8 × 8픽셀이며 타일 이미지는 가로 32개, 세로 8개의 타일로 구성된다. 그리고 1바이트는 8개의 픽셀을 표현할 수 있으므로 32 × 8개의 타일을 표현하려면 2048바이트가 필요하다. 즉 tiles 배열의 크기는 2048바이트다. 게임에서는 이 256개의 타일을 조합해서 배경을 구성한다. 256개의 타일 중 게임 타이틀이나 문자 타일을 제외하면 배경으로 활용할 수 있는 타일 수는 줄어든다.

물론 기본 바이오스 서비스를 사용하면 타일을 사용하지 않고도 문자열을 출력할 수 있다. 하지만 스크린 모드 2로 전환한 상태에서는 기본 바이오스 문자 출력 루틴은 효과가 없다. MS-DOS에서 응용프로그램이 그래픽 모드로 전환하면 콘솔에 텍스트를 출력하는 BIOS 서비스가 무용지물인 것과 동일한 맥락이다. 그래서 스크린 모드 2에서 문자열을 출력하려면 먼저 타일 이미지를 비디오 메모리 상에 로드하는 작업이 필요하다. 그리고 타일 데이터에는 색상 정보가 포함되어 있지 않다는 걸 기억하자. 색상 정보는 ❹의 tiles_colors 배열에 저장되어 있다.

또한 게임 롬은 단일 파일이며, 외부 파일을 읽어 들일 수가 없다. 그래서 롬 파일을 생성할 때는 리소스나 게임 데이터를 바이트 배열로 변환한 다음 컴파일 타임에 이 리소스들을 포함시켜야 한다. 다음 사실을 잊지 말자.

게임에 사용하는 그래픽 데이터나 음원 데이터는 롬 파일에 같이 포함된다.

타일 이미지를 C에서 활용할 수 있도록 바이트 배열로 생성하는 방법은 6장에서 설명하겠다. 여기서는 화면에 문자를 출력하기 위해 타일 데이터와 타일의 색상 정보를 비디오 메모리에 업로드하는 작업이 필요하다는 것만 우선 기억하자.

타일 데이터를 설정하고 나서는 ❺와 같이 put_text 함수를 호출해서 "HELLO WORLD!!" 문자열을 출력한다.

put_text 함수

```
void put_text(uint8_t x, uint8_t y, const uint8_t *text) {  // ❶
    while (*text)  // 루프를 돌면서 한 문자씩 출력
        ubox_put_tile(x++, y, *text++ + 128 - 31);  // ❷
}
```

❶의 put_text 함수에 첫 번째 파라미터와 두 번째 파라미터에 타일 좌표를 지정하고 세 번째 파라미터에 문자열을 전달하면 지정된 위치에 문자열이 출력된다. 여기서는 문자열의 출력 시작 좌표를 (11, 11)로 지정했는데 타일 기반이므로 (88, 88) 픽셀 위치에 문자열이 출력된다. 그리고 while 루프를 돌면서 ❷의 ubox_put_tile 함수를 호출해서 문자를 하나씩 그려서 전체 문자열을 화면에 출력한다.

ubox_put_tile 함수의 세 번째 파라미터는 타일의 인덱스를 지정하는 함수다. 'H' 문자를 예로 들어 보자. 'H' 문자의 아스키 코드는 십진수로 72다. 그러므로 72 + 128 - 31은 169가 된다. 타일 이미지에서 169번째의 타일은 'H' 타일이다. 아래 공식을 통해 H의 타일 인덱스를 구할 수 있다.

```
5 * 32 + 9 = 169
```

H 이미지는 타일 이미지 6번째 행의 9번째 열에 존재한다. 한 행에는 32개의 타일이 있으므로 위의 공식을 적용하면 'H' 이미지의 타일 인덱스는 169가 된다.

타일 이미지를 보면 소문자 이미지가 없음을 알 수 있다. 그러므로 put_text 함수에 소문자가 포함된 문자열을 전달하면 그 소문자는 화면에 출력되지 않는다.

3.2.2 ubox API

ubox MSX API에 대해 설명을 했지만 정리하는 차원에서 다시 한번 설명한다. ubox MSX API는 ubox_ 접두사로 함수 이름이 시작된다.

ubox MSX API

API	설명
ubox_put_tile	타일을 지정한 위치에 그린다.
ubox_init_isr	인터럽트 핸들러를 설치하고 초기화한다.
ubox_set_mode	스크린 모드를 설정한다.
ubox_disable_screen	화면을 비활성화한다. 이 함수가 호출되면 화면에 이미지를 그려도 바로 표시되지 않는다.
ubox_enable_screen	화면을 활성화해서 화면에 그려진 이미지를 보여준다.
ubox_set_tiles	ubox에 타일로 사용될 바이트 배열을 전달한다.
ubox_set_tiles_colors	타일에서 사용하는 색상 정보를 ubox에 전달한다.
ubox_fill_screen	화면을 지정된 타일 인덱스의 타일로 채운다.
ubox_wait	ubox_init_isr 함수에서 지정한 틱값에 도달할 때까지 대기한다.

위 표의 함수 중에서 ubox_init_isr 함수와 ubox_wait 함수를 좀 더 살펴보자.

ubox_init_isr 함수는 인터럽트 핸들러를 초기화한다. 이 함수의 원형은 다음과 같다.

```
void ubox_init_isr(uint8_t wait_ticks) __z88dk_fastcall;
```

인터럽트 핸들러는 메인 코드의 실행 도중 시스템의 인터럽트에 의해 호출되는 핸들러를 의미한다. 인터럽트interrupt는 사전적 의미로 '방해'라는 의미가 있으며 메인 코드의 실행 흐름을 중단시키고 인터럽트 핸들러를 실행한다. 아직은 특정 인터럽트 핸들러를 지정하지 않았기 때문에 이 함수를 호출하면 ubox의 기본 인터럽트 핸들러가 실행된다.

인터럽트

인터럽트는 하드웨어와 CPU가 교신할 수 있는 통신 시스템이다. 예를 들어 배경음악을 출력한다고 가정해보자. 음악을 출력하려면 먼저 사운드 카드에 특정 크기의 데이터 청크chunk를 보내야 한다. 만약 CPU가 사운드 카드의 응답을 대기한다면 다른 작업을 전혀 진행할 수 없을 것이다. 그래서 일단 CPU가 사운드 버퍼를 사운드 카드에 전송했다면 사운드 카드의 작업 완료를 기다리지 않고 자신의 작업을 계속 수행한다. 사운드 카드는 입력 데이터를 모두 처리했다면 CPU에 작업이 완료했음을 통지한다. 이 통지 내용은 다음 사운드 데이터를 달라는 요청이다. 그럼 CPU는 자신이 하던 작업을 멈추고 사운드 카드의 통지 메시지, 즉 인터럽트를 처리하기 위해 사운드 카드 처리용 인터럽트 핸들러를 실행한다.

수많은 하드웨어가 이런 방식으로 인터럽트를 통해서 CPU와 교신한다. 특히 타이머 장치의 인터럽트는 매우 짧은 시간 간격으로 발생하며 이를 통해 CPU는 시간 관련 작업을 손쉽게 처리할 수 있다.

ubox_init_isr 함수의 첫 번째 파라미터 wait_ticks는 ubox_wait 함수가 대기할 틱 카운트 값이다. 모든 시스템은 내부적으로 클록 인터럽트를 발생시키며 초당 일정한 틱 카운트를 발생시키는데, MSX 시스템의 경우 PAL과 NTSC에서 발생시키는 초당 클록(틱) 값은 다음과 같다.[1]

MSX 비디오 시스템	초당 클록 수
PAL	50
NTSC	60

PAL과 NTSC는 초당 클록 인터럽트 수가 다르기 때문에 화면의 부드러움에서 차이를 보일 수 있다. 여기서는 NTSC를 기준으로 살펴본다.

```
ubox_init_isr(2);
```

ubox_init_isr 함수에서 2를 지정했다. NTSC에서 클록은 1/60초마다 발생하고 이때마다 ubox 내부에서는 클록 값을 1씩 증가시킨다. ubox_wait 함수를 호출하면 이 내부 클록 값이 2가 될 때까지 계속 대기한다. 그리고 내부 값이 2가 되면 대기를 풀고 내부 값을 0으로 초기화한 다음, 프로그램 로직을 진행한다. 그러므로 ubox_wait 함수를 호출하면 1/30초를 딜레이하는 효과를 가져온다.

즉 게임 루프에서 ubox_wait를 호출하면 1초 동안 30번이 호출되어 30 FPS를 유지할 수 있다. 만약 60프레임을 유지하고 싶다면 ubox_init_isr에 1을 전달하면 된다.

일정 프레임을 유지하는 무한 루프

```
while (1) {
    // 로직
    ubox_wait();
}
```

초당 프레임을 일정하게 유지하는 것은 게임 개발에서 기본이므로 두 함수는 꼭 기억하자.

---

1 PAL, NTSC 모느 여부는 하드웨어가 결정한다. 예를 들어 일본에서는 NTSC로 하드웨어를 제조했지민 유럽의 경우는 PAL 타입으로 히드웨어를 제조했다. 에뮬레이터의 경우에는 모두 NTSC를 기본값으로 사용한다고 보면 된다.

옛날 게임들은 초당 프레임을 고려하지 않은 경우가 많았다

과거 컴퓨터나 게임기는 성능이 현저하게 떨어졌기 때문에 일정한 프레임 레이트frame rate를 고려하지 않는 경우가 많았다. 예를 들어 MS-DOS 게임의 경우 286에서는 정상적으로 실행되는 게임이 486에서는 캐릭터가 순간이동하는 경우가 종종 있었다. 프레임 레이트를 고려하지 않기 때문에 성능이 높은 컴퓨터에서는 단위 시간에 게임 루프를 더 많이 도는 데서 발생하는 문제였다. 특정 하드웨어에서만 게임이 실행된다면(예를 들면 게임기) 프레임 레이트를 고려하지 않아도 상관없지만, 다양한 기기에서 실행될 가능성이 있다면 프레임 레이트를 반드시 고려해야 한다. 현세대 게임은 모두 일정한 프레임 레이트를 고려해서 게임을 제작한다.

메인 함수에서 문자열을 출력하는 과정은 이제 충분히 이해했을 것으로 판단한다. 계속해서 게임 롬이 메모리에 로드되고 나서 메인 함수를 호출하는 부분을 살펴본다.

3.2.3 crt0.z80

일반적으로 Win32든 리눅스든 응용프로그램이 실행되어 main 함수에 진입하기 전에 응용프로그램을 초기화하는 과정이 필요하다. 이를 흔히 '스타트업 코드'라고 부르며 보통 crt0라는 이름의 파일에 정의한다. 이 구현부에서는 전역 객체나 정적 객체의 초기화 등을 수행한다. 초기화를 완료한 후에 실제 프로그램 진입부인 main 함수가 실행되는 것이다. crt0.z80 파일은 ubox MSX 라이브러리를 사용해서 롬을 제작할 때 공통적으로 사용하는 파일이다. 런타임 초기화 부분은 C 언어로 구현하기에는 어려움이 따르므로 어셈블리 언어로 구현한다.

crt0.z80

```
.module crt0
; 외부의 main 함수를 참조한다는 걸 명시
.globl   _main

......
        ; 롬 헤더 ❶
        .str "AB"
        .dw _main_init
        .db 0, 0, 0, 0, 0, 0, 0, 0, 0, 0, 0, 0

_main_init::
        ; 스택 초기화 ❷
        di
        ld sp, #0xf380
        ei
......
        call gsinit
        ; C 메인 엔트리 호출 ❸
```

```
        call _main
halt0:
        halt
        jr halt0
......
```

crt0.z80 파일을 컴파일해서 오브젝트 파일이 생성되면 이 오브젝트 파일은 롬 파일의 선두에 배치된다. ❶은 MSX 롬 파일을 나타내는 시그너처이며 롬 파일의 선두에 배치된다. 실제로 롬 파일이 "AB"로 시작하는지 에디터로 01_hello.rom 파일을 열어서 확인해보자(바이너리 에디터로 열어보는 것이 좋지만 일반 노트패드로 파일을 열어도 AB 시그너처를 쉽게 확인할 수 있다).

```
AB@ ....
```

❷에서는 스택을 초기화한다. 스택은 함수 호출 시 전달되는 파라미터를 저장하거나 로컬 변수를 할당하기 위해 사용한다. sp는 스택 포인터이며 0xf380 번지를 스택 베이스 주소로 지정했다. 스택을 설정하고 나서는 ❸에서 C로 구현한 main 함수를 호출한다.

❸에서 main 함수를 호출할 때 함수 이름으로 main이 아니라 _main을 썼음에 주목하자. _main은 네임 맹글링을 통해 변경된 함수 이름이다. **네임 맹글링**name mangling 또는 **네임 데커레이션**name decoration은 소스를 컴파일하여 오브젝트 파일을 생성하고 링킹하는 과정에서 함수나 전역 변수의 이름을 일정한 규칙으로 변경하는 과정을 의미한다. 이 작업이 필요한 이유는 링커가 다른 범위에 있는 같은 이름의 함수와 변수들을 구별하기 위해서다.

C에서는 _main의 경우처럼 네임 맹글링이 단순하지만 C++ 언어에서는 네임 맹글링을 통해 변경된 함수 이름이 매우 복잡하며 컴파일러 제조사마다 네임 맹글링 방식이 달라 호환되지 않는다는 것도 기억해두면 좋다. 예를 들어 C++ 클래스의 멤버 함수는 다음과 같이 복잡하게 네임 맹글링된다.

C++의 클래스 메서드 네이밍 맹글링 예

```
??0?$SkyWindow@VSkyGUIConsole@@@@QAE@XZ 0010e750 f i
```

네임 맹글링에 대한 주제는 인터넷에서 검색하면 관련 자료를 쉽게 찾을 수 있으니 관심 있는 분은 살펴보기 바란다.

3.2.4 Makefile

HelloWorld 프로젝트를 빌드하기 위해 make 명령을 사용했었다. **Makefile** 파일은 make에서 사용하는 스크립트 파일이다. make 명령은 Makefile에 기술된 파일 간의 종속 관계를 파악해서 컴파일러에게 소스 코드를 어떻게 빌드할지를 전달하여 순차적으로 명령을 실행하고 최종 바이너리를 생성한다. 즉 Makefile은 최종 바이너리를 생성하기 위한 일종의 레시피다.

01_hello 폴더에서 make 명령어를 입력하면 시스템은 Makefile을 분석해서 서브 폴더인 src 폴더의 Makefile을 호출한다. src 폴더에 있는 Makefile은 롬을 생성하기 위한 컴파일러와 링커를 지정하며 확장자가 c로 끝나는 파일이 있다면 C 컴파일러에게 해당 파일을 컴파일하라고 지시한다.

Makefile에 대한 자세한 내용은 이 책의 범위를 벗어난다. 다른 책이나 인터넷을 통해 학습한다.

3.2.5 실습

"HELLO WORLD!!" 문자열을 "HELLO MSX WORLD!!"로 변경하고 프로젝트를 빌드해본다. 출력 좌표는 (0, 0)으로 수정한다. 그런 다음 에뮬레이터를 실행해서 문자열이 정상적으로 출력되는지 확인한다. 실행 결과는 다음과 같아야 한다.

실습 프로젝트 결과 화면

파일을 수정하고 나서는 저장을 한 후 빌드해야 한다. 단축키 **Ctrl + S**를 활용해서 수정한 파일을 저장한다.

> **TIP** 일반적으로 프로젝트를 빌드하면 수정된 파일은 자동으로 저장이 된다. 다만 여기에서는 비주얼 스튜디오 코드를 편집기로서만 활용하려 한다. 그러니 다소 불편더라도 프로젝트의 내용을 수정했다면 파일을 저장한 후 make 명령을 입력한다. 본서 후반으로 진행함에 따라 IDE의 고급 사용법을 순차적으로 소개한다.

앞으로 소개하는 프로젝트는 HelloWorld 프로젝트에서 수행한 절차를 그대로 따른다.

1. 비주얼 스튜디오 코드를 열고 프로젝트 폴더를 지정한다.

2. 터미널을 실행하고 wsl로 전환한다.

3. make 명령을 입력하고 프로젝트가 정상 빌드되는지 확인한다.

4. blueMSX로 결과를 확인한다.

3.3 콘솔 모드 HelloWorld

이번 절에서는 그래픽 모드로 전환하지 않고 "HELLO WORLD!!" 문자열을 출력하는 방법을 살펴본다. 이를 통해 어셈블리 언어로 구현한 C 함수를 호출하는 방법을 보여줄 것이다. 코드는 examples/02_consolehello 폴더를 참고한다.

main.c

```c
#include <stdint.h>

extern void printf(char* message);   // 어딘가에 선언되어 있는 printf 함수 ❶

void main() {
    printf("HELLO WORLD!!");
}
```

MSX-BIOS 서비스를 활용한 문자열 출력

화면에 문자열을 출력하기 위해 printf 함수를 사용했다. printf 구현은 printf.z80 파일에서 확인할 수 있으며 이 함수는 Z80 어셈블리 언어로 구현했다. ❶ 부분에 주목하자. 일반적으로 우리가 어떤 함수를 호출하려면 해당 함수의 원형을 알아야 한다. 그래서 일반적으로는 해당 함수가 정의된 헤더 파일을 소스 코드 첫부분에 포함한다. 헤더 파일을 포함하고 싶지 않을 때는 extern 키워드를 사용하면 된다.

```
extern void printf(char* message);
```

함수 원형에 extern을 선언하면 printf 함수가 어딘가에 선언되어 있다고 컴파일러에게 알린다. 그래서 컴파일 단계에서는 경고나 에러가 발생하지 않는다. 만약 링킹 단계에서 printf의 구현부를 찾을 수 없다면 그때 에러가 발생하게 된다. 계속해서 printf 함수의 구현부를 살펴보자.

printf.z80

```
.globl _printf ; printf 함수. 네임 맹글링된 상태

CHPUT = 0x00a2 ; ❶ 문자 출력 바이오스 서비스

_printf::
        di
Loop:    ; ❷ 루프 영역
        ld a, (hl) ; a 레지스터에 문자 하나를 가져온다.
        and a ; a가 0이라면 z 플래그가 설정된다.
        jr z, Done ; z 플래그가 설정되었다면 Done 레이블로 점프한다.
        call CHPUT ; 하나의 문자를 화면에 출력한다.
        inc hl ; 문자열 포인터값을 증가시킨다. ❸
        jr Loop ; Loop 레이블로 점프한다.
Done: ; 문자열 출력 완료. 호출 함수로 복귀한다.
        ei
        ret
```

먼저 화면에 문자를 출력하려면 Z80의 바이오스 입출력 서비스를 호출해야 한다. ❶의 0x00a2는 a(accumulator) 레지스터에 담겨 있는 문자를 화면에 출력하라는 명령이며 CPU에 명령을 지시하기 위해서는 call 명령을 사용해야 한다.

```
call 0x00a2
```

printf 함수는 문자를 모두 출력할 때까지 ❷의 Loop 레이블을 반복해서 실행하며 a 레지스터 값이 0 이면 루프를 종료한다. 일반적으로 문자열의 마지막은 NULL이다. 문자열은 hl 레지스터가 가리키고 있으며 문자 하나를 출력하고 나서는 ❸과 같이 inc 명령을 사용해서 hl 값을 증가시켜서 다음 문자를 출력한다. 이 로직을 반복하여 전체 문자열을 출력한다.

이 샘플 프로젝트에서 기억할 점은 MSX의 BIOS 기능을 사용하려면 어셈블리 언어를 사용해야 한다는 것이다. 다행히 ubox MSX 라이브러리는 핵심 부분을 모두 어셈블리 언어로 구현했으므로 우리는 C 언어 레벨에서 프로그래밍하는 부분에만 집중하면 된다. 다만 롬 파일이 어떻게 생성되는지에 대한 기본 지식을 아는 상태에서 프로그래밍에 들어가는 것이 중요하다는 것을 명심하자. 또한 ubox MSX 라이브러리의 내부 구조를 파악하고 싶다면 기초 어셈블리 지식은 도움이 될 것이다.

다음 표는 printf 함수를 구현하기 위해 사용한 어셈블리 명령어를 정리한 것이다.

printf 함수 구현에 사용된 어셈블리어 설명

명령어	설명
JR	상태가 설정되었으면 해당 주소로 점프한다.
LD	값을 a 레지스터로 복사한다.
AND	AND 비트 연산
INC	값을 증가시킨다.
CALL	MSX의 BIOS 서비스를 호출한다.
EI	인터럽트를 활성화한다.
DI	인터럽트를 비활성화한다.

Z80 어셈블리 언어에 대한 추가적인 내용은 13.2절을 참조한다.

3.4 타이머

타이머는 특정 틱값에 따라 일정하게 콜백 함수를 호출하는 기능을 의미한다. 타이머는 인터럽트를 사용해서 구현하며, 게임에서 일정 프레임 레이트를 유지하기 위해 인터럽트를 활용하는 방법에 대해서는 앞에서도 설명했었다. ubox_set_user_isr 함수를 호출해서 사용자 콜백 함수를 등록하면 타이머 기능의 구현이 가능하다.

```
void ubox_set_user_isr(void (*fn)()) __z88dk_fastcall;
```

타이머 프로젝트는 ubox_set_user_isr 함수를 사용해서 카운트를 1초마다 증가시킨다. 코드는 examples/03_timer 폴더를 참고한다.

main 함수 (main.c)

```c
......
char buffer[10];

int g_count = 0;

// 콜백 함수. 1초마다 g_count를 1씩 증가시킨다.
void my_isr() {
    static int counter = 0;
    ++counter;
    if (counter >= 30) {  // ❶
        g_count++;
        counter = 0;
    }
}

void main() {
    ubox_init_isr(2);  // 함수에 2를 전달해서 초당 프레임을 60에서 30으로 변경
    ......
    // 초기 화면을 구성
    ubox_fill_screen(WHITESPACE_TILE);
    put_text(11, 11, "COUNT : ");
    sprintf(buffer, "%d", g_count);
    put_text(11 + 9, 11, buffer);
    ubox_enable_screen();

    // 콜백 함수 my_isr를 등록한다.
    ubox_set_user_isr(my_isr);
    int temp_counter = 0;

    while (1) {
        if (temp_counter != g_count) {  // 1초가 지났으면 숫자를 증가시키고 화면을 갱신한다.
            sprintf(buffer, "%d", g_count);
            put_text(11 + 9, 11, buffer);  // ❷
            temp_counter = g_count;
        }
        ubox_wait();
    }
}
```

실행 결과는 다음과 같다.

1초마다 숫자가 증가

인터럽트 처리 서비스 루틴으로 my_isr 함수를 설정했다. 이 함수는 1초마다 g_count의 값을 1씩 증가시킨다.

```
ubox_init_isr(2);
```

인터럽트 초기화 시 ubox_init_isr 함수에 2를 전달했기 때문에 인터럽트는 초당 30회 발생한다. 그러므로 ❶의 counter 변수는 1초를 경과해야 최초 0에서 30이 되며 30이 되면 if 내부 코드가 실행된다. 이때 글로벌 카운터값인 g_count는 값이 1 증가하며, ❷에서는 증가한 숫자를 화면에 출력한다.

경쟁 상태는 걱정할 필요 없다

현대 프로그램은 멀티코어에서 병렬적으로 작동한다. 그래서 프로그램의 효율성을 최대한 높이기 위해 다수의 스레드를 생성한다. 이 과정에서 수많은 스레드가 동일한 데이터에 접근하는데 이때 **경쟁 상태**race condition가 발생한다. 경쟁 상태가 발생하면 데이터나 자료구조의 무결성이 깨질 우려가 발생한다.

이번 타이머 프로젝트에서도 메인 로직의 실행 코드와 인터럽트에 의해 호출된 사용자 지정 인터럽트 핸들러가 동시에 실행될 가능성이 있지 않을까 생각이 들지도 모르겠다(g_count의 무결성이 깨질 우려). 코어가 하나라도 데이터 무결성 문제는 존재할 수 있다. g_count를 단순히 1 증가시키는 부분도 어셈블리 언어 수준에서 보면 여러 명령으로 나뉘기 때문이다. 예를 들어 g_count++ 코드를 어셈블리 단위에서 살펴보자. g_count++ 코드는 어셈블리 코드로 보면 세 줄로 확장된다.

```
00B21821  mov        eax,dword ptr [g_count (0B2A138h)]
00B21826  add        eax,1  ; ❶
00B21829  mov        dword ptr [g_count (0B2A138h)], eax
```

❶에서 문맥 교환context switch이 발생하고 나서 다른 스레드에서 g_count 값을 수정했다고 가정하자. 그런데 다시 ❶로 돌아와 코드를 실행하면 원래 스레드는 다른 스레드에서 g_count를 수정한 여부와 상관없이 g_count에 값을 덮어쓴다.

즉 문맥 교환이 발생할 시 특별한 장치를 마련하지 않으면 데이터 무결성이 깨질 수 있는 것이다. 그러므로 일반적으로는 동기화 객체를 사용해서 **임계 구역**critical section을 설정하거나 인터럽트를 비활성화하는 등의 처리를 해서 특정 로직이 완전히 수행될 때까지 문맥 교환이 발생하지 않도록 구현한다.

다행히도 MSX 시스템은 스레드라는 개념이 없고 이에 따라 문맥 교환 개념은 존재하지 않으며 모든 명령이 순차적으로 실행된다. 따라서 경쟁 상태를 막기 위해 동기화 객체를 활용하는 등의 방법을 고려할 필요가 없다. 즉 MSX C 프로그래밍에 한해서는, 경쟁 상태를 신경 쓰지 않아도 된다. 다만 인터럽트의 처리 중에 또 다른 인터럽트가 발생하면 문제가 발생할 수 있으므로 인터럽트를 처리하는 상황에서는 또 다른 인터럽트가 발생하지 않도록 인터럽트를 비활성화할 필요는 있다.

3.5 외부 라이브러리 활용하기

콘솔 모드 HelloWorld 프로젝트에서는 화면에 문자열을 출력하기 위해 printf 함수를 직접 구현했다. 하지만 매번 필요한 함수를 구현하는 것은 매우 비효율적이며, 이미 기능이 구현된 함수가 있다면 그 함수를 사용하면 좋을 것이다. SDCC 컴파일러가 제공하는 C 라이브러리는 다양한 C 함수를 제공하므로 좋은 도구가 될 수 있다.

기본 라이브러리가 기능을 지원하지 않는다면 외부 라이브러리를 활용하는 것도 좋은 선택이다. 특히 임베디드용으로 구현된 C 라이브러리를 활용하면 개발 시간을 크게 단축할 수 있다. 임베디드용 C 라이브러리는 대부분 플랫폼 독립적으로 구현되므로 소스 코드 수정을 최소화할 수 있다는 장점이 있다.

앞 절에서는 sprintf 함수를 사용하기 위해 SDCC가 제공하는 stdio.h 헤더 파일을 사용했다. 이번 절에서는 외부 라이브러리에서 구현한 sprintf 함수를 사용해서 카운트 문자열을 만들어본다. 코드는 examples/04_clibrary 폴더를 참고한다.

sprintf 구현부는 다음 라이브러리의 printf.h 및 printf.c 파일에서 확인할 수 있다.

```
https://github.com/mpaland/printf
```

이 라이브러리에는 printf, sprintf 등 문자열 출력과 관계된 함수들이 구현되어 있으며 코드 대부분이 플랫폼 독립적으로 작성되었기 때문에 임베디드 플랫폼 또는 새로운 운영체제를 작성할 때에도 쉽게 활용할 수 있다. 이 라이브러리를 사용하기 위한 유일한 요구 사항은 _putchar 함수를 구현하는 것이다.

_putchar 함수 구현 (main.c)

```
uint8_t g_x = 0;
void _putchar(char character) {
    ubox_put_tile(g_x++, 0, character + 128 - 31);
}
```

일반적인 printf 함수는 자체적으로 문자가 출력될 위치를 내부적으로 알고 있다. 그런데 우리가 구현한 _putchar 함수는 화면 위치를 지정해야 하는 ubox_put_tile 함수를 사용하기 때문에 지정된 위치를 기억하려면 _putchar 함수를 개량해야 한다.

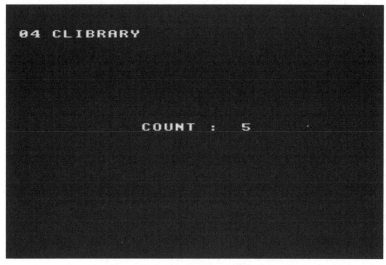

외부 라이브러리 활용하기 프로젝트 실행 결과

이 그림의 왼쪽 상단에 출력한 "04 CLIBRARY" 문자열은 printf 함수를 사용해서 출력이 되었다. printf 함수를 분석해보면 최종적으로 _putchar 함수를 호출한다는 것을 알 수 있다.

추가로, MSX는 실수 연산을 처리하기 위한 부동소수점 장치를 지원하지 않기 때문에 임베디드 printf 함수를 사용하려면 printf에서 실수 처리와 관련된 기능을 모두 비활성화해야 한다.

실수 기능 비활성화 (printf.c)

```
// #define PRINTF_SUPPORT_FLOAT
```

> **MSX의 실수 처리**
>
> MSX에는 FPU 같은 부동소수점 처리를 위한 물리 장치는 존재하지는 않지만 BASIC의 경우 BIOS에 존재하는 MathPack이라는 산술연산 루틴을 사용하면 실수 연산이 가능하다. 이 산술연산 루틴에는 이진화 십진법binary-coded decimal, BCD이 사용된다.

> **과제**
>
> 이 프로젝트에서는 printf를 사용하면 첫 번째 줄에만 문자열이 출력된다. "HELLO" 문자열을 출력하는 printf 함수를 추가하고 이 문자열은 두 번째 줄에 출력하도록 _putchar를 개량해본다.

3.6 배경음악

MSX에서는 OGG나 MP3 같은 현대적인 음원 포맷으로 소리를 출력하는 것이 불가능하다. 그래서 MSX용으로 음원 파일을 생성할 필요가 있으며 이를 도와주는 작업 도구로 아코스 트래커 2가 있다.

```
https://www.julien-nevo.com/arkostracker
```

이 절에서는 **아코스 트래커 2**를 사용해서 제작된 음원 데이터를 게임에서 활용하는 방법만 살펴보고, 툴의 사용법에 대해서는 나중에 설명한다(6.4절). 코드는 examples/05_music 폴더를 참고한다. 먼저 프로젝트를 빌드하고 실행해서 배경음악이 제대로 출력되는지 확인한다.

메인 함수는 지금까지 소개한 샘플 프로젝트와 크게 다르지 않다. 배경음악을 출력하는 코드에만 주목하자.

main 함수 (main.c)

```
#include <stdint.h>
#include "ubox.h"
#include "mplayer.h"  // mplayer 라이브러리 헤더 파일 ❶
......
extern uint8_t SONG[];  // 외부 음원 데이터 ❷
```

```
......

void main() {
    .....
    put_text(11, 11, "MUSIC : ALIENALL");  // 화면에 곡명 출력
    ubox_enable_screen();

    mplayer_init(SONG, 0);  // mplayer 초기화 및 음원 지정 ❸
    ubox_set_user_isr(mplayer_play);  // 유저 인터럽트 핸들러에 mplayer_play 함수 등록
    mplayer_play();  // 음원 연주 ❹

    while (1) {  // 무한 루프
        ubox_wait();
    }
}
```

음원과 효과음 출력을 위해 ubox가 제공하는 **mplayer** 라이브러리를 사용한다. 이 라이브러리가 제공하는 함수를 사용하기 위해 먼저 헤더 파일인 **mplayer.h** 파일을 ❶과 같이 추가한다(ubox가 제공하는 헤더 파일들은 모두 include 폴더에 들어 있다).

주석 ❷는 외부 배경음악 데이터인 'SONG'이 어딘가에 있다는 것을 지정한다. 노래 데이터는 아래 파일에 존재한다.

```
alienall_playerconfig.asm
alienall.asm
```

이 두 파일은 아코스 트래커 2 프로그램에서 제공하는 샘플인 alienall이라는 128 포맷 음원 파일을 MSX용으로 익스포트한 것이다. 128 포맷은 Soundtrakker[2]라는 프로그램으로 작성할 수 있다. 위의 두 어셈블리 파일을 열어서 소스 코드를 확인해보면 레이블과 1바이트, 2바이트의 데이터 배열로 구성되었음을 알 수 있다. 즉 바이너리 음원 데이터인 것이다. 이 두 개의 파일은 akm.z80 어셈블리 파일에 포함된다. akm 파일 이름은 아코스 트래커 2로부터 익스포트되었다는 것을 나타낸다.

akm.z80

```
include "alienall_playerconfig.asm"
```

---

2   https://www.cpcwiki.eu/index.php/Soundtrakker(2022년 12월 기준. 접속이 안 되는 것으로 보인다. 혹시 이후에도 복구되지 않는다면 웨이백 머신에서 2022년 8월 저장된 페이지를 볼 수는 있다. http://web.archive.org/web/20220818235329/https://www.cpcwiki.eu/index.php/Soundtrakker)

```
include "../../../src/mplayer/akm/akm_ubox.asm"

songDisarkGenerateExternalLabel:
include "alienall.asm"
```

그리고 이후 컴파일을 통해 akm.z80의 라이브러리 파일을 생성하면 이 파일 내부에 음원 데이터가 포함된다. SONG 음원 데이터는 akm.z80의 라이브러리 파일인 akm.rel 파일에서 확인할 수 있다.

example/05_music/build/akm.rel

```
...
S _SONG Def0616
...
```

이제 음원 데이터를 사용하여 프로그램에서 출력하는 방법을 살펴보자.

음원을 출력하려면 먼저 mplayer 라이브러리를 초기화해야 한다. ❸과 같이 초기화 함수를 호출해서 mplayer 라이브러리를 초기화한다. 함수의 첫 번째 파라미터는 음원 데이터를 지정하고 두 번째 파라미터에는 음원 인덱스를 지정한다. 음원 데이터는 생성할 때 여러 곡을 포함할 수 있다. 예를 들어 두 개의 음원이 포함되었는데 첫 번째 음원을 출력하고 싶다면 인덱스를 0으로 지정하면 된다.

마지막으로 ❹의 mplayer_play 함수를 호출해서 지정한 음원을 출력한다.

3.7 효과음

주인공이 적을 공격하거나 타격을 받을 시 효과음을 출력할 수 있다면 게임 상황을 플레이어에게 보다 긴박하게 전달할 수 있다. 효과음 출력 예제는 examples/06_sound 폴더를 참고한다. 예제는 여러 다양한 효과음과 키보드를 연결하여 효과음을 출력하는 방법을 보여준다.

프로그램이 실행된 후 1에서 5까지의 숫자를 눌러보자. 효과음이 출력될 것이다. 이 효과음은 GREEN 프로젝트에서 사용한 효과음이다.

main 함수 (main.c)

```
#include <stdint.h>
#include "ubox.h"
#include "mplayer.h"

extern uint8_t SONG[];
```

```
extern uint8_t EFFECTS[];  // 효과음 데이터 ❶

#define EFX_CHAN_NO 2 // 효과음이 출력되는 채널

enum effects {  // 효과음 인덱스 ❷
    EFX_NONE = 0,
    EFX_START,
    EFX_BATTERY,
    ......
};
......

void main() {
    ......
    mplayer_init(SONG, 0);
    ubox_set_user_isr(mplayer_play);
    mplayer_init_effects(EFFECTS);  // 효과음 초기화 ③

    while (1) {  // 누른 키에 대응하는 효과음을 출력한다. ④
        if (ubox_read_keys(7) == UBOX_MSX_KEY_ESC)
            break;
        if (ubox_read_keys(0) == UBOX_MSX_KEY_1)
            mplayer_play_effect_p(EFX_START, EFX_CHAN_NO, 0);
        if (ubox_read_keys(0) == UBOX_MSX_KEY_2)
            mplayer_play_effect_p(EFX_BATTERY, EFX_CHAN_NO, 0);
        ......
        ubox_wait();
    }
}
```

효과음을 사용하기 위해서는 mplayer를 초기화하는 과정이 필요하므로 배경음악 예제에서 사용했던 함수도 호출해야 한다. ❸에서 효과음을 초기화하며 효과음 데이터는 ❶에서 선언된 EFFECT 배열이다.

```
effects.asm
effects_playerconfig.asm
```

배경음악 파일과 마찬가지로 효과음 파일 역시 akm.z80 파일에 포함되어 빌드된다. 음원 데이터인 akm.bin 파일로 변환되기 직전의 akm.rel 파일을 보면 'EFFECT' 문자열이 들어가 있는 것을 확인할 수 있다.

examples/06_sound/build/akm.rel

```
......
S _SONG Def0440
S _PLY_AKM_PLAYSOUNDEFFECT Def000D
S _PLY_AKM_ISSOUNDEFFECTON Def0430
S _EFFECTS Def0610
......
```

❹에서는 입력한 키에 따라 대응하는 효과음을 출력한다. 예를 들어 1키를 눌렀다면 아래 코드가 실행된다.

```
mplayer_play_effect_p(EFX_START, EFX_CHAN_NO, 0);
```

첫 번째 파라미터는 효과음의 인덱스, 두 번째는 채널 번호, 세 번째는 볼륨 크기를 나타낸다. 볼륨은 0이 최댓값이며 16은 효과음을 출력하지 않는다.

ubox_read_keys 함수를 호출하면 키의 상태를 확인할 수 있다. 첫 번째 파라미터는 읽을 수 있는 키 그룹을 나타낸다. 예를 들어 0을 지정했다면 0~7번 키의 상태를 확인할 수 있다. 번호는 최대 7까지 지정할 수 있다. 각 번호가 어떤 키 라인에 대응하는지는 ubox.h 파일의 ubox_read_keys 함수 선언부 부근을 참조한다.

마치며

3장에서는 MSX1 게임을 제작하기 전에 앞서 C 언어로 구현한 간단한 MSX1 응용프로그램을 살펴봤다. 다음 장으로 넘어가기 전에 학습한 내용을 다시 한번 점검해보자.

- 예제 프로젝트 빌드 및 실행
- 기초 C 언어 사용 문법
- ubox MSX 라이브러리 사용법
- 롬 파일의 작동 원리
- Z80 어셈블리 언어로 C 함수를 구현하고 C 언어에서 호출하는 방법
- 외부 C 라이브러리를 활용하는 방법

만약 3장을 완벽하게 이해했다면 이 책 내용의 절반은 소화한 것이나 마찬가지다. 시작이 반이라는 속담이 있다. 지금부터는 프로젝트 빌드 등에 대해서는 특별한 상황이 아닌 한 자세하게 설명하지 않는다.

과제 1

C 언어 문법을 이해하는 데 어려움이 있다면 잠시 이 책을 덮고 C 언어 문법을 먼저 학습한다.

과제 2

이후 이 책의 내용을 이해하기 위해, 리눅스에 대해 잘 모른다면 기본적인 리눅스 명령어를 학습한다. 빌드 스크립트인 Makefile 문법도 알아두면 크게 도움이 되므로, 지금 당장은 아니라도 추후 학습한다.

4

샘플 게임 프로젝트

4장에서는 기초적인 게임을 제작해봄으로써 일반적인 C언어 코딩 스타일로 MSX용 게임을 제작할 수 있는지를 확인해본다. 또한 현대 플랫폼과는 다르게 MSX용 게임을 개발할 시 신경 써야 하는 부분을 살펴본다. 샘플 게임으로 다음 4가지 게임을 준비했다.

- 스네이크: examples/07_snakebyte
- 소코반: examples/08_socoban
- 테트리스: examples/09_tetris
- 브레이크아웃: examples/10_breakout

샘플 게임의 로직을 이해해서 다양한 게임을 제작할 수 있는 기초를 마련하고 ubox MSX 라이브러리에 더욱 익숙해져서 GREEN 프로젝트 및 피라미드 퀘스트 프로젝트 수준의 게임을 제작할 수 있는 기반을 구축하는 것이 이 장의 목표다.

4.1 스네이크

스네이크Snake 또는 **스네이크 바이트**Snake Byte 게임은 플레이어인 뱀이 개구리를 잡아먹고 자신의 꼬리를 늘려가는 게임이다. 뱀의 꼬리가 길어질수록 컨트롤이 어려워지며 점차 뱀의 이동 속도가 빨라지기 때문에 시간이 지날수록 게임의 난도가 높아진다.

코드는 examples/07_snakebyte 폴더를 참고한다.

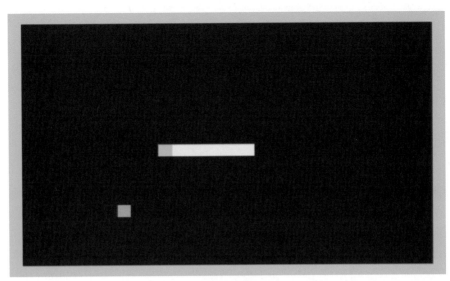

게임 실행 화면

4.1.1 게임 로직

게임은 크게 세 가지 상태를 가진다.

게임의 상태	내용
STATE_GAME_OVER	게임 오버
STATE_IN_GAME	게임 실행 상태
STATE_TITLE	게임 타이틀

타이틀 화면에서 아무 키나 누르면 게임이 시작된다.

main 함수 (main.c)

```
void main() {
    ......
    ubox_set_user_isr(my_isr);  // 시간을 계산하기 위한 인터럽트 핸들러 ❶
    ubox_wvdp(1, 0xe2);  // VDP의 레지스터에 값을 설정

    draw_title();  // 타이틀 화면

    while (1) {  // 게임의 상태에 따른 로직 처리
        switch (g_gamestate) {
        case STATE_GAME_OVER:
            draw_game_over();
            break;
        case STATE_IN_GAME:
```

```
            run_game();
            break;
        case STATE_TITLE:
            draw_title();
            break;
        }
        ubox_wait();
    }
}
```

틱값을 관리하기 위해 ❶에서는 my_isr 인터럽트 핸들러를 등록한다. 이 함수는 util.c 파일에 정의되어 있다.

now 함수 (util.c)

```
volatile long g_tick_count = 0;  // 틱 카운트
......
int now() {  // 현재 시간값을 얻는다. ❶
    return g_tick_count;
}

void my_isr() {  // 사용자 인터럽트 핸들러
    g_tick_count++;  // ❷
}
```

my_isr 함수는 인터럽트 핸들러로 등록되고 나서 주기적으로 호출된다. 그래서 ❷의 코드를 통해 전역 변수인 g_tick_count는 꾸준히 값이 증가하게 된다. 이후 게임 로직에서 ❶의 now 함수를 호출하면 호출 시점의 틱값을 얻을 수 있다.

VDP 레지스터 설정은 화면 모드 등을 설정하기 위해 필요하다. ubox_wvdp 함수는 GREEN 프로젝트에서 자세히 설명한다. draw_title 함수를 호출하면 타이틀 화면을 그리고 유저 입력을 대기한다. 유저가 키를 입력하면 게임 메인 로직인 run_game 함수를 호출한다.

게임 타이틀 화면 로직과 게임 오버 로직은 각각 draw_title, draw_game_over 함수를 참고하고, 바로 게임 메인 로직을 살펴본다. run_game 함수는 game.c 파일에 정의되어 있다.

run_game 함수 (game.c)

```
void run_game() {
    g_gamestate = STATE_IN_GAME;
    InitGame();  // 게임 상태를 초기화한다.
    ubox_disable_screen();
```

```
    ubox_fill_screen(WHITESPACE_TILE);
    DrawBackground();  // 배경을 그린다.
    ubox_enable_screen();

    while (1) {  // 게임 루프
        if (ubox_read_keys(7) == UBOX_MSX_KEY_ESC)
            break;
        ProcessLogic(g_player);  // 로직을 처리한다.
        DrawObject();  // 오브젝트를 그린다.

        ubox_wait();
        if (g_gamestate == STATE_GAME_OVER)  // ❶
            break;
    }
}
```

InitGame 함수는 게임의 자료구조를 초기화한다. 그런 다음 DrawBackground 함수를 호출해서 배경을 그린다. while 루프에서는 로직을 처리하면서 화면을 갱신한다. ProcessLogic 함수를 호출하면 게임 오브젝트 상태가 갱신되며 DrawObject 함수를 호출해서 개구리와 뱀을 그린다. 로직 처리 후 ❶과 같이 게임 상태가 STATE_GAME_OVER가 되었다면 게임 루프를 벗어나서 게임 오버 상태로 진입한다.

InitGame 함수에서는 초기 뱀의 위치와 개구리 위치를 지정하고 맵을 초기화한다. 위치는 랜덤으로 지정하며 초기 뱀의 이동 방향은 네 가지 방향 중 임의의 방향으로 설정한다.

InitGame 함수 (game.c)

```
void InitGame() {
    srand(now());  // 랜덤값 생성을 위한 시드 제공 ❶
    // srand(time(NULL));  // time 함수는 정상 작동하지 않는다!! ❷

    g_player = malloc(sizeof(SnakeNode));  // 스네이크 머리 부분 생성
    g_player->dir = rand() % 4;  // 뱀의 이동 방향 결정

    g_player->x = MAP_WIDTH / 2;  // 뱀을 화면 중앙에 위치시킨다.
    g_player->y = MAP_HEIGHT / 2;
    g_player->next = NULL;

    // 게임 맵의 초기화
    for (int i = 0; i < MAP_HEIGHT; i++) {
        for (int j = 0; j < MAP_WIDTH; j++) {
            g_objMap[i][j] = NOTHING;
        }
    }
```

```
    GenerateNewFrog();  // 개구리를 생성하고 맵에 등록한다.

    g_next_step = now() + step_time;  // 뱀 다음번 이동 시간 갱신 ❸
    g_next_input_step = now() + input_step_time;
}
```

InitGame 함수에서 주목해야 할 부분은 ❷ 부분이다. 일반적으로, 랜덤값을 얻기 위해 rand 함수를
사용하는데 시드값을 지정하지 않으면 rand 함수는 항상 동일한 시퀀스의 값만을 반환한다. 그래서
rand 함수를 사용하기 전에 srand 함수를 호출해서 시드값을 설정하며 랜덤한 시드값을 얻기 위해
time 함수를 사용한다.

```
srand(time(NULL));
int object_index = rand() % OBJECT_COUNT;
```

그런데 리눅스나 윈도우 운영체제라면 time 함수가 제대로 시간값을 반환하지만 MSX 시스템에서는
이 함수가 제대로 작동하지 않는다. 그러므로 time 함수를 대체해서 랜덤 시드를 얻을 수 있는 함수
가 필요하다. ❶에서는 now 함수를 사용해서 time 함수를 대체했다. now 함수는 호출 시점에 따라
다른 값을 반환하므로 좋은 시드가 될 수 있다.

다음 내용으로 진행하기 전에 time 함수 사용 시 동일한 값만을 반환하는지 확인해보자. ❶을 주석
처리하고 ❷의 주석을 풀어서 빌드한 다음 게임을 실행해본다. 뱀이 항상 일정한 방향으로 이동하고
개구리는 일정한 위치에서만 스폰됨을 확인할 수 있다.

srand 함수를 호출한 다음에는 게임 맵을 초기화하고 뱀과 개구리를 생성한다. 여기서는 뱀 오브젝
트를 살펴본다. SnakeNode 구조체는 다음과 같다.

```
typedef struct SnakeNode {
    int dir;  // 뱀 노드의 이동 방향
    char x;  // 뱀 노드의 x 좌표
    char y;  // 뱀 노드의 y 좌표
    struct SnakeNode *next;  // 다음 뱀 노드를 가리키는 포인터 ❶
} SnakeNode;
```

뱀이 개구리를 잡아먹으면 몸이 계속 늘어난다. 이 늘어나는 최소단위가 SnakeNode 구조체다. 뱀의
머리나 꼬리 부분, 몸통 부분도 전부 SnakeNode 구조체로 표현되므로 이들 간의 차이점은 없다.

```
SnakeNode *g_player = 0;  // 뱀의 시작 노드
```

개구리를 먹으면 새로운 노드를 생성하고 뱀 노드의 마지막에 추가한다. 이 작업을 위해 ❶과 같이 **연결 리스트**linked list를 사용한다.

뱀 노드를 생성할 때 malloc 함수를 호출했다는 데 주목하자. 이 함수를 사용할 수 있다는 것은 시스템이 동적 메모리 할당을 지원한다는 것을 의미한다. 다만 1.4절의 그림에서 확인했듯이 가용 램의 크기는 12800바이트다. 또한 프로그램에서 사용 중인 공간도 고려한다면 실제 여유 공간은 12800바이트보다 작다. 그래서 빈번하게 malloc 함수를 사용해서 메모리를 할당한다면 가용 공간이 고갈되어 호출 결과 NULL을 반환할 수 있으므로 주의한다.

InitGame 함수 호출을 통해 초기 게임 자료구조를 구축한 다음 DrawBackground 함수를 호출해서 배경을 그린다. 이 배경은 게임이 진행되는 동안 갱신할 필요가 없으므로 단 한 번만 호출한다. 이제 게임 루프로 진입하면 로직을 갱신하기 위해 ProcessLogic 함수를 호출한다. ProcessLogic 함수에서는 먼저 유저의 키보드 입력 정보를 읽는다.

키 입력 처리 (game.c)

```
void ProcessLogic(SnakeNode *player) {
    if (g_gamestate != STATE_IN_GAME)
        return;

    // 키 입력을 받을 수 있는 시간인가?
    if (now() > g_next_input_step) {
        // 다음 키 입력을 받을 시간을 갱신
        g_next_input_step = now() + input_step_time;
        char x_offset = 0;
        char y_offset = 0;

        switch(ubox_read_keys(8)) {  // 키보드 입력 배열의 8번째 데이터를 얻어온다. ❶
        case UBOX_MSX_KEY_LEFT:  // 왼쪽 방향키를 눌렀다면
            player->dir = LEFT;  // ❷
            break;
            ......
        }

        switch(player->dir) {  // 뱀 머리의 이동 방향에 따라 좌표 갱신을 위한 오프셋 결정
        case LEFT:
            x_offset = -1;  // ❸
            break;
            ......
        }
```

뱀이 이동할 수 있는 방향은 4방향이다. 만약 유저가 왼쪽 방향을 눌렀다면 ❶과 같이 방향키에 따른 처리를 수행한다. 왼쪽 방향키를 눌렀다면 ❷와 같이 이동 방향을 설정한다. 이동 방향이 왼쪽이라면 뱀 이동 시 ❸에서 뱀의 x 좌표를 감소시키기 위해 x_offset 변수에 -1을 설정한다.

입력값을 처리한 다음에는 뱀의 이동을 진행한다. 뱀의 이동은 g_next_step 값이 클수록 느려진다.

```
if (now() > g_next_step) {  // 뱀을 갱신해야 하는가?
    if (CheckWall(player)) {  // 뱀 이동 시 벽과 부딪힌다면 게임 오버
        g_gamestate = STATE_GAME_OVER;
        return;
    }
    // 뱀의 목적지 좌표 설정
    char next_pos_x = player->x + x_offset;
    char next_pos_y = player->y + y_offset;
    // 목적지 좌표에 있는 오브젝트를 구한다. 개구리, 뱀 또는 아무것도 없음
    char objectType = g_objMap[next_pos_y][next_pos_x];

    switch (objectType) {
    case FROG:  // 목적지 좌표에 개구리가 있다면 뱀의 꼬리를 늘린다.
        ...... // ❶
        GenerateNewFrog();  // 새로운 개구리를 생성한다.
        break;
    case SNAKE:  // 이 경우는 뱀의 머리가 자신을 문 것이다.
        g_gamestate = STATE_GAME_OVER;
        break;
    default:  // 뱀도 개구리도 아니면 단순히 뱀을 이동한다.
        player = MoveBody(player, next_pos_x, next_pos_y);  // ❷
        break;
    }

    g_objMap[next_pos_y][next_pos_x] = SNAKE;  // ❸
    g_next_step = now() + step_time;  // ❹
```

목적지 좌표가 비어 있다면 ❷와 같이 MoveBody 함수를 호출해서 단순히 뱀을 이동한다. 그리고 목적지 좌표는 이제 뱀 노드가 차지하므로 ❸과 같이 오브젝트 맵에 SNAKE 마킹을 한다. 이동 처리를 완료했으면 ❹에서 뱀이 바로 이동하지 않도록 g_next_step 값을 증가시킨다.

목적지 좌표에 개구리에 있었다면 뱀이 개구리를 먹고 꼬리를 늘리는 로직을 구현해야 한다. ❶ 부분이 이 로직에 해당한다.

```
SnakeNode *tail = player;  // 뱀의 마지막 부분을 찾는다.
while (tail->next != NULL) {
```

```
                    tail = tail->next;
                }
                // 새로 생성할 뱀 노드는 현재 뱀의 꼬리 좌표다.
                int new_node_x = tail->x;
                int new_node_y = tail->y;
                // 뱀을 이동한다.
                MoveBody(player, next_pos_x, next_pos_y);
                // 뱀 노드(꼬리)를 생성하고 노드 정보를 구성한다.
                SnakeNode *newNode = malloc(sizeof(SnakeNode));
                newNode->x = new_node_x;
                newNode->y = new_node_y;
                newNode->dir = tail->dir;  // 새 노드의 이동 방향은 직전 노드와 동일하다.
                newNode->next = NULL;

                tail->next = newNode;  // 새 노드를 뱀에 연결한다.
```

뱀의 이동을 처리하는 MoveBody 함수는 내부적으로 재귀 호출을 통해서 각 뱀 노드를 이동한다.

```
SnakeNode* MoveBody(SnakeNode *node, int xPos, int yPos) {
    // 다음 노드가 존재하지 않으면 오브젝트의 맵의 위치에 NOTHING으로 마킹
    if (node->next == NULL) {
        g_objMap[node->y][ node->x] = NOTHING;
    }
    else {  // MoveBody 함수를 호출해서 다음 노드의 좌표를 현재 노드의 좌표로 갱신
        node->next = MoveBody(node->next, node->x, node->y);
    }
    // 현재 노드를 지정된 좌표로 갱신
    node->x = xPos;
    node->y = yPos;
    return node;
}
```

4.1.2 정리

스네이크 게임의 로직은 키보드 입력 처리를 제외하면 플랫폼이나 라이브러리에 크게 종속되지 않음을 알 수 있다. 물론 텍스트 출력과 타일 출력을 위한 RenderTile 함수는 내부적으로 ubox MSX API를 호출한다. 이런 렌더링 처리, 키보드 처리, 음원 처리 같은 플랫폼 종속적인 부분을 게임 로직에서 최대한 배제할 수 있다면 해당 게임 로직은 다른 플랫폼에도 쉽게 재활용할 수 있다. 즉 크로스 플랫폼 프로그래밍을 위한 기본이 되는 것이다.

스네이크 게임의 로직을 완전히 이해하고 나서 다음 게임으로 진행한다. 다음 항목을 이해했는지 한

번 더 점검한다.

- 동적 메모리 할당
- 함수 재귀 호출
- 랜덤 넘버 생성
- 연결 리스트

과제

run_game 함수는 main.c 파일에서만 참조한다. main.c 함수는 game.h 파일을 포함해서 run_game 함수를
참조한다. game.h 포함 구문을 제거하고 main.c에서 run_game 함수를 선언해서 프로젝트가 빌드 가능하게
수정해본다. 어딘가에 함수가 선언되어 있다는 것을 알리기 위해서는 extern 키워드를 활용한다.

4.2 소코반

소코반Sokoban은 일본어로 '창고지기(倉庫番)'라는 뜻이다. 최초의 소코반 게임은 1982년 12월에 발매
된 것으로 알려져 있다. 만약 소코반류의 게임을 해본 적이 없다면 인터넷상에서 쉽게 게임을 발견할
수 있으니 게임을 플레이해보자.

코드는 examples/08_socoban 프로젝트를 참고한다. 아래 그림은 소코반 프로젝트를 실행한 결과 화
면이다.

게임 실행 화면

4.2.1 게임 로직

msx 롬 파일은 외부에서 데이터를 읽어 들일 수가 없으므로 소코반 맵 데이터는 바이너리 형식으로 롬 파일에 포함해야 한다. 샘플 프로젝트에는 총 5개의 스테이지가 포함되어 있다.

첫 번째 스테이지 맵 데이터 (main.c)

```
const unsigned char g_map1[SOCOBAN_MAX_WIDTH][SOCOBAN_MAX_HEIGHT] = {
    {0, 0, 0, 0, 0, 0, 0, 0, 0, 0, 0, 0, 0, 0, 0, 0, 0, 0, 0, 0},
    ......
    {0, 0, 0, 0, 0, 1, 1, 1, 1, 1, 1, 1, 1, 1, 0, 0, 0, 0, 0, 0},
    {0, 0, 0, 0, 0, 1, 2, 0, 0, 0, 0, 3, 2, 1, 0, 0, 0, 0, 0, 0},
    {0, 0, 0, 0, 0, 1, 0, 1, 0, 1, 0, 1, 0, 1, 0, 0, 0, 0, 0, 0},
    {0, 0, 0, 0, 0, 1, 3, 1, 3, 1, 0, 1, 0, 1, 0, 0, 0, 0, 0, 0},
    {0, 0, 0, 0, 0, 1, 0, 1, 0, 1, 0, 1, 0, 1, 0, 0, 0, 0, 0, 0},
    {0, 0, 0, 0, 0, 1, 2, 0, 0, 3, 0, 0, 2, 1, 0, 0, 0, 0, 0, 0},
    {0, 0, 0, 0, 0, 1, 1, 1, 1, 1, 1, 1, 1, 1, 0, 0, 0, 0, 0, 0},
    ......
    {0, 0, 0, 0, 0, 0, 0, 0, 0, 0, 0, 0, 0, 0, 0, 0, 0, 0, 0, 0}}};
```

배열의 각 요소는 타일을 나타내며 타일 숫자의 의미는 다음과 같다.

타일 인덱스

타일 인덱스	의미	비고
0	주인공이 이동 가능한 타일	검은색
1	벽	노란색
2	상자를 이동해야 하는 목표 타일. '박스 포인트'라고 부른다.	흰색
3	박스	갈색

박스를 박스 포인트로 모두 이동시키면 스테이지가 클리어되어 다음 스테이지로 진행한다.

소코반 로직의 게임 상태

게임 상태	내용
STATE_NO_MAP	맵이 더 이상 존재하지 않음
STATE_GAME_CLEAR	게임 클리어
STATE_IN_GAME	게임 로직 실행
STATE_GAME_OVER	타이틀 화면

맵이 더 이상 존재하지 않으면 STATE_NO_MAP 상태가 되어 게임 스테이지를 전부 클리어했다고

간주한다. 그래서 간단한 엔딩 메시지를 보여주고 타이틀 화면으로 되돌아온다.

메인 함수 흐름은 스네이크와 유사하므로 자세한 설명은 생략한다.

main 함수

```
void main() {
    ......
    draw_title();  // 타이틀을 출력하고 유저 입력을 대기한다.

    while (1) {
        switch (g_gamestate) {
        case STATE_NO_MAP:  // 맵이 더 이상 존재하지 않음. 게임 클리어!!
            draw_end_game();
            break;
        case STATE_GAME_CLEAR:  // 스테이지 클리어. 다음 스테이지로 진행
            draw_stage_clear();
            break;
        case STATE_IN_GAME:  // 게임 진입
        case STATE_GAME_RESET:
            run_game();
            break;
        case STATE_TITLE:  // 타이틀 화면
            draw_title();
            break;
        }
        ubox_wait();
    }
}
```

게임을 시작하면 게임의 상태는 STATE_IN_GAME로 변경되어 run_game 함수를 호출한다. run_game 함수는 InitGame 함수를 호출해서 게임 자료구조를 초기화하고 게임 루프로 진입한다. 게임 루프는 ProcessLogic 함수를 호출해서 로직을 처리한 다음 DrawMap 함수를 호출해서 오브젝트를 화면에 그린다.

메인 로직 실행 (game.c)

```
void run_game() {
    ......
    InitGame();  // 게임 초기화
    ......
    while (1) {
        if (ubox_read_keys(7) == UBOX_MSX_KEY_ESC)
            break;
```

```
        ProcessLogic();  // 로직 처리
        DrawMap();  // 맵을 그린다.

        ubox_wait();
        // ❶
        if (g_gamestate == STATE_GAME_CLEAR ||
            g_gamestate == STATE_GAME_RESET)
            break;
    }
}
```

게임 상태인 STATE_IN_GAME을 벗어날 수 있는 상황은 ❶의 경우처럼 스테이지를 클리어하거나 리셋 버튼 P키를 누른 경우다. 리셋의 경우에는 스테이지를 초기화하고 다시 게임으로 진입한다. 소코반 예제에는 적이 존재하지 않기 때문에 게임 오버 상태가 필요 없지만 박스를 잘못 밀어서 스테이지를 클리어할 수 없는 상황이 되었을 때는 리셋 키를 눌러 스테이지를 초기화해야 한다.

InitGame 함수는 스테이지 정보를 사용해서 맵 데이터를 설정하고 플레이어의 초기 좌표를 지정한다. 그다음 SetupWorld 함수를 호출해서 게임에서 사용하는 박스 정보를 설정한다.

InitGame 함수

```
void InitGame() {
    for (int x = 0; x < SOCOBAN_MAX_WIDTH; x++)
        for (int y = 0; y < SOCOBAN_MAX_HEIGHT; y++)
            g_mapInfo.mapData[x][y] = (*g_stages[g_mapInfo.stageNum])[x][y];  // ❶

    SetupPlayerPosition();  // 플레이어 위치 설정. 수동으로 지정
    SetupWorld();  // 박스 정보 설정
}
```

맵 정보인 g_map1이나 g_map2 배열은 ❶의 g_stages 변수가 관리한다.

```
const unsigned char (*g_stages[MAX_STAGE_NUM])[SOCOBAN_MAX_WIDTH][SOCOBAN_MAX_HEIGHT] = {
    &g_map1,
    &g_map2,
    &g_map3,
    &g_map4,
    &g_map5,
};
```

MAX_STAGE_NUM의 값은 5다. 만약 새로운 스테이지를 추가하고 싶다면 이 값을 6으로 변경하

고 g_map6 배열을 만든 다음 g_stages 변수의 요소로 추가하면 된다.

게임의 로직을 처리하는 ProcessLogic 함수는 크게 세 부분으로 나뉜다.

```
void ProcessLogic() {
    ProcessInput();  // 입력 처리
    UpdateGameStatus();  // 게임 상태 확인
    DrawMap();  // 오브젝트를 그린다.
}
```

ProcessInput 함수는 방향키를 눌렀는지 또는 리셋 키를 눌렀는지 확인한다. 리셋 키를 눌렀다면 해당 스테이지를 처음부터 다시 시작한다. 방향키를 눌렀다면 ProcessMove 함수를 호출해서, 해당 방향으로 이동 가능하다면 플레이어의 좌표를 갱신한다.

UpdateGameStatus 함수에서는 박스가 모두 목표 좌표로 이동했는지를 검사한다. 박스가 모두 목표 좌표로 이동했다면 스테이지를 클리어한 상태이므로 게임 상태를 STATE_GAME_CLEAR로 변경해서 게임 루프를 벗어날 수 있도록 한다.

DrawMap 함수는 박스나 플레이어 등의 게임 오브젝트를 렌더링한다.

DrawMap 함수 (main.c)

```
void DrawMap() {
    if (g_playerInfo.prev_x != g_playerInfo.x || g_playerInfo.prev_y != g_playerInfo.y) {
// ❶
        DrawObject();  // ❷
        DrawPlayer();

        g_playerInfo.prev_x = g_playerInfo.x;
        g_playerInfo.prev_y = g_playerInfo.y;
    }
}
```

오브젝트를 매 루프마다 렌더링할 시 시스템에 부하를 줄 수 있다고 언급했었다. 소코반의 경우는 주인공이 움직이지 않는 한 화면 구성이 변경될 일이 없다. 그러므로 ❶과 같은 처리를 해서 주인공의 좌표에 변화가 있을 때만 오브젝트를 렌더링한다.

❷에서는 맵 오브젝트를 렌더링한다. 맵 오브젝트는 3종류로 박스, 박스 포인트, 벽이 있다. 각 오브젝트는 RenderTile 함수를 호출해서 렌더링된다.

```
void DrawObject() {
    for (int y = 1; y < SOCOBAN_MAX_HEIGHT - 1; y++) {
        for (int x = 1; x < SOCOBAN_MAX_WIDTH - 1; x++) {
            if (g_mapInfo.mapData[y][x] == SPACE_BLOCK)  // 벽(블록)을 그린다.
                RenderTile(x, y, YELLOW_TILE);

            if (g_mapInfo.mapData[y][x] == SPACE_BOX_POINT)  // 박스 포인트를 그린다.
                if (g_mapInfo.boxInfo[y][x] != g_mapInfo.mapData[y][x])
                    RenderTile(x, y, WHITE_TILE);

            if (g_mapInfo.boxInfo[y][x] == SPACE_BOX)  // 박스를 그린다.
                RenderTile(x, y, GREEN_TILE);
        }
    }
}
```

곰곰이 생각해보면 플레이어가 박스를 밀지 않았다면 박스 타일은 갱신할 필요가 없다. 또한 블록은 항상 고정된 자리에 위치하므로 매번 렌더링할 필요가 없다. 그러므로 DrawObject 함수는 최적화할 수 있는 여지가 남아 있다. DrawObject 같은 함수 최적화는 다음 원칙을 따르자.

처음에는 모든 오브젝트를 렌더링하는 형태로 그리기 함수를 구현하고,
시스템에 부하를 준다면 그때 최적화를 수행한다.

예를 들어 박스가 박스 포인트에 모두 배치되었는지를 확인하는 UpdateGameStatus 함수를 살펴보자.

동적으로 박스 위치를 점검하는 계산 (game.c)

```
void UpdateGameStatus() {
    int iCurrentExactBoxCount = 0;

    for (int y = 0; y < SOCOBAN_MAX_HEIGHT; y++)  // ❶
        for (int x = 0; x < SOCOBAN_MAX_WIDTH; x++) {
            if (g_mapInfo.boxInfo[y][x] == SPACE_BOX &&
                    g_mapInfo.mapData[y][x] ==  SPACE_BOX_POINT)
                iCurrentExactBoxCount++;
        }

    if (iCurrentExactBoxCount == g_mapInfo.boxCount) {  // ❷
        g_gamestate = STATE_GAME_CLEAR;
    }
}
```

g_mapInfo.boxCount는 현재 스테이지의 박스 개수이며 iCurrentExactBoxCount는 박스가 박스 포인트에 배치된 수다. UpdateGameStatus 함수는 iCurrentExactBoxCount 값을 ❶과 같이 동적으로 계산한다. 이 부분은 정적 형태로 변형하는 것이 가능하다.

먼저 iCurrentExactBoxCount 변수를 전역 값 0으로 설정한다. 그리고 박스를 밀었을 때 박스가 박스 포인트에 진입했다면 1 증가시키고, 박스 포인트에서 벗어나면 1 감소시킨다. 이렇게 구현하면 UpdateGameStatus 함수는 최종적으로 ❷ 부분의 코드만 있으면 된다.

변수는 int 타입보다는 가급적 uint8_t 타입으로 선언하자

소코반 예제에서는 iCurrentExactBoxCount 변수나 for 루프에서 사용하는 변수로 int 타입을 사용했다. 일반적인 플랫폼이라면 int 변수를 사용해도 문제는 없으나 MSX는 8비트 머신이기 때문에 int 변수를 사용하면 성능상의 불이익을 초래할 수 있다. int 타입은 4바이트 크기라서 스택에 변수를 푸시하려면 4번의 push 연산이 필요하기 때문이다. 그러므로 변수는 가급적 1바이트 크기인 uint8_t 타입으로 선언하자. uint8_t 타입으로 선언하면 한 번의 push 연산으로 스택에 변수를 푸시할 수 있기 때문에 MSX 같은 저사양 컴퓨터에서는 성능 향상에 도움이 된다. 소코반 예제는 부하가 걸릴 요소가 크게 없었기 때문에 변수 크기에 대해 특별히 고려하지 않았다.

또한 int 타입의 경우 컴파일러에 따라 그 크기를 다르게 해석할 수 있는 여지가 있다. 예를들어 SDCC 컴파일러는 int를 4바이트로 해석하지만 다른 컴파일러는 2바이트로 해석할 수도 있다. 이런 문제를 막기 위해서 int 타입을 사용하기 보다는 int32_t 형태로 사용하는 것이 이후 코드를 다른 플랫폼으로 마이그레이션할 때 이점을 가질 수 있다. int32_t 형태와 같은 타입은 C 언어 문법에 직접 등록된 기본 자료형은 아니고 typedef로 정의된 자료형이다.

```
typedef signed char        int8_t;

typedef short              int16_t;

typedef int                int32_t;

typedef long long          int64_t;

typedef unsigned char      uint8_t;

typedef unsigned short     uint16_t;

typedef unsigned int       uint32_t;

typedef unsigned long long uint64_t;
```

이 자료형 목록은 stdint.h 헤더 파일에서 확인할 수 있다. 소코반 프로젝트의 경우 해당 헤더 파일을 직접 포함시키지는 않았지만 ubox.h 파일을 살펴보면 stdint.h 헤더 파일을 포함하기 때문에 이들 자료형을 바로 사용할 수 있다.

4.2.2 정리

소코반 게임 프로젝트에서 점검하고 넘어가야 하는 사항은 두 가지다.

- 소코반 게임 로직의 이해
- 렌더링 호출의 최적화

렌더링 호출의 경우 처음부터 최적화를 고려할 필요는 없다. 최적화는 폴리싱polishing의 영역이다. 일단 게임을 완성한 다음 리팩터링 과정에서 최적화를 수행하자.

과제 1

새로운 게임 맵을 추가해서 게임에 반영해본다.

- g_map1 배열을 복사해서 g_map6 배열을 만들고 맵을 수정한다.
- g_stages 배열에 새로 만든 g_map6 맵을 추가한다.

g_map6를 g_stages 배열에 추가할 때는, 테스트를 빠르게 하기 위해 g_map6를 선두에 배치한다.

과제 2

UpdateGameStatus 함수에서 iCurrentExactBoxCount 변수의 값을 동적으로 구하는 부분을 정적으로 구하도록 변경해본다(힌트: ProcessMove 함수를 수정한다).

과제 3

게임 로직에서 선언된 변수 중 int 타입으로 선언된 변수의 타입을 uint8_t로 변경해서 코드를 최적화해본다.

4.3 테트리스

테트리스Tetris는 네 개의 사각형으로 구성된 블록을 아래로 떨어뜨려 바닥에 쌓고 수평선을 빈틈없이 채워야 하는 게임이다. 게임의 목적은 줄을 빈틈없이 채워 삭제함으로써 블록이 화면 맨 위로 올라오지 않게 하는 것이다. 테트리스 샘플 코드는 examples/09_tetris 폴더를 참조한다.

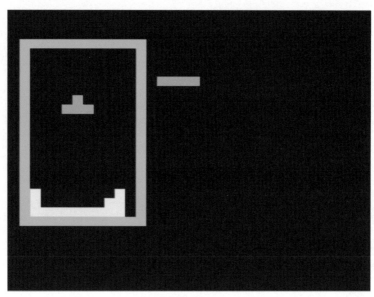

게임 실행 화면

프로젝트를 빌드하면 bin 폴더에 09_tetris.rom 파일이 생성된다. 에뮬레이터로 게임을 실행해서 게임을 테스트해본다.

4.3.1 자료구조

먼저 게임에서 사용할 블록을 정의해야 한다. 각 블록은 4 × 4바이트 배열로 표현한다. 게임에서 사용하는 조각은 총 7개다.

각 블록의 선언, 총 7개 (game.c)

```
const int shape_bar[4][4] = {  // 긴 막대기
    {0, 0, 0, 0},
    {0, 0, 0, 0},
    {1, 1, 1, 1},
    {0, 0, 0, 0}};

......

const int shape_t[4][4] = {  // T자 조각
    {0, 1, 0, 0},
    {1, 1, 1, 0},
    {0, 0, 0, 0},
    {0, 0, 0, 0}};

const int (*shapes[7])[4][4] = {  // 조각 정보를 참조하는 배열
```

```
    &shape_bar,
    &shape_square,
    &shape_l,
    &shape_j,
    &shape_s,
    &shape_z,
    &shape_t,
};
```

shapes는 7개 블록 정의를 참조하는 배열이다. 게임 로직은 이 shapes에 존재하는 블록을 참조해서 블록이 어떤 모양인지, 그리고 블록이 회전 가능한지를 판단한다.

게임에 쓰이는 블록을 표현하는 구조체는 Piece다.

블록 정보 구조체

```
typedef struct {
    int shape[4][4];
    int old_shape[4][4];
    int x;
    int y;
    int id;
} Piece;
```

Piece 타입의 전역 변수 g_piece와 g_next_piece는 각각 현재 블록과 다음에 등장할 블록을 나타낸다. 블록은 회전을 통해 기존 정의된 모양과 달라질 수 있으므로 old_shape 같은 별도의 저장 공간이 필요하다.

4.3.2 게임 로직

메인 함수의 시작은 이전 프로젝트와 거의 동일하므로 생략하고 메인 로직 함수인 run_game 함수부터 분석한다. 역시 이 함수도 이전 프로젝트와 거의 동일한 구성을 가진다. 게임 상태에 STAGE_GAME_CLEAR 상태가 없다는 데 주목한다. 즉 테트리스 데모는 블록을 화면 맨 위까지 채우지 않는 한 종료되지 않는다.

run_game 함수

```
void run_game() {
    InitGame();  // 게임 초기화
    ......
    while (1) {
        if (ubox_read_keys(7) == UBOX_MSX_KEY_ESC)
```

```
            break;

        ProcessGame();  // 로직 처리
        ubox_wait();

        if (g_gamestate = STATE_GAME_OVER)
            break;
    }
}
```

로직과 렌더링을 처리하는 ProcessGame 함수는 크게 네부분으로 구성된다.

- 입력 처리
- 조각이 바닥에 닿았을 때 라인을 제거하는 로직
- 게임 상태 체크 및 점수 갱신
- 렌더링

먼저 입력 처리부터 살펴보자.

테트리스 조각은 특정 틱 간격으로 조각이 아래 방향으로 내려간다. 스페이스 바를 누르면 조각이 바로 바닥으로 떨어지며, 위쪽 방향키를 누르면 조각을 회전시킬 수 있다. 즉 입력 처리 부분에서는 방향키와 스페이스 키의 입력을 확인해야 한다.

입력 처리 및 조각 회전 처리

```
uint8_t ProcessLogic() {
    uint8_t prev_piece_x = g_piece.x;  // 블록의 좌표를 저장해둔다.
    uint8_t prev_piece_y = g_piece.y;

    // 키 입력을 받을 수 있는 시간인가?
    if (now() > g_next_input_step)
    {
        // 키 값을 구한다. ❶
        g_key_table.right = ubox_read_keys(8) == UBOX_MSX_KEY_RIGHT;
        g_key_table.left = ubox_read_keys(8) == UBOX_MSX_KEY_LEFT;
        g_key_table.rot = ubox_read_keys(8) == UBOX_MSX_KEY_UP;
        g_key_table.fast = ubox_read_keys(8) == UBOX_MSX_KEY_DOWN;
        g_key_table.drop = ubox_read_keys(8) == UBOX_MSX_KEY_SPACE;

        // 다음 키 입력을 받을 시간을 갱신 ❷
        g_next_input_step = now() + input_step_time;
```

```
// 오른쪽 방향키를 눌렀다면 조각을 오른쪽으로 이동한다.
// 만약 보드의 타일과 충돌한다면 조각의 좌표를 원래대로 되돌린다. ❸
if (g_key_table.right) {
    g_piece.x += 1;
    if (IsColliding(g_map, &g_piece))
        g_piece.x -= 1;
}

// 왼쪽 방향키를 눌렀다면 조각을 왼쪽으로 이동한다.
// 만약 보드의 타일과 충돌한다면 조각의 좌표를 원래대로 되돌린다. ❹
if (g_key_table.left) {
    g_piece.x -= 1;
    if (IsColliding(g_map, &g_piece))
        g_piece.x += 1;

}
// 위쪽 방향키를 눌렀다면 조각이 회전 가능한지 확인한다. ❺
if (g_key_table.rot) {
    Piece tempPiece;
    memcpy(&tempPiece, &g_piece, sizeof(Piece));
    Rotate(&g_piece);

    // 회전시킨 조작이 맵과 충돌하면 조각을 원상태로 돌린다.
    if (IsColliding(g_map, &g_piece))
        memcpy(&g_piece, &tempPiece, sizeof(Piece));
    else {  // ❻
        for (int row = 0; row < 4; row++) {
            for (int col = 0; col < 4; col++)
                g_piece.old_shape[row][col] = tempPiece.shape[row][col];
        }
    }

    g_key_table.rot = 0;
}
}
```

g_key_table은 키 정보를 저장하는 전역 변수다. ❶에서는 키보드 상태를 확인해서 이 전역 변수에 각각의 키 정보를 설정한다.

테트리스에서 사용하는 키 정보

키	내용
왼쪽 화살표	블록을 아래쪽으로 이동한다.
오른쪽 화살표	블록을 오른쪽으로 이동한다.
위쪽 화살표	블록을 회전시킨다.
아래쪽 화살표	블록이 떨어지는 속도를 높인다.
스페이스 바	블록을 바닥으로 떨어뜨린다.

매 루프마다 키 정보를 받지 않도록 ❶와 같이 g_next_input_step을 갱신해서 키 입력 갱신을 지연시킨다. ❸과 ❹에서는 각각 왼쪽 방향키와 오른쪽 방향키를 눌렀을 경우 조각이 왼쪽 또는 오른쪽으로 이동 가능한지 검사한다. 블록과 맵의 충돌 확인은 IsColliding 함수에서 체크한다. 충돌이 없다면 블록의 좌표는 갱신되지만 충돌이 있다면 블록의 좌표를 원래대로 되돌린다.

❺에서는 조각 회전 로직을 수행한다. tempPiece라는 임시 조각을 만들고 이 조각에 현재 조각 정보를 저장한다. 그리고 현재 조각을 회전시킨 다음 맵과 충돌하는지를 IsColliding 함수를 호출해서 확인한다. 충돌이 있다면 tempPiece 값을 현재 조각에 복사해서 원래 값으로 복원한다. 충돌이 없다면 ❻의 로직을 통해 회전하기 직전의 조각 정보를 현재 조각의 old_shapes 변수에 저장한다.

입력 처리를 완료하고 조각 정보를 갱신했다면 조각이 바닥에 닿았는지에 대한 판정 유무에 따라 라인을 지우는 로직을 수행한다. 라인을 지우는 로직에 들어가기 위해서는 일단 맵에 쌓인 블록 정보가 갱신되어야 한다. 스페이스 바를 눌러서 블록을 바닥까지 떨어뜨리거나 자동으로 블록이 바닥으로 내려가는 과정에서 맵과 충돌했다면 라인을 지우는 로직을 수행한다. 블록을 한 줄 아래로 내려서 블록과 맵이 충돌하는지를 확인하고 지운 라인 수를 구하는 로직은 Step 함수에 구현되어 있다.

ProcessGame 함수 (계속)

```
uint8_t clear_lines = 0;  // 없앤 라인 수

uint8_t result = COLLIDE_NO;
if (g_key_table.drop) {  // 스페이스 바를 눌러 블록을 떨어뜨렸다면 ❶
    g_key_table.drop = 0;
    while (result == COLLIDE_NO) {  // 블록이 맵과 충돌할 때까지 한 줄씩 내린다.
        result = Step(g_map, &g_piece, &clear_lines);  // 맵과 블록의 충돌 처리
    }
    g_next_step = now() + step_time;  // 블록이 내려가는 시간 갱신
}
else {
    uint8_t accel = g_key_table.fast ? (7 * step_time / 8) : 0;
```

```
        if (now() > g_next_step - accel) {  // ❷
            result = Step(g_map, &g_piece, &clear_lines);
            g_next_step = now() + step_time;  // 자동으로 블록이 내려가는 시간 갱신
        }
    }
```

스페이스 바를 누르면 ❶의 if 문 내부 로직이 수행되며 while 루프를 돌면서 블록이 바닥에 닿을 때까지 Step 함수를 호출한다. 스페이스 바를 누르지 않았을 경우에는 ❷와 같이 현재 시간이 블록이 자동으로 내려가는 시간값을 초과했다면 Step 함수를 호출한다. accel 변수는 아래쪽 방향키를 눌렀을 경우 값이 설정되어 g_next_step 값의 크기를 줄인다. 결과적으로 블록이 좀 더 빨리 아래로 내려 갈 수 있다.

Step 함수

```
uint8_t Step(uint8_t *map, Piece *piece, uint8_t *cleared_lines) {
    // 조각을 y축으로 1칸 이동
    piece->y += 1;
    if (!IsColliding(map, piece)) {  // ❶
        // 충돌 없음
        return COLLIDE_NO;
    }
    piece->y -= 1;  // ❷
    PlacePiece(map, piece);
    *cleared_lines = ClearLines(map);  // 블록으로 완전히 채워진 라인 수를 구한다.
    return COLLIDE;
}
```

Step 함수는 블록의 y 값을 증가시키고 맵과 충돌하는지 체크한다. 충돌이 없다면 ❶과 같이 함수를 종료한다. 충돌이 있다면 블록이 더 이상 아래로 내려갈 수 없다는 것을 의미한다. 그래서 ❷와 같이 y 좌표를 원래대로 복원한 다음 PlacePiece 함수를 호출해서 맵에 블록을 놓는다. 이제 맵이 갱신되었으므로 ClearLines 함수를 호출해서 수평 방향으로 가득 찬 줄의 수를 구한다.

ClearLines 함수

```
// 수평 라인을 가득채운 줄을 검색해서 맵에서 제거하고 제거된 줄 수를 반환한다.
uint8_t ClearLines(uint8_t *map) {
    uint8_t n_lines = 0;
    for (uint8_t row = 0; row < ROWS; row++) {  // ❶
        uint8_t result = 1;
        for (uint8_t col = 0; col < COLS; col++) {
            if (!map[row * COLS + col])
                result = 0;
```

```
        }
        if (result) {  // result가 1이면 줄이 가득 찬 것이다.
            DropLine(map, row);  // ❷
            n_lines++;
        }
    }
    return n_lines;
}
```

루프를 돌면서 map 배열의 한 줄이 모두 값이 설정되어 있는지 확인한다. ❶과 같이 이중 루프를 돌면서 수평 방향으로 가득한 줄을 발견하면, 즉 result가 1이라면 DropLine 함수를 호출해서 지워질 줄의 위쪽에 존재하는 줄 전부를 지워질 줄의 위치를 피벗으로 해서 전부 복사한다. 그런 다음 n_lines 값을 1 증가시킨다. 이 로직을 모든 줄에 대해 수행해서 지워진 최종 줄 수를 구한다.

지워진 줄이 있다면 UpdateScore 함수에서 게임 점수를 갱신한다. 그다음 DrawWorld 함수를 호출해서 화면을 렌더링한다. DrawWorld 함수는 ProcessGame 함수에서 제공하는 충돌 정보와 블록의 이전 좌표를 받아 렌더링을 수행한다.

DrawWorld 함수

```
void DrawWorld(uint8_t collision_type, uint8_t old_x, uint8_t old_y) {
    if (g_key_table.rot) {  // 블록이 회전했다면 ❶
        RenderPiece(g_piece.old_shape, old_x, old_y, BLACK_TILE);
        RenderPiece(g_piece.shape, g_piece.x, g_piece.y, GREEN_TILE);
        g_key_table.rot = 0;
    }
    if (old_x != g_piece.x || old_y != g_piece.y) {  // 블록의 좌표 갱신이 있었다면 ❷
        RenderPiece(g_piece.shape, old_x, old_y, BLACK_TILE);
        RenderPiece(g_piece.shape, g_piece.x, g_piece.y, GREEN_TILE);
    }
    if (collision_type == COLLIDE) {  // 충돌이 있었다면 다음에 나올 블록을 갱신한다.
        DrawBoard();  // 보드를 그린다.
        // 새 블록의 정보를 설정한다.
        memcpy(&g_piece, &g_next_piece, sizeof(Piece));
        g_piece.x = (COLS / 2 - 2);
        g_piece.y = 0;

        // 다음 차례에 나올 블록을 생성하고 화면에 그린다.
        GetPiece(&g_next_piece);
        DrawNextPiece();

        // 새 블록이 맵과 충돌한다면 게임 오버!!
        if (IsColliding(g_map, &g_piece))
            g_gamestate = STATE_GAME_OVER;
```

```
    }
}
```

DrawWorld 함수는 조금 복잡한 면이 있다. 화면 렌더링을 최소화하기 위해 여러 조건을 설정하는 과정에서 조건문이 많아진 것이다. ❶과 ❷처럼 조각이 회전하지 않았거나 조각의 좌표 변화가 없다면 렌더링을 하지 않는다. 그리고 블록이 맵과 충돌한 경우에는 맵과 다음 차례에 나올 블록 부분을 갱신한다. 이러한 처리를 하지 않으면 퍼포먼스가 나오지 않는다. ❶과 ❷의 조건문을 주석 처리해서 테스트해보면 퍼포먼스의 저하를 쉽게 확인할 수 있다.

4.3.3 정리

테트리스에서 주목해야 될 부분은 렌더링 처리다. 현세대 시스템이 아니다 보니 전체 화면을 매 루프마다 렌더링하는 구조는 MSX 시스템에서 부하가 심하기 때문에 화면 갱신이 발생할 때만 렌더링 처리를 수행하는 것이 좋다. DrawWorld 함수가 이러한 조건 렌더링을 담당한다.

현대 렌더링 시스템에서는 로직을 업데이트해서 게임 오브젝트를 전부 갱신하고 난 다음 렌더링 파이프 라인을 통해 게임 오브젝트를 렌더링한다. 즉 게임의 로직과 렌더링 작업이 분리되어 있다. 이에 입각해서 테트리스 프로젝트도 로직 처리와 렌더링 처리를 분리했다.

로직과 플랫폼에 종속된 렌더링 코드를 분리할 때 장점 하나는 로직을 다른 플랫폼에도 활용할 수 있다는 데 있다. 다만 로직과 렌더링 코드를 분리하지 못했다 하더라도 크로스 플랫폼 2D 엔진인 SFML이나 SDL 등으로 게임을 작성하면 렌더링 함수가 여러 플랫폼에 대응할 수 있도록 구현되어 있어서 코드 재활용이 가능하다.

본서에서 소개할 GREEN 프로젝트와 피라미드 퀘스트는 게임 로직과 플랫폼 종속적인 부분이 분리되어 있지 않다. 이러한 게임을 다른 플랫폼으로 이식하려면 플랫폼 종속적인 API 자체를 여러 플랫폼에 대응하도록 수정해야 한다. 10장에서는 우리가 작성한 게임을 다른 플랫폼으로 이식하는 크로스 플랫폼 프로그래밍 방법에 대해 설명할 것이다.

테트리스 프로젝트에서는 표준 C 함수인 memcpy와 memset 함수를 사용했다. 이런 표준 함수를 일일이 구현하지 않고 사용할 수 있다는 것은 다행스러운 일이다. 두 함수는 strings.h 파일에 정의되어 있다. 표준 함수를 지원한다 하더라도 현재 시간을 구하는 함수인 time 함수의 경우처럼 더미로만 존재하고 정상 작동하지 않을 가능성이 있으니 실제로 사용을 해보고 정상 작동하는지를 확인해야 한다.

과제

예제 테트리스 프로젝트는 게임 시작 시 맵이 텅 빈 채로 시작한다. 소코반 예제처럼 맵 데이터를 배열에서 읽어
들이도록 해서 블록이 어느 정도 존재하는 맵에서 게임이 시작되도록 수정해보자.

4.4 브레이크아웃

브레이크아웃Breakout 방식의 게임은 공을 사용해서 화면 상단에 배치된 벽돌을 제거하는 것을 목표
로 하는 게임이다. 모든 벽돌을 제거해야 스테이지를 클리어할 수 있다. 흔히 '벽돌 깨기' 게임이라고
도 한다. 대표적인 게임으로 〈알카노이드〉가 있다. 프로젝트는 examples/10_breakout 폴더를 참고
한다.

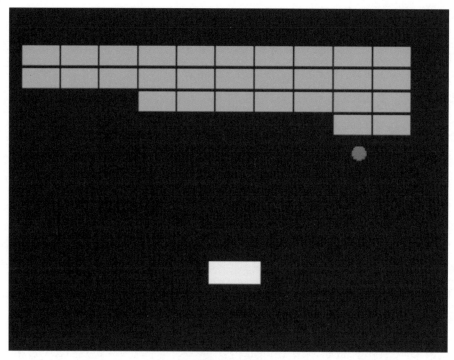

게임 실행 화면

실행 파일은 bin 폴더에 10_breakout.rom 파일로 생성된다. 게임을 실행해서 대략적인 로직을 파악
한다.

브레이크아웃 게임 예제에서는 게임 로직보다는 스프라이트라는 개념에 대해 이해가 필요하므로 스

프라이트에 대해 먼저 설명한다. 이전 프로젝트는 모든 게임 오브젝트가 타일 단위로 이동한 반면, 브레이크아웃 게임은 패들과 공이 픽셀 기반으로 움직인다. 픽셀 단위로 게임 오브젝트를 이동시키기 위해서는 MSX 시스템의 독특한 스프라이트 시스템을 사용해야 한다.

4.4.1 스프라이트

스프라이트sprite는 여러 개의 타일 이미지나 연속적인 캐릭터 이미지를 모아둔 시트를 의미한다. 일반적으로 스프라이트 시트나 스프라이트는 같은 용어로 취급한다. 캐릭터 스프라이트는 캐릭터의 연속적인 작동을 모아둔 이미지로 이 이미지를 특정 틱 간격으로 변경하면 캐릭터의 애니메이션을 연출할 수 있다.

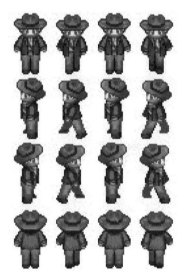

4방향을 정의한 캐릭터 스프라이트

캐릭터 애니메이션을 위한 스프라이트 처리는 보통 소프트웨어가 맡는다. 하드웨어는 관여하지 않으며 소프트웨어에서 이미지 데이터를 비디오램에 복사를 하면 그래픽카드와 모니터가 알아서 화면에 출력해주는 것이다.

4.4.2 현대적 렌더링 시스템

스프라이트에 대해 자세한 설명을 하기 전에 우선 현대의 렌더링 시스템을 간략히 설명하겠다. 현대의 렌더링 시스템은 화면 출력을 위해 더블 버퍼링, 또는 페이지 플리핑 기법을 사용한다.

더블 버퍼링double buffering은 다음과 같은 방식이다. 비디오램을 후면 버퍼back buffer와 전면 버퍼front buffer(또는 프라이머리 버퍼primary buffer)로 나눈다. 소프트웨어는 먼저 후면 버퍼에 화상 데이터를 기록한다. 그리고 렌더링 시스템에 후면 버퍼의 내용을 전면 버퍼로 쓰라고 지시하면 후면 버퍼의 내용이 전면 버퍼로 복사된다. 모니터는 전면 버퍼를 읽어서 화면을 출력한다. 그러므로 전면 버퍼를 읽는 동안 후면 버퍼의 내용을 전면 버퍼에 기록한다면 화면이 깨져서 보이는 현상이 발생한다. 이를 **테어링**tearing이라 한다.

더블 버퍼링의 경우에는 전면 버퍼가 지워지지 않고 유지되므로 매 프레임에서 화면 전체가 아니라 일부분만 변경하는 경우에는 효율적이다. 단 테어링 현상은 언제든지 발생할 수 있으므로 후면 버퍼의 내용을 전면 버퍼에 기록하는 동안 모니터에서 접근하지 못하게 하던지, 프로그램에서 전면 버퍼에 쓰기 시도 시 모니터가 전면 버퍼를 다 읽을 때까지 대기하는 등의 방법을 사용해야 한다. 이 모니터가 화면에 출력할 버퍼의 내용을 다 읽을 때까지 대기하는 상황을 **수직 동기화**vertical sync라고 한다.

더블 버퍼링. 화면의 일부분만 갱신할 때 효율적이다.

현대의 렌더링 시스템은, 렌더링을 시작할 때 전체 화면을 전부 지우고 새롭게 화면을 구성하는 방식을 사용한다. 이전의 화면 데이터는 유지하지 않는다. 그래서 더블 버퍼링 방법과는 다르게 두 개의 버퍼를 바꿔치기하는 방식으로 화면 출력을 진행한다.

페이지 플리핑

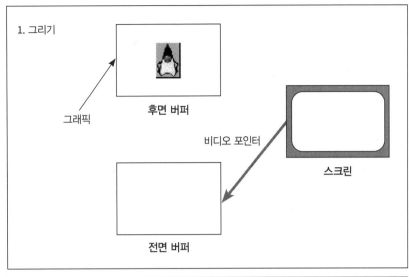

1. 그리기

그래픽

후면 버퍼

비디오 포인터

스크린

전면 버퍼

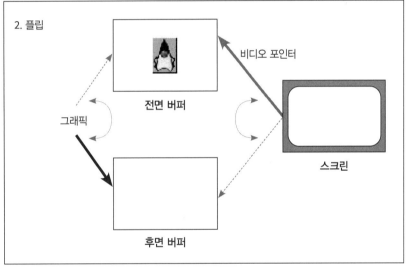

2. 플립

비디오 포인터

전면 버퍼

그래픽

스크린

후면 버퍼

페이지 플리핑을 활용한 화면 갱신

페이지 플리핑page flipping 방식은 카메라의 뷰 시점을 변경하는 방식으로 생각하면 된다. 현재 출력되고 있는 버퍼가 전면 버퍼가 되며 나머지는 후면 버퍼가 된다.

페이지 플리핑 방식도, 모니터가 전면 버퍼를 읽는 도중에 버퍼를 가리키는 포인터가 변경된다면 더블 버퍼링과 마찬가지로 테어링 문제가 발생한다. 그래서 더블 버퍼링의 경우처럼 수직 동기화를 위해 대기하는 메커니즘이 역시 필요하다.

대략적으로 현대의 렌더링 메커니즘인 더블 버퍼링과 페이지 플리핑을 살펴봤다. 여기서 기억해둘 점은, 현대의 스프라이트 시스템의 구현에는 하드웨어가 관여하지 않는다는 것이다. 렌더링 시스템은 스프라이트 처리에 대해 전혀 상관하지 않는다. 캐릭터 애니메이션 처리는 순전히 렌더링 시스템에 화상을 그리는 프로그램 측에 할당된 몫이다.

4.4.3 MSX1의 스프라이트 시스템

한편, MSX는 하드웨어가 스프라이트의 구현에 관여한다. 그러므로 우리는 MSX의 VDP와 비디오램을 어느 정도 이해할 필요가 있다. 다음 그림은 MSX1 스크린 모드 2의 비디오램 레이아웃을 나타낸 것이다.

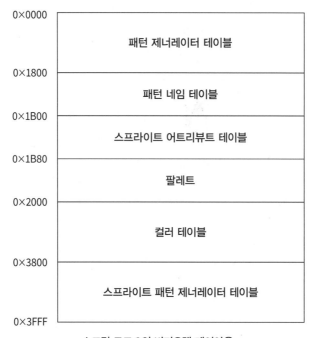

스크린 모드 2의 비디오램 레이아웃

비디오램에 단순히 화면을 위한 픽셀 정보를 저장하는 것이 아니다. 메모리의 각 구역별로 의미가 있어서 해당 구역에 적절한 정보를 기록해야 정상적인 화면 출력이 가능하다. 이들 비디오 메모리의 각 영역[1]에 대해 하나씩 설명하겠다.

1　각 영역에 대한 명칭이 통일되지 않아 혼동을 줄 여지가 존재한다. 예를 들어 '패턴 제너레이터 테이블'보다 '캐릭터 패턴 제너레이터'가 더 일반적으로 사용되곤 한다. 이 책에서는 통일성을 기하기 위해 openMSX 디버거가 사용하는 용어로 통일하겠다. 9.2.1절에서도 다시 언급한다.

패턴 제너레이터 테이블

0x0000h부터 0x1800h 영역. '캐릭터 패턴 제너레이터'라고 부르기도 한다. 2048 × 3바이트 크기이며 타일 데이터가 배치된다. MSX1 스크린 모드 2에서는 패턴 제너레이터 테이블이 세 구역으로 나뉘며 한 구역의 크기는 2048바이트다. 그러므로 하나의 타일의 크기가 8 × 8(8바이트)이라면 각 구역에는 256개의 타일을 올릴 수 있다. ubox MSX 라이브러리는 이 세 구역을 모두 동일한 타일셋tileset으로 채운다.

패턴 네임 테이블

패턴 네임 테이블에는 화면 구성을 위한 데이터를 기록해야 한다. 즉 이 영역에 데이터를 기록하면 배경 화면을 갱신할 수 있다. 스크린 모드 2의 256 × 92 화면은 768(32 × 24)개의 타일로 구성할 수 있으며, 패턴 제너레이터 테이블에 존재하는 타일의 인덱스를 패턴 네임 테이블에 기록하면 타일을 화면에 출력할 수 있는 것이다. 타일의 인덱스는 1바이트로 표현 가능하므로 32 × 24 × 1바이트 = 768바이트가 된다. 이 크기는 패턴 네임 테이블의 크기와 정확히 일치한다.

> **TIP** 본서에서는 타일과 패턴을 유사한 의미로 사용하고 있다. 패턴은 타일에서 색상 정보를 제거한 정보라고 생각하면 이해하기 쉽다. 패턴을 활용한 시스템을 **PCG**Programmable Character Generator라고 한다. 메모리가 비쌌던 시절에는 PCG가 메모리를 적게 사용하는 데 도움이 되었으므로 MSX 플랫폼에서도 이 시스템을 채용했다.

컬러 테이블

0x2000h~0x3800h의 2048 × 3바이트 영역. 패턴 제너레이터 테이블에 놓인 타일셋 정보는 픽셀 구분만이 가능할 뿐 색상에 대한 정보를 가지고 있지 않다. 그래서 각 픽셀에 대응하는 별도의 컬러 테이블이 필요하다. 패턴 제너레이터 테이블 구역이 세 개인 것처럼 컬러 테이블도 구역이 세 개이며 한 구역의 크기는 2048바이트이다. 지금부터는 설명을 간단하게 하기 위해 하나의 구역에만 한정해서 설명하겠다.

8 × 8 타일(패턴) 하나에 대해서만 생각해보자. 타일의 가로 8픽셀에는 두 가지 색상만 존재할 수 있다. 그리고 MSX1의 최대 컬러 수는 16이라서 색상 하나는 4비트로 표현 가능하므로 1바이트로 두 가지 색을 표현할 수 있다. 그러므로 컬러 테이블의 1바이트에 두 가지 색 정보를 담으면 타일의 가로 8픽셀 색상 정보를 표현할 수 있다. 이해를 돕기 위해 타일(패턴)에서 한 라인이 다음과 같이 구성되어 있다고 가정하자.

```
00101100
```

0일 때는 대응 컬러의 하위 4비트, 1일 때는 대응 컬러의 상위 4비트가 해당 픽셀의 색상이 된다. 타일 한 줄의 최대 색상이 2개로 제한되는 이유가 여기에 있다.

요약하면, 패턴 제너레이터 테이블과 컬러 테이블은 1:1 대응한다. 그리고 타일의 개수는 256개이고 하나의 타일 크기는 8바이트이며 가로 8픽셀을 표현하는 데는 두 가지 색상 정보만 있으면 된다. 그러므로 하나의 타일의 가로 8픽셀에 대응하는 컬러 테이블의 요소는 1바이트로 표현할 수 있으므로 컬러 테이블 한 구역의 크기는 2048(256 × 8 × 1)바이트가 된다.

팔레트
컬러 테이블에 존재하는 색상 정보는 컬러의 인덱스만 나타낼 뿐 실제 컬러 색상이 아니다. MSX 시스템에서는 팔레트에 존재하는 색상 정보를 컬러 인덱스를 사용해서 얻어낸다. 일반적으로 MSX1 시스템에서는 여러 팔레트 중에서 **도시바 팔레트**Toshiba pallette를 사용한다.

도시바 팔레트

컬러 인덱스	색상	컬러
0	255, 0, 255	
1	0, 0, 0	
2	102, 204, 102	
3	136, 238, 136	
4	68, 68, 221	
5	119, 119, 255	
6	187, 85, 85	
7	119, 221, 221	
8	221, 102, 102	
9	255, 119, 119	
10	204, 204, 85	
11	238, 238, 136	
12	85, 170, 85	
13	187, 85, 187	
14	204, 204, 204	
15	238, 238, 238	

각 색상은 참조 페이지에서도 확인할 수 있다.

스프라이트 어트리뷰트 테이블

패턴 제너레이터 테이블과 패턴 네임 테이블이 정적인 타일 오브젝트를 표현하는 데 사용된다면, 스프라이트 패턴 제너레이터 테이블과 스프라이트 어트리뷰트 테이블은 픽셀 단위로 움직이는 동적 오브젝트를 표현하기 위해 활용하는 구역이다. 스프라이트 어트리뷰트에 값을 설정해야 스프라이트 오브젝트를 화면상에 출력하는 것이 가능해진다.

스프라이트 어트리뷰트 테이블은 128바이트 크기이며 하나의 스프라이트는 4바이트로 표현된다.

- 스프라이트 X 좌표
- 스프라이트 Y 좌표
- 스프라이트의 패턴 번호
- 스프라이트의 색

하나의 스프라이트의 가로 한 줄 색상 수는 타일과 마찬가지로 최대 두 가지 색상으로 제한된다. 다음 그림은 GREEN 프로젝트에서 등장하는 적의 스프라이트 시트를 확대한 모습이다. 이 스프라이트 시트는 3프레임으로 구성되었으며 1프레임(스프라이트)의 크기는 16 × 16픽셀이다. 스프라이트는 단한 가지의 색으로 구성된 것을 알 수 있다(투명 컬러 제외).

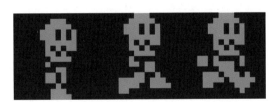

GREEN 프로젝트에서 사용한 적의 스프라이트 시트

스프라이트 어트리뷰트 테이블은 스프라이트의 속성attribute만을 지정할 뿐 스프라이트 데이터는 포함하고 있지 않다. 스프라이트 데이터는 스프라이트 패턴 제너레이터 테이블에 존재한다.

스프라이트 패턴 제너레이터 테이블

0x3800h~0x3FFFh 영역. 2048바이트 크기다. 이 영역에 캐릭터 스프라이트 이미지 정보를 넣으면 시스템에서 스프라이트로 활용할 수 있다. 앞의 적 스프라이트의 경우 1프레임은 16 × 16픽셀이므로 32바이트이며 3프레임이므로 32 × 3 = 96바이트를 차지한다. 즉 적과 같은 스프라이트 시트는 스프라이트 패턴 제너레이터 테이블에 최대 20개 정도를 저장할 수 있다.

지금까지 설명한 MSX 스프라이트 시스템의 핵심 내용을 간추려보면 다음과 같다.

- 배경을 표현하기 위해서는 타일 시스템을 사용한다. 타일 정보는 패턴 제너레이터 테이블에 저장되며 타일을 화면에 출력하려면 패턴 네임 테이블에 타일 인덱스를 기록하면 된다. 타일 인덱스 크기는 1바이트다.

- 패턴 제너레이터 테이블의 타일은 색상 정보를 가지고 있지 않다. 색상 정보는 컬러 테이블에서 얻을 수 있으며 타일의 가로 8픽셀과 컬러 테이블의 하나의 요소가 1:1 대응한다.

- 타일의 하나의 행(1바이트, 8픽셀)은 최대 색상이 두 개로 제한된다. 컬러 테이블에서 1바이트는 두 개의 색상만을 표현하지만 타일의 한 줄 색상 제약 때문에 1바이트로 8픽셀을 표현할 수 있다.

- 타일 단위가 아니라 픽셀 단위로 오브젝트를 움직이고 싶다면 스프라이트 시스템을 이용해야 한다. 이를 위해 스프라이트 패턴 제너레이터 테이블과 스프라이트 어트리뷰트 테이블을 활용한다.

- 스프라이트 패턴 제너레이터 테이블의 공간이 넉넉하지 않으므로 스프라이트 시스템으로 한 번에 출력할 수 있는 오브젝트 수에는 한계가 있다.

또한 이 시점에서 확인할 수 있는 부분은 모니터 또는 VDP가 VRAM을 해석하는 방법은 하드웨어 개발자가 구현하기 나름이라는 사실이다. MSX1의 VRAM만 보면 VRAM에 기록된 내용이 너무나 파편화되어서 얼핏 보면 그래픽 데이터가 아닌 것처럼 보이기까지 한다. 모니터와 VDP가 협력해서 의미 있는 화면 데이터를 완성해내는 것이다. 현대 시스템에서 볼 때 불필요한 데이터 구조를 구성한 것을 보면(스프라이트 별도 처리) 아무래도 성능이 낮은 머신에서 퍼포먼스를 최대한 짜내기 위해 고심한 흔적을 엿볼 수 있다.

프로그래밍 측면에서는 패턴 네임 테이블과 스프라이트 어트리뷰트 테이블을 게임 루프마다 변경해야 배경이나 동적 오브젝트를 갱신할 수 있음을 알 수 있다.

이제 MSX의 스프라이트의 시스템을 이해했으므로 계속해서 브레이크아웃의 게임 로직을 살펴본다.

4.4.4 게임 로직

앞에서 스프라이트의 개념에 대해 자세하게 소개한 이유는 브레이크아웃 게임을 포함해서 앞으로 다룰 게임들이 스프라이트 기능을 사용하기 때문이다. 여기까지 내용을 이해했다면 ubox MSX 라이브러리가 제공하는 스프라이트 관련 함수도 이름을 통해 쉽게 유추할 수 있을 것이다.

브레이크아웃 게임 역시 메인 함수에서 run_game 함수를 호출하여 메인 로직을 실행한다. InitGame 함수를 호출해서 게임 환경을 초기화하고 draw_map() 함수를 호출해서 맵을 그린다. 그다음 while 루프로 진입을 해서 메인 로직을 실행한다. 공과 패들 같은 스프라이트를 조작하기 위해서는 스프라이트 매니저 시스템을 활용한다. 스프라이트 관련 함수는 spman.h 파일에 정의되어 있으며 spman_init 함수를 호출해서 초기화를 수행한다.

메인 로직 (game.c)

```
void run_game() {
    ......
    spman_init();  // 스프라이트 매니저 시스템을 초기화한다.
    sample.pat = spman_alloc_pat(0, breakout_sprite[0], 3, 0);  // ❶
    ......
    while (1) {
        if (ubox_read_keys(7) == UBOX_MSX_KEY_ESC)
            break;

        ProcessLogic(0);  // 로직 처리
        DrawWorld();  // 오브젝트를 그린다.

        ubox_wait();

        spman_update();  // 스프라이트를 화면에 그린다.

        if (g_gamestate == STATE_GAME_OVER || g_gamestate == STATE_GAME_CLEAR)
            break;
    }

    spman_hide_all_sprites();  // 스프라이트를 화면에서 보이지 않게 한다.
}
```

spman_init 함수는 스프라이트 시스템을 사용하기 전에 반드시 호출해야 한다. 그리고 스프라이트 오브젝트를 생성하기 위해 ❶의 함수를 호출한 다음 스프라이트 그리기 함수를 호출해서 스프라이트 어트리뷰트 테이블에 스프라이트 정보를 채워 넣는다. 최종적으로 화면을 갱신할 때 spman_update 함수를 호출하면 스프라이트가 화면에 출력된다. 게임을 벗어나면 스프라이트를 숨길 필요가 있으므로 spman_hide_all_sprites 함수를 호출해서 모든 스프라이트를 화면상에서 숨긴다.

게임에서 사용한 스프라이트 시스템 API를 다음 표에 정리했다.

ubox MSX 라이브러리 스프라이트 관련 함수

컬러 인덱스	색상
spman_alloc_pat	스프라이트를 스프라이트 패턴 제너레이터 테이블에 할당한다.
spman_sprite_flush	할당된 스프라이트를 제거한다. 화면에 출력된 스프라이트는 영향을 받지 않는다.
spman_alloc_fixed_sprite	스프라이트를 그린다. 깜박거림을 발생시키지 않기 위해 사용한다.
spman_alloc_sprite	스프라이트를 그린다.

스프라이트 매니저를 사용하는 순서는 다음과 같다.

- spman_init 함수를 호출해서 스프라이트 매니저를 초기화한다.

- spman_alloc_pat 함수를 호출해서 스프라이트 패턴을 할당한다. 패턴은 미리 할당할 필요는 없으며 필요에 따라 할당할 수 있다.

- 게임 루프에서 spman_alloc_fixed_sprite 함수나 spman_alloc_sprite를 호출해서 스프라이트를 화면에 그린다. spman_alloc_fixed_sprite 함수는 spman_alloc_sprite 함수로 할당된 스프라이트의 영향을 받지 않으며, 깜박거림을 발생시키지 않기 위해 사용하는 함수다. 주로 주인공 스프라이트에서 사용한다.

spman_alloc_pat 함수를 ❶에서 호출했다. 함수 원형은 다음과 같다(spman.h).

```
uint8_t spman_alloc_pat(uint8_t type, uint8_t *data, uint8_t len, uint8_t flip);
```

- type: 스프라이트 타입
- data: 스프라이트 데이터
- len: 할당하는 패턴의 수
- flip: 이 값이 0이 아니면 각 패턴 이미지는 반전된다.
- 반환값: 이 스프라이트에 할당된 패턴 시작값을 반환한다.

공과 패들 그 자체는 애니메이션 효과가 없다. 그래서 공과 패들 스프라이트는 1프레임으로 구성했으며 breakout_sprite 이미지 데이터의 첫 번째 타일은 공, 두 번째 타일은 흰 막대기다. 공과 패들은 breakout_sprite 이미지 데이터 하나면 충분하므로 브레이크아웃 프로젝트에서는 spman_alloc_pat 함수를 한 번만 사용한다(game.c).

```
const unsigned char breakout_sprite[3][32] = {
{
0x00, 0x00, 0x00, 0x07, 0x0f, 0x0f, 0x1f, 0x1f,  // 공 패턴
0x1f, 0x1f, 0x0f, 0x0f, 0x03, 0x00, 0x00, 0x00,
0x00, 0x00, 0x00, 0xc0, 0xe0, 0xe0, 0xf0, 0xf0,
0xf0, 0xf0, 0xe0, 0xe0, 0x80, 0x00, 0x00, 0x00,
},
{
0xff, 0xff, 0xff, 0xff, 0xff, 0xff, 0xff, 0xff,  // 패들 왼쪽 부분
0xff, 0xff, 0xff, 0xff, 0xff, 0xff, 0xff, 0xff,
0xff, 0xff, 0xff, 0xff, 0xff, 0xff, 0xff, 0xff,
0xff, 0xff, 0xff, 0xff, 0xff, 0xff, 0xff, 0xff,
},
{
0xff, 0xff, 0xff, 0xff, 0xff, 0xff, 0xff, 0xff,  // 패들 오른쪽 부분
0xff, 0xff, 0xff, 0xff, 0xff, 0xff, 0xff, 0xff,
0xff, 0xff, 0xff, 0xff, 0xff, 0xff, 0xff, 0xff,
0xff, 0xff, 0xff, 0xff, 0xff, 0xff, 0xff, 0xff,
}
};
```

스프라이트를 할당하고 나서는 spman_alloc_sprite 함수를 호출해서 VRAM의 스프라이트 어트리뷰트 영역에 스프라이트 속성을 기록한다. 할당된 스프라이트는 spman_update 함수를 호출하면 화면에 출력된다. 스프라이트 속성 구조체 변수로 sp를 선언하고 사용할 것이다.

```
struct sprite_attr sp;
```

구조체의 정의는 ubox.h에서 볼 수 있다.

```
struct sprite_attr {  // 스프라이트 속성
    uint8_t y;  // 출력 Y 좌표
    uint8_t x;  // 출력 X 좌표
    uint8_t pattern;  // 패턴(타일) 번호
    uint8_t attr;  // 속성. 여기서는 색상을 의미
};
```

실제로 스프라이트를 그리는 건 다음과 같이 한다.

스프라이트 그리기 (main.c)

```
void DrawWorld() {
    // 공과 벽돌이 충돌했다면 벽돌을 화면에서 지운다.
```

```
......
// 공을 화면에 그린다.
sp.x = g_ball.x - 8;
sp.y = g_ball.y - 8;
sp.pattern = sample.pat + 0 * 8;
// 보라색
sp.attr = 13;
spman_alloc_sprite(&sp);

// 패들을 왼쪽 부분을 화면에 그린다.
sp.x = g_paddle_posx;
sp.y = g_paddle_posy;
sp.pattern = sample.pat + 1 * 8;
// 흰색
sp.attr = 15;
spman_alloc_sprite(&sp);
// 패들의 오른쪽 부분을 화면에 그린다.
sp.x = g_paddle_posx + PADDLE_WIDTH / 2;
sp.y = g_paddle_posy;
sp.pattern = sample.pat + 2 * 8;
// 흰색
sp.attr = 15;
spman_alloc_sprite(&sp);
}
```

마치며

4장에서는 ubox MSX 라이브러리를 활용해서 제작한 네 개의 샘플 게임 프로젝트를 소개했다.

• 스네이크, 소코반, 테트리스, 브레이크아웃

위 네 가지 게임은 게임 개발 입문 시 항상 소개되는 대표적인 튜토리얼이다. 이 게임들의 로직을 완벽히 이해했다면 이후 유사한 로직의 게임을 무리 없이 개발하는 것이 가능할 것이다. 샘플 게임 프로젝트들을 통해서 확인한 사항은 다음과 같다.

1. 게임 로직은 특별한 제약 없이 일반적인 C 언어로 구현하는 것이 가능하다.

2. ubox MSX 라이브러리의 API 인터페이스는 매우 심플하며 게임 로직 구현에 특별한 제약을 주지는 않는다.

3. 성능이 떨어지는 머신에서 게임을 실행시키는 만큼, 화면을 갱신시키는 렌더링 함수의 사용을 최대한 줄여야 한다.

특히 세 번째 항목은 항상 유념해야 한다. 현세대 컴퓨터에서는 이 항목이 특별한 제약 사항이 되지 않지만, MSX 같은 구형 머신에서는 전체 배경 화면을 매번 렌더링하는 것은 시스템에 큰 무리를 준다. 따라서 자주 변경되지 않는 배경은 미리 렌더링을 해두고 메인 루프상에서는 전체 배경을 갱신하는 함수는 되도록 호출하지 않게 구현한다. 그리고 배경이 갱신된다면 변경된 부분만 갱신하도록 해서 시스템의 부하를 줄일 수 있도록 한다. 벽돌 깨기 예제에서는 벽돌 타일이 제거된 경우 해당 영역만 수정하는 로직을 확인할 수 있었다.

또한 벽돌 깨기 예제에서 스프라이트 패턴 매니저를 활용한 것을 기억하자. 스프라이트 패턴 매니저는 배경과는 별도로 동적으로 움직이는 오브젝트를 처리하기 위해 별도로 구현된 시스템이다. 이 스프라이트 패턴 매니저를 활용하면 시스템에 큰 무리를 주지 않으면서 오브젝트를 픽셀 단위에서 움직일 수 있다. 게임을 디자인할 시 정적인 배경과 정적인 오브젝트는 타일로, 동적인 오브젝트는 스프라이트로 등록해서 게임을 제작해야 한다는 것을 기억하자.

3장과 4장을 통해서 ubox MSX 라이브러리의 기초적인 사용법을 확인했으며 ubox MSX 라이브러리를 활용한 샘플 게임도 제작했다. 이제는 본격적으로 그럴듯한 게임을 제작하는 데 도전할 차례다.

5장에서는 ubox MSX 라이브러리가 제공하는 GREEN 게임 프로젝트를 살펴봄으로써 MSX 머신 전성기 시절에 발매된 상용 게임 수준의 게임 제작에 도전할 수 있는 기초를 마련한다.

5

GREEN 프로젝트

GREEN 프로젝트는 ubox MSX 라이브러리가 제공하는 유일한 데모 프로젝트다. 게임의 목표는 적을 피해서 배터리 아이템을 전부 먹는 것이다. 단일 맵으로 구성되었으며 엘리베이터를 사용해서 각 층을 이동할 수 있다. 화면은 래핑되어 있어서 왼쪽 가장자리로 이동하면 오른쪽 끝으로 이동한다.

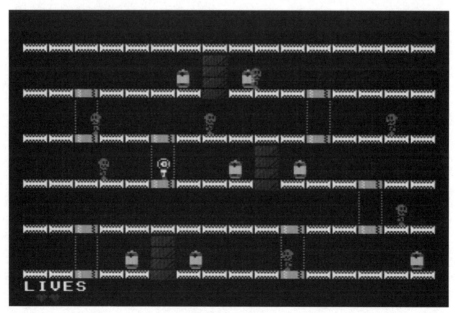

GREEN 게임

GREEN 게임은 배경을 구성하기 위해 **Tiled** 맵 에디터를 사용한다. 이 툴의 사용법은 6.1절에서 다룰 것이다.

```
https://www.mapeditor.org
```

Tiled 맵 에디터를 활용하면 타일셋을 사용해서 맵 데이터를 생성할 수 있다. 또한 주인공과 적 같은 오브젝트의 스폰spawn 위치를 지정하는 것도 가능하다. 이 맵 데이터는 게임에서 사용하기 위해 자체 포맷을 사용하지만 JSON 파일로 익스포트할 수 있다. MSX1의 경우 외부 데이터를 읽어 들일 방법이 없으므로 JSON으로 익스포트된 맵 데이터를 C 배열로 변환시켜서 활용한다.

GREEN 게임은 주인공과 적이 픽셀 단위로 이동한다. 즉 스프라이트 패턴 시스템을 활용한다.

5.1 프로젝트 구성

튜토리얼과 샘플 게임 프로젝트를 살펴보면서 이미 프로젝트 구조에 익숙해졌다고 판단하지만 복습하는 차원에서 리뷰해본다. GREEN 프로젝트는 game 폴더에 존재한다. 빌드는 루트 폴더에서 다음 명령을 차례대로 입력한다.

```
make clean
make game
```

make game만 입력해도 프로젝트는 빌드되지만 이 경우 리소스는 갱신되지 않는다. 리소스를 수정했다면 make clean을 먼저 실행한 다음 make game을 입력해야 한다.

GREEN 프로젝트 폴더 구성도

폴더	설명
bin	빌드한 롬 파일이 저장됨
build	프로젝트 빌드 시 중간 파일이 생성
data	주인공 스프라이트, 적 스프라이트, 게임 맵 데이터 등의 원본 리소스가 들어 있다.
generated	원본 리소스를 툴로 가공한 결과물이 저장된다. 게임에서 사용 가능한 C 헤더 파일이 생성된다.
src	게임 소스 코드 폴더

generated 폴더에는 프로젝트에서 사용할 수 있는 C 헤더 파일이 들어 있다.

자동 생성된 게임 리소스 데이터

파일	내용	생성 스크립트	원본 리소스
player.h	주인공의 스프라이트	png2sprites.py	player.png
enemy.h	적 스프라이트	png2sprites.py	enemy.png
tiles.h	타일 이미지	png2tiles.py	tiles.png
map.h	배경 맵 정보	map.py	map.json, map_conf.json

MSX1의 롬 파일은 별도의 외부 파일을 읽을 수가 없기 때문에 게임 리소스를 바이트 배열로 변환시켜 컴파일 타임 때 게임 리소스를 롬 파일에 포함시켜야 한다. 자동화된 빌드 스크립트 덕분에 원본 리소스는 파이썬 스크립트를 통해 게임에서 사용할 수 있는 C 헤더 파일 형태로 변환된다.

이미지 변환 툴 스크립트

파이썬 스크립트	내용
png2sprites.py	24비트 PNG 이미지를 스프라이트 데이터로 변환한다.
png2tiles.py	24비트 PNG 타일 이미지를 타일 데이터로 변환한다.
map.py	Tiled 맵 데이터를 게임용 맵 데이터로 변환한다.

src 폴더에는 게임의 로직을 구현한 소스 파일이 존재한다.

게임 소스 코드 파일

파일	내용
data.c	generated 폴더에 생성된 헤더 파일 관리
game.c	게임 로직 구현
main.c	메인 진입점, 게임 상태 관리
helper.c	유틸리티 함수
song.asm, song_playerconfig.asm	배경음악. 아코스 트래커 2로부터 익스포트되었다.
effects.asm, effects_playerconfig.asm	효과음. 아코스 트래커 2로부터 익스포트되었다.
akm.z80	아코스 트래커 2로부터 익스포트된 배경음악이나 효과음을 포함한 어셈블리 파일
crt0.z80	CRT 초기화 및 메인 함수 호출

대부분 이전 프로젝트에서 살펴본 파일들이다. GREEN 프로젝트도 main.c와 game.c 파일을 분석하면 게임 로직 역시 쉽게 이해할 수 있을 것이다.

5.2 메인 함수 및 시스템 초기화

게임 로직을 이해하기 위해 main 함수의 구조와 초기화 과정을 살펴본다. 다른 프로젝트와 마찬가지로 인터럽트 서비스를 초기화하고 스크린 모드를 2로 설정한다. 그다음 타일셋과 타일 색상을 VRAM에 업로드한다.

main 함수 (main.c)

```c
void main() {
    ...... // 인터럽트 서비스 초기화, 스크린 모드 2 설정, 타일 설정
    // VDP의 레지스터 1에 16x16 스프라이트 모드를 사용하겠다고 알린다.
    // VBlank 기능도 활성화 ❶
    ubox_wvdp(1, 0xe2);  // wvdp는 Write Video Display Processor를 뜻한다.

    // 아코스 AKM 데이터를 출력하기 위해 mplayer 라이브러리 초기화 ❷
    mplayer_init(SONG, SONG_SILENCE);  // 배경음악 초기화
    mplayer_init_effects(EFFECTS);  // 효과음 초기화

    // 인터럽트가 호출되었을 때 실행할 사운드 처리 관련 콜백 함수 지정
    ubox_set_user_isr(mplayer_play);

redraw_menu:
    draw_menu();  // 게임 시작 메뉴를 그린다.

    while (1) {
        ctl = ubox_select_ctl();
        if (ctl != UBOX_MSX_CTL_NONE) {
            // 게임 시작 시 효과음을 출력한다. ❸
            mplayer_play_effect_p(EFX_START, EFX_CHAN_NO, 0);
            ubox_wait_for(16);  // ❹

            run_game();  // 게임 실행

            if (!lives)  // 생명 수가 0이라면 게임 오버
                draw_game_over();
            else if (!batteries)  // 배터리를 다 먹었다면 게임 클리어
                draw_end_game();

            goto redraw_menu;  // 시작 메뉴를 다시 그린다.
        }
        ubox_wait();  // 고정 프레임을 유지하도록 호출
    }
}
```

❶의 ubox_wvdp 함수를 호출해서 스프라이트 모드, VBlank 사용 여부를 지정한다(wvdp는 write

VDP를 줄인 단어다). 함수의 첫 번째 파라미터로는 레지스터 번호를 지정하고 두 번째 파라미터에는 레지스터에 기록할 데이터를 지정한다.

```
void ubox_wvdp(uint8_t reg, uint8_t data);
```

당연한 이야기지만 VDP의 레지스터에 값을 설정하는 이유는 VDP가 VRAM의 내용을 해석하는 데 도움을 주기 위해서다. MSX는 기종별로도 VRAM을 해석하는 방식이 다르고, MSX1에서도 몇 가지 화면 모드가 존재하므로 VDP가 제대로 VRAM을 해석하기 위해서는 레지스터 설정을 해줘야 한다.

모드	설명
0(스크린 0)	40 × 24 텍스트 모드
1(스크린 1)	32 × 24 색상 있는 텍스트 모드
2(스크린 2)	256 × 192 그래픽 모드
3(스크린 3)	64 × 48 블록 그래픽 모드

메인 코드에서는 다음과 같이 함수를 호출했다.

```
ubox_wvdp(1, 0xe2);
```

VDP의 첫 번째 레지스터에 0xe2 값을 기록하라는 의미다. 1번 레지스터의 크기는 8비트이며 각각의 비트 의미는 다음과 같다.

VDP 1번 레지스터 비트 필드

모드	설명
0	스프라이트 확대 기능(x2)을 사용
1	16 × 16 스프라이트 모드 활성화 (기본은 8 × 8 스프라이트)
2	사용하지 않음
3	모드 M2, 스크린 모드 3 (블록)
4	모드 M1, 스크린 모드 0 (텍스트)
5	VBlank 인터럽트 활성화 여부
6	화면 출력 여부를 제어
7	VRAM 크기 제어 (0: 4 KB, 1: 16 KB)

코드에서는 이 1번 레지스터에 0xe2, 즉 0b11100010을 지정해 4개의 비트를 활성화했다. 표에 따르면

다음 기능을 활성화했다.

- 비트 1: 16 × 16 스프라이트 활성화
- 비트 5: VBlank 인터럽트 활성화
- 비트 6: 화면 출력 여부를 제어
- 비트 7: VRAM 크기를 16 KB로 변경

GREEN 프로젝트에서 사용하는 주인공, 적 스프라이트의 기본 패턴 크기는 16 × 16이다. 그러므로 비트 1을 활성화했다.

주석 ❶에서 언급한 VBlank는 Vertical Blank의 준말로 디스플레이가 화면을 업데이트한 후 다시 업데이트하기 위해 화면 버퍼에 접근하기까지 걸리는 시간적 공백을 의미한다. VBlank 기능은 테어링 현상을 방지하기 위해 사용한다(4.4.2절 참고). VBlank 기능을 활성화하면 프로그램이 이 VBlank 시간, 즉 디스플레이가 화면 버퍼에 접근하지 않을 때 데이터를 기록하는 것을 보장한다. 즉 이 시간 내에 프로그램이 재빨리 데이터를 기록하면 화면을 정상적으로 출력할 수 있다.

VRAM은 기본 크기가 4 KB다. 여기서는 16 KB로 변경을 했는데, 크기를 변경하지 않아도 프로그램은 정상 작동된다. 다만 16 KB로 변경했다면 4 KB 이상의 영역을 가용 메모리 영역으로 사용할 수 있음을 기억하자.

과제

ubox_wvdp 함수의 두 번째 파라미터를 0x62로 변경해도 게임이 정상 작동됨을 확인해보자.

화면 설정을 마친 다음에는 ❷와 같이 배경음악과 효과음 출력을 위해 사운드 시스템을 초기화한다. GREEN 프로젝트는 두 가지 배경음악을 제공한다(main.h).

```
enum songs {
    SONG_SILENCE = 0,  // 조용히
    SONG_IN_GAME,  // 게임 배경음악
    SONG_GAME_OVER,  // 게임 오버 배경음악
};

효과음은 다섯 가지가 준비되어 있다.
enum effects {
    EFX_NONE = 0,  // 효과음 없음
    EFX_START,  // 시작 효과음
```

```
    EFX_BATTERY,  // 배터리 아이템을 먹었을 때
    EFX_ELEVATOR,  // 엘리베이터 탑승 시
    EFX_HIT,  // 적과 부딪혔을 때
    EFX_DEAD,  // 게임 오버
};
```

타이틀 화면에서 아무 키나 누르면 ❸의 코드가 실행되어 EFX_START 효과음이 출력되면서 게임이 시작된다. 효과음이 완전히 출력될 때까지 어느 정도 대기하기 위해 ❹와 같이 ubox_wait_for 함수를 호출한다. ubox_wait_for의 첫 번째 파라미터는 프레임 수를 의미하며 지정한 프레임 수만큼 대기하는 효과를 가진다(ubox.h).

```
void ubox_wait_for(uint8_t frames) __z88dk_fastcall;
```

이제 게임이 실행되면 run_game 함수가 호출된다. 다음 절로 넘어가기 전에 MSX 시스템의 초기화 과정을 이해했는지 한 번 더 점검해본다.

5.3 게임 로직

데모 게임의 목적은 적을 피해서 배터리를 모두 먹는 것이다. 왼쪽 오른쪽 방향키로 이동이 가능하며 수직 이동 가능지역이면 스페이스 바를 눌러서 이동할 수 있다.

5.3.1 초기화

게임 루프에 진입하기 전의 초기화 과정을 먼저 살펴본다. 주요 초기화 내용은 다음과 같다.

- 맵 데이터 준비
- 엔티티(게임 오브젝트)[1] 초기화
- 배경 화면 출력
- 배경음악 출력

게임 초기화 (game.c)

```
void run_game() {
    uint8_t i;
```

---

1 이 책에서는 (게임) 오브젝트와 엔터티라는 용어를 섞어서 사용할 것이다. 동일한 용어로 간주한다.

```
// 생명 수, 무적 시간, 게임 오버 시 딜레이 시간 설정
lives = MAX_LIVES;
invuln = 0;
gameover_delay = 0;

ubox_disable_screen();
ubox_fill_screen(WHITESPACE_TILE);
// 맵 데이터 지정
cur_map = map[0];
// 맵 데이터 압축 해제
ap_uncompress(cur_map_data, cur_map + 3);  // 맵 데이터 압축 해제 ❶
// 맵 엔터티를 생성한다.
init_map_entities();  // 게임 오브젝트 정보를 초기화 ❷
draw_map();  // 맵을 그린다.
draw_hud();  // HUD를 그린다.
ubox_enable_screen();

mplayer_init(SONG, SONG_IN_GAME);  // 게임 메인 배경음악을 출력한다.
```

게임에서 사용하는 맵 데이터는 map.h 파일에 정의되어 있다. 앞에서 언급했듯이 이 파일은 Tiled 맵 에디터에서 생성한 맵 데이터를 파이썬 툴을 사용해서 C 헤더로 변환한 것이다. map.h 파일을 보면 map_0의 크기는 155바이트인 것을 알 수 있다.

```
const unsigned char * const map[1] = { map_0 };
```

이 데이터에는 타일 정보와 오브젝트 정보가 포함되어 있는데, apultra라는 라이브러리로 압축되어 있으므로 맵 데이터를 사용하려면 먼저 이 압축을 풀어야 한다. ❶과 같이 ap_uncompress 함수를 호출해서 map의 압축을 푼다(ap_uncompress 함수는 include/ap.h 파일에 정의되어 있다). 압축을 푼 순수한 맵 데이터는 cur_map_data에 저장된다.

```
LOCAL uint8_t cur_map_data[MAP_W * MAP_H];
```

cur_map_data은 맵의 전체 크기만큼 할당되었으므로 압축 해제된 맵 데이터를 모두 담을 수 있다. ❶에서 원본 데이터의 3바이트를 스킵한 것을 알 수 있는데 그 이유는 맵 데이터를 Tiled에서 익스포트했을 때 3바이트를 헤더 데이터로 할당했기 때문이다. 이 3바이트 헤더에는 압축된 맵 데이터의 크기와 엔터티 수가 기록되어 있다. 2바이트는 맵의 크기, 1바이트는 게임 오브젝트의 수다. 한 스테이지에서 게임 오브젝트가 256개를 초과할 일은 없으므로 게임 오브젝트의 수의 표현은 1바이트로 충분하다.

압축 해제된 cur_map_data 맵 데이터는 화면 출력이나 게임 로직에서 사용한다. 예를 들어 배터리 아이템을 먹었다면 cur_map_data에서 배터리 타일을 삭제한다. 그런 다음 화면을 다시 그리면 먹은 배터리가 제거된다. cur_map_data는 전체 맵 데이터에서 엔터티를 제외한, 순수하게 배경만을 구성하는 타일 정보를 담은 배열이다.

cur_map_data에 압축이 해제된 맵 데이터를 준비하고 나서는 ❷의 init_map_entites 함수를 호출해서 게임 오브젝트를 생성한다. 그런 다음 배경과 HUD를 그리고 게임 배경음악을 출력한 뒤 게임 루프로 진입한다. 게임 오브젝트 정보를 읽어오는 init_map_entites 함수를 살펴보자. init_map_entites 함수에서는 맵 데이터를 해석해서 주인공과 적 오브젝트를 생성한다. 그리고 배경에서 배터리 타일을 찾아 배경에 존재하는 총 배터리 수를 구한다.

init_map_entities 함수

```
void init_map_entities() {  // 게임 오브젝트를 생성한다.
    const uint8_t *m = cur_map;  // 전체 맵 데이터(타일 정보 + 엔터티 정보) ❶
    ......
    // 엔터티 배열 초기화
    memset(entities, 0, sizeof(struct entity) * MAX_ENTITIES);
    m += (uint16_t)(m[0] | m[1] << 8) + 3;  // 엔터티 배열 데이터 위치 계산 ❷

    while (*m != 0xff) {  // 엔터티가 아닐 때까지 루프를 반복. 엔터티 정보 크기는 3바이트
        typ = m[0] & (~DIR_FLAG);  // 엔터티 종류를 구한다. ❸
        entities[last].type = typ;  // 엔터티 타입
        entities[last].x = m[1];  // 엔터티 x 좌표
        entities[last].y = m[2];  // 엔터티 y 좌표
        // 엔터티가 바라보는 방향을 구한다.
        entities[last].dir = m[0] & DIR_FLAG ? DIR_LEFT : DIR_RIGHT;  // ❹

        ......  // ❺ 타입에 따라 엔터티에 스프라이트 패턴을 할당한다.

        // 다음 엔터티를 얻어낸다.
        last++;
        m += 3;  // 엔터티 정보 하나의 크기는 3바이트다. ❻
    }
}
```

❶의 cur_map(맵의 타일 정보와 엔터티 정보를 포함) 배열을 사용해서 게임 오브젝트를 생성한다. 전체 맵 데이터의 구조는 다음과 같다.

맵 크기(2바이트) ¦ 엔터티 수(1바이트) ¦ 맵 데이터(압축됨) ¦ 엔터티 정보 배열 ¦ 0xff(엔드 마크)

그러므로 엔터티 정보를 얻기 위해서는 엔터티 정보 배열을 나타내는 지점의 포인터를 구하는 작업이 필요하다. ❷에서 이 작업을 수행한다. 공식이 약간 복잡한데, 맵 데이터 크기는 선두 2바이트에 기록되어 있으며 파일상에는 데이터가 빅 엔디언big endian[2] 형식으로 저장되어 있으므로 값을 제대로 읽어들이려면 리틀 엔디언little endian 형식으로 변환해야 한다. 이 맵 데이터 크기에 헤더 크기인 3바이트를 더해주면 엔터티 정보 배열 위치를 구할 수 있다.

엔터티를 표현하는 구조체 entity의 원형은 다음과 같다(game.h).

```
struct entity {
    uint8_t type;  // 엔터티 타입
    uint8_t x;  // 엔터티의 x 좌표
    uint8_t y;  // 엔터티의 y 좌표
    uint8_t dir;  // 엔터티가 바라보는 방향
    uint8_t pat;  // 엔터티에 할당된 스프라이트 패턴
    uint8_t flags;  // 플래그. 사용하지 않음
    uint8_t delay;  // 프레임 갱신 시간
    uint8_t frame;  // 현재 프레임 번호
    void (*update)();  // 엔터티 갱신 함수
};
```

entity 구조체의 flags 필드는 사용하지 않지만 맵 데이터 구조를 커스터마이징하면 추후 활용할 수 있을 것이다. 예를 들어 GREEN 프로젝트의 오브젝트 정보 형식은 다음과 같다.

엔터티 타입(1바이트) : x 좌표(1바이트) : y 좌표(1바이트)

GREEN 프로젝트는 타입 1바이트의 MSBmost significant bit[3] 필드를 오브젝트가 바라보는 방향을 가리키는 데 사용한다. 그래서 MSB를 클리어해야 엔터티의 타입을 얻을 수 있다. 이 작업을 ❸에서 수행한다. 즉 오브젝트가 초기에 바라보는 방향을 지정하는 데 1비트를 사용하므로 게임 오브젝트의 타입은 7비트로 표현한다. 그래서 오브젝트를 표현할 수 있는 최대 개수는 128개다. 만약 게임에 등장하는 게임 오브젝트 타입이 적다면 여유분의 비트 필드를 플래그로 활용할 수 있을 것이다. 예를 들어 게임 오브젝트 타입이 16개라면 4비트로 충분하므로 나머지 4비트를 플래그 비트로 활용할 수

---

2 엔디언은 메모리 같은 선형 공간에 연속하는 바이트 배열을 배치하는 방식을 의미한다. 바이트 순서라고도 하며, 빅 엔디언과 리틀 엔디언이 존재한다. 빅 엔디언은 사람이 숫자를 표기하는 방법과 유사하게 바이트 순서를 지정하며 리틀 엔디언은 작은 단위의 바이트가 앞에 오도록 배치하는 방법이다. 메모리에 데이터를 저장할 시 인텔, AMD 계열은 리틀 엔디언 방식으로 바이트를 저장하며 ARM 프로세서는 빅 엔디언 방식으로 저장한다.

3 최상위 비트를 의미한다. 예를 들어 0b10000000이라는 바이트가 있다고 가정하면 가장 왼쪽에 있는 1이 최상위 비트, 즉 MSB가 된다. 반대되는 개념으로 LSB(least significant bit)가 있다.

있다.

이제 ❸에서 ❹까지의 작업을 통해 엔터티 정보를 구했다면 ❺에서 엔터티 타입에 따라 스프라이트 패턴을 할당한다. 그리고 ❻에서 오브젝트 정보 크기인 3바이트만큼 포인터를 증가시킨 다음 while 루프에서 포인터가 0xff(엔드 마크)가 아닌 한 동일한 로직을 반복한다.

이제 스프라이트 타입을 할당하는 ❺의 코드를 살펴보자. GREEN 프로젝트는 게임 오브젝트가 단 2개다.

타입에 따른 스프라이트 패턴 할당 (game.c)

```
// 타입에 따라 엔터티의 스프라이트 패턴을 설정한다.
switch (typ) {
    case ET_PLAYER:  // 주인공의 스프라이트 패턴을 할당한다.
        entities[last].pat = spman_alloc_pat(PAT_PLAYER, player_sprite[0], 6, 0);  // ❶
        spman_alloc_pat(PAT_PLAYER_FLIP, player_sprite[0], 6, 1);
        entities[last].update = update_player;  // 플레이어의 로직 갱신 함수 ❷
        break;
    case ET_ENEMY:  // 적의 스프라이트 패턴을 할당한다.
        entities[last].pat = spman_alloc_pat(PAT_ENEMY, enemy_sprite[0], 3, 0);  // ❸
        spman_alloc_pat(PAT_ENEMY_FLIP, enemy_sprite[0], 3, 1);
        entities[last].update = update_enemy;  // 적의 로직 갱신 함수 ❹
        break;
}
```

스프라이트 패턴은 ❶과 ❸의 spman_alloc_pat 함수를 호출해서 생성한다. 먼저 적의 스프라이트 패턴 생성 부분을 살펴보자. enemy_sprite 배열 데이터는 enemy.h 파일에서 확인할 수 있으며 enemy.png 파일을 외부 툴을 사용해서 배열로 변환한 것이다. 스프라이트 패턴 데이터에는 색상 정보가 들어 있지 않다는 것을 기억하자. 스프라이트는 3개의 프레임을 가지고 있으며 하나의 크기는 16 × 16 이다. 그리고 하나의 픽셀은 1비트로 표현 가능하므로 패턴[4] 하나의 크기는 32바이트다.

```
extern const unsigned char enemy_sprite[3][32];  // 패턴(프레임)이 총 세 개
```

패턴 데이터의 한 개의 비트에서 비트값 0은 투명색으로 인식되며 1은 유의미한 색상으로 인식된다. 적의 그림은 앞에서 이미 살펴봤지만 다음과 같이 한 가지 색으로 구성된다.

---

4   타일의 크기는 8 × 8이므로 여기서 패턴은 타일 4개와 대응한다고 보면 된다.

적 스프라이트

spman_alloc_pat의 원형은 다음과 같았다.

```
uint8_t spman_alloc_pat(uint8_t type, uint8_t *data, uint8_t len, uint8_t flip);
```

❸에서는 패턴 타입을 PAT_ENEMY으로 선언하고 패턴이 3개임을 지정했다. 그리고 스프라이트가 플립flip된 패턴도 PAT_ENEMY_FLIP이라는 타입으로 생성했다. 즉 적은 좌우 이동을 표현하는 2개의 애니메이션을 가지며 애니메이션당 패턴 3개를 가진다. 반전된 스프라이트 데이터는 원본 스프라이트 데이터를 활용해서 스프라이트 패턴 제너레이터 테이블에 등록하므로 게임 리소스에 포함시킬 필요는 없다.

그런데 주인공의 패턴을 생성하는 ❶을 보면 패턴의 크기를 6으로 지정했다. 그리고 플립된 패턴 생성까지 포함하면 주인공의 패턴은 모두 12개가 된다. 주인공의 이미지도 적과 같이 3프레임으로 구성되었지만 패턴이 12개인 이유는, 주인공의 스프라이트 이미지는 두 가지 색을 사용했기 때문이다.

주인공 스프라이트

하나의 패턴에는 투명색과 한 가지 색만이 존재해야 한다는 제약 조건을 떠올려보면 하나의 프레임이 익스포트될 때 색상별 패턴으로 나뉘어야 한다는 결론을 얻을 수 있다. 그래서 주인공 스프라이트 이미지를 익스포트할 때는 녹색과 흰색은 분리된 패턴으로 생성해야 한다. 이 작업은 툴에서 지원한다. 그래서 player.h 파일을 보면 player_sprite 배열이 6임을 알 수 있다.

```
extern const unsigned char player_sprite[6][32];
```

플레이어와 적의 로직 갱신은 ❷와 ❹에서 지정한 함수로 수행된다. 이들 함수는 나중에 설명한다.

마지막으로 배경에 존재하는 배터리 아이템의 수를 계산한다.

맵상에 존재하는 총 배터리 수 계산 (game.c)

```
batteries = 0;
for (i = 0; i < MAP_W * MAP_H; ++i)
    if (cur_map_data[i] == BATTERY_TILE)
        batteries++;
```

여기서 배터리는 게임 오브젝트인 플레이어나 주인공처럼 다루지 않고 배경에서 다루는 것에 주목한다. 배터리는 게임 오브젝트이므로 맵 에디터에서 게임 오브젝트로 등록하는 것이 좋지만, 정적 오브젝트라서 오브젝트로 등록하지 않은 것이다. 그래서 배터리와 주인공과의 충돌은 현재 타일이 배터리 아이템인지 확인하고 좌표가 겹쳤을 때 충돌했다고 판단한다. 그런 다음 배터리를 배경에서 제거하기 위해 타일 인덱스를 변경하는 방법을 사용했다는 것을 기억하자.

5.3.2 게임 루프

init_map_entites 함수의 설명을 완료했으니 다시 run_game 함수로 돌아와 게임 루프 부분을 보자.

run_game 함수 게임 루프 (game.c)

```
......
while (1) { // 게임 루프
    // ESC를 누르면 게임을 종료한다.
    if (ubox_read_keys(7) == UBOX_MSX_KEY_ESC)
        break;

    // 배터리 남은 개수가 하나도 없다면 게임을 클리어한 것이다. ❶
    if (!batteries)
        break;

    // 게임 오버 딜레이 시간이 지나면 루프를 빠져나온다. ❷
    // gameover_delay는 원래 0인데 생명 수가 0이 되면 값이 설정된다.
    if (gameover_delay) {
        if (--gameover_delay == 0)
            break;
    }

    // 방향키나 스페이스 같은 조작 키를 읽어 들인다.
    control = ubox_read_ctl(ctl);
    // 게임 오브젝트 갱신 ❸
    for (i = 0, self = entities; i < MAX_ENTITIES && self->type; i++, self++)
        self->update();  // 개별 오브젝트 갱신
```

```
        ubox_wait();
        // 스프라이트 엔터티 렌더링
        spman_update();
    }

    // 게임 배경음악을 없애고 모든 스프라이트를 숨긴다.
    mplayer_init(SONG, SONG_SILENCE);
    spman_hide_all_sprites();
}
```

batteries 변수는 게임상에 존재하는 배터리 아이템의 수다. 이 아이템을 다 먹어서 그 값이 0이 되면 게임을 클리어했다고 간주하고 ❶에서 게임 루프를 빠져나온다. 아직 아이템을 다 먹지 못했다면 ❷를 통해서 게임 오버가 되었는지 확인한다. 게임 오버는 lives 변수가 0이 될 때 발생하며 이때 gameover_delay 값이 설정된다. 그리고 gameover_delay 값이 0이 될 때 게임 루프를 벗어난다. ❷와 같은 처리를 한 이유는 물론 게임 오버가 된 후 바로 메인 타이틀 화면으로 전환시키지 않기 위함이다.

게임을 클리어하지 못했고 게임 오버도 아니라면 ❸의 로직을 수행해서 맵상의 모든 엔터티를 갱신한다. entities 변수는 entity 오브젝트를 모아둔 배열이며 정적으로 MAX_ENTITIES 크기만큼 선언했다.

self 변수는 entity 오브젝트를 가리키는 포인터이며 전역 변수이므로 어디서든 사용 가능한 변수다. 현재 GREEN 프로젝트는 플레이어, 적 두 개의 엔터티만 존재하며 이들 오브젝트를 갱신하는 함수는 각각 upate_player 함수와 update_enemy 함수다.

5.3.3 상호작용

이제 플레이어와 적의 상호작용, 플레이어와 배터리의 상호작용, 그리고 플레이어와 맵의 상호작용을 살펴볼 차례다. 이 부분은 플레이어의 로직 갱신 함수인 update_player와 적의 로직 갱신 함수인 update_enemy 함수에서 처리된다. 먼저 적의 로직 갱신부터 살펴본다. 로직은 크게 세 부분으로 나뉜다.

• 적과 주인공의 충돌

• 적의 이동

• 스프라이트 갱신

적과 주인공의 충돌부터 알아보자.

```
void update_enemy() {
    // 플레이어가 살아 있고 무적 상태가 아닌 경우
    // 주인공의 좌표 박스와 겹치면 ❶
    if (lives && !invuln
        && entities[0].x + 6 < self->x + 10 && self->x + 6 < entities[0].x + 10
        && self->y == entities[0].y) {
        // 방향을 전환시키고
        self->dir ^= 1;

        // 플레이어의 생명 수를 하나 줄인다.
        lives--;
        draw_hud();  // HUD를 갱신한다(하트 개수를 줄인다).
        invuln = INVUL_TIME;  // 플레이어를 일시적으로 무적 상태로 만든다.

        if (!lives) {  // 생명 수가 없음(적과 세 번 부딪힘) ❷
            // 생명 수가 다하면 배경음악을 끄고
            // 사망 효과음을 출력하고 일정 시간 게임 오버 딜레이를 준다.
            mplayer_init(SONG, SONG_SILENCE);
            mplayer_play_effect_p(EFX_DEAD, EFX_CHAN_NO, 0);
            gameover_delay = GAMEOVER_DELAY;
        }
        else  // lives가 0이 아니라면 적과 충돌했다는 효과음을 출력한다.
            mplayer_play_effect_p(EFX_HIT, EFX_CHAN_NO, 0);
    }
```

주인공과 적이 ❶의 조건을 만족한다면 충돌 처리 로직을 수행한다. 자신(적)의 진행 방향을 반전시키고 주인공의 생명 수를 하나 줄인다. 그다음 HUD를 업데이트해서 하트 이미지를 하나 줄이고 주인공을 일시적으로 무적 상태로 만들기 위해 invuln 변수를 설정해서 일정 시간 주인공과 적이 상호작용하지 못하게 만든다. invuln 변수는 invulnerability(무적)의 준말이다.

만약 lives 수가 0이 되었다면 ❷의 if 내부 로직을 수행해서 배경음악을 끄고 효과음 EFX_DEAD를 출력한다. 그리고 gameover_delay 변수에 값을 설정해서 게임 루프를 벗어날 준비를 한다.

적의 이동 로직은 단순하다. 벽과 부딪히거나 가장자리에 도달하지 않는 한 계속 동일한 방향으로 이동한다.

```
    if (self->dir) {  // 왼쪽 방향으로 이동 중인가?
        // 왼쪽 가장자리에 도달했거나 막혀서 전진할 수 없으면 방향을 전환한다.
        if (self->x == 2 || is_map_blocked(self->x, self->y + 15))
            self->dir ^= 1;  // ❶
        else
            self->x -= 1;
    }
```

```
    else {  // 오른쪽 방향으로 이동 중이라면
        // 오른쪽 가장자리에 도달했거나 막혀서 전진할 수 없으면 방향을 전환한다.
        if (self->x == 255 - 16 || is_map_blocked(self->x + 15, self->y + 15))
            self->dir ^= 1;  // ❷
        else
            self->x += 1;
    }
```

해당 위치로 이동할 수 있는지 여부는 is_map_blocked 함수를 호출해서 판단한다. 이동할 수 없다면 이동 방향을 ❶과 ❷의 호출을 통해 변경한다. 비트 연산 XOR을 사용했다.

좌표 갱신이 끝났다면 마지막으로 스프라이트를 갱신한다. 애니메이션을 구현해야 하므로 몇 가지 변수가 필요하다.

- FRAME_WAIT: 프레임 전환 딜레이값
- WALK_CYCLE: 애니메이션 프레임 수

주인공과 적의 프레임 수는 세 개이며 애니메이션을 구현하려면 이 프레임을 적절히 배치해야 한다. walk_frames 변수가 걷기 애니메이션을 표현한다(game.h).

```
const uint8_t walk_frames[WALK_CYCLE] = { 0, 1, 0, 2 };
```

적의 스프라이트 처리 (game.c)

```
    // 걷는 애니메이션 프레임을 갱신한다.
    if (self->delay++ == FRAME_WAIT) {  // 프레임 대기 시간에 도달했다면
        self->delay = 0;
        if (++self->frame == WALK_CYCLE)  // 프레임이 애니메이션 주기에 도달하면
프레임값을 초기화 ❶
            self->frame = 0;
    }

    // 스프라이트 어트리뷰트(속성)를 설정한다. 스프라이트 좌표 설정
    sp.x = self->x;
    sp.y = self->y - 1;
    // 보여줄 스프라이트 패턴을 지정한다.
    sp.pattern = self->pat + (walk_frames[self->frame] + self->dir * 3) * 4;  // ❷
    // 패턴의 색상을 빨강으로 설정
    sp.attr = 9;
    spman_alloc_sprite(&sp);
}
```

엔터티의 frame 변수가 WALK_CYCLE 값과 같다면 걷기 애니메이션을 완료했다는 것을 의미한다. 이때는 frame 값을 0으로 설정해서 다시 걷기 애니메이션을 반복한다. 그다음 스프라이트 어트리뷰트를 설정해서 스프라이트를 화면에 그린다.

```
LOCAL struct sprite_attr sp;
```

sp 변수에 스프라이트의 좌표를 지정하고 ❷의 공식을 통해서 패턴을 지정한다. 그리고 패턴의 색상을 지정한 다음 스프라이트를 할당한다. ❷의 공식에 주의한다. 원래 패턴의 크기는 8 × 8인데 GREEN 프로젝트는 스프라이트의 패턴을 16 × 16픽셀 크기로 지정했으므로 다음 패턴은 4만큼 떨어진 곳에 있다. 그리고 패턴의 처음 네 개는 반전되지 않은 패턴을 가리킨다. 그러므로 반전, 즉 플립된 패턴을 구하려면 기존 패턴 값에서 3 × 4를 추가로 더해야 한다.

플레이어 로직은 적의 로직과 유사하므로 자세한 설명은 생략한다. 여기서는 플레이어와 배터리 아이템이 겹쳐질 시의 처리를 살펴본다.

플레이어와 배터리 충돌의 처리

```
void update_player() {
    // 이동 처리 등등
    ......
    // 플레이어와 배터리의 충돌 처리. 배터리와 충돌했다면
    if (is_map_battery(self->x + 8, self->y + 15)) {  // ❶
        mplayer_play_effect_p(EFX_BATTERY, EFX_CHAN_NO, 0);  // 효과음을 출력
        batteries--;  // 배터리 개수를 줄인다.
        erase_battery(self->x + 8, self->y + 15);  // 배터리를 적절한 배경으로 변경한다. ❷
    }
    // 엘리베이터 이동 처리
    ......
    // 무적 상태인 경우 홀수 프레임에서는 스프라이트를 그리지 않는다.
    // 이를 통해 껌벅거리는 효과를 얻을 수 있다.
    if (invuln & 1)
        return;

    // 플레이어 스프라이트 패턴 할당
    ......
}
```

해당 위치가 배터리 아이템인지를 확인하기 위해 ❶과 같이 is_map_battery 함수를 호출해서 확인한다. 배터리가 맞으면 ❷와 같이 erase_battery 함수를 호출해서 배터리 타일을 맵에서 제거한다. 제거하지 않으면 배터리 아이템이 화면에 계속 남아 있게 될 것이다.

이 두 함수 중 is_map_battery 함수를 먼저 살펴보자.

```c
uint8_t is_map_battery(uint8_t x, uint8_t y) {
    return cur_map_data[(x >> 3) + (y >> 3) * MAP_W] == BATTERY_TILE;  // ❶
}
```

tiles.png 이미지를 보면 배터리 아이템 타일의 인덱스는 224다. cur_map_data는 타일 인덱스의 배열이며 각 요소는 하나의 타일 인덱스를 가리킨다. 그러므로 ❶의 공식을 사용하면 현재 좌표의 타일 인덱스를 얻어낼 수 있는데, 파라미터로 주어진 변수 x와 y를 각각 오른쪽 시프트 연산을 3번 하는 이유는 화면상의 좌표를 타일 좌표로 변환하기 위해서다. 예를 들어 주인공의 좌표가 (7, 7)이라고 가정하자. 타일 하나의 크기는 8 × 8이므로 해당 좌표는 타일 좌표 (0, 0)으로 변환된다. 한편 주인공의 좌표가 (9, 7)이라면 x ≫ 3은 1이 되고 y ≫ 3은 0이다. 그래서 타일 좌표 (1, 0)을 얻을 수 있다. 타일 좌표를 사용해서 타일 인덱스를 얻어 해당 위치의 타일이 배터리 아이템인지를 확인한다.

다음으로 배터리 아이템을 맵 데이터에서 제거하는 erase_tile 함수를 살펴보자.

```c
void erase_battery(uint8_t x, uint8_t y) {  // 배터리 아이템을 제거한다.
    uint8_t t;
    int8_t mod;

    // 배터리 대신 배경을 꾸밀 타일 이미지를 선택한다.
    // 배경 타일 인덱스 12 또는 13을 사용한다.
    if ((x >> 3) == 0)  // 배터리가 왼쪽 가장자리에 놓여 있다면 오른쪽 타일을 확인
        mod = 1;
    else  // 배터리의 왼쪽 타일을 확인
        mod = -1;

    switch (cur_map_data[mod + (x >> 3) + (y >> 3) * MAP_W]) {  // ❶
        case 12:
            t = 13;
            break;
        case 13:
            t = 12;
            break;
        default:  // 이 경우는 배터리의 왼쪽 또는 오른쪽이 벽이다.
            if (mod == 1)  // 배터리 오른쪽이 벽이고 왼쪽 가장자리에 배터리가 있었던 경우
                t = 13;
            else  // 배터리 왼쪽이 벽이라면
                t = 12;
            break;
    }
```

```
    // 배터리 아이템이 위치한 곳의 타일을 바꿔치기한다.
    cur_map_data[(x >> 3) + (y >> 3) * MAP_W] = t;

    // 화면상에서 배터리를 지운다.
    ubox_put_tile(x >> 3, y >> 3, t);
    ubox_put_tile(x >> 3, (y >> 3) - 1, t);
}
```

배터리 타일을 대신할 타일 인덱스 t 값은 ❶의 switch 구문에서 결정한다. ❶의 결과 t 값은 12 또는 13으로 결정된다.

맵의 벽 타일

이 그림을 보면 파란색 벽면을 확인할 수 있다. 파란색 벽면은 타일 인덱스 12와 13을 번갈아 가면서 그려진다. 즉 배터리 왼쪽의 타일이 12였다면 13을, 13이었다면 12를 배터리 대신 그려주면 된다. 단 예외로 배터리가 왼쪽 가장자리에 놓여 있고 배터리의 오른쪽 타일이 벽면이 아니라면 타일 13을 선택한다. 그리고 배터리 왼쪽이 벽면이 아닌 경우는 타일 12를 선택한다.

마치며

ubox MSX 라이브러리는 MSX1용 2D 플랫포머 게임을 제작하는 데 최적화된 라이브러리다. ubox MSX 라이브러리에서 제공하는 GREEN 프로젝트를 통해서 우리는 다음 사항을 확인할 수 있었다.

- 일반적인 C 언어 스타일로 2D 플랫포머 게임을 손쉽게 제작할 수 있다.
- 롬 공간을 확보하기 위해 다양한 툴을 사용해서 게임에 사용되는 데이터 크기를 최대한 줄였다.
- ubox MSX API가 코딩에 제약을 주는 부분은 매우 한정된다.
- C 언어를 사용해서 코딩을 해도 특별히 속도에 저하를 주는 부분은 없다.

- 게임 퀄리티가 당시 MSX1용 상용 게임과 비교해서 손색이 없다.

한편 ubox MSX 라이브러리를 활용할 시 발생하는 제약 조건은 다음과 같다.

- 32 KB 이상의 롬 파일은 제작할 수 없다.
- MSX1 머신용 롬 파일만 제작 가능하다.
- 픽셀 단위로 배경이 스크롤되는 게임은 제작하기 어렵다.[5]

이 제약 조건은 ubox MSX 라이브러리의 한계라기보다는 MSX1 시스템의 제약 때문이라고 보는 것이 옳다. ubox MSX 라이브러리 제작자는 픽셀 기반 배경 스크롤 게임인 〈Uchūsen Gamma〉를 제작했는데 이 게임은 MSX2 이상에서 작동한다. ubox MSX 라이브러리가 계속 업데이트되어 이후에는 픽셀 기반 배경 스크롤 비행 슈팅 게임도 손쉽게 개발할 수 있는 라이브러리로 거듭나기를 기대해본다.

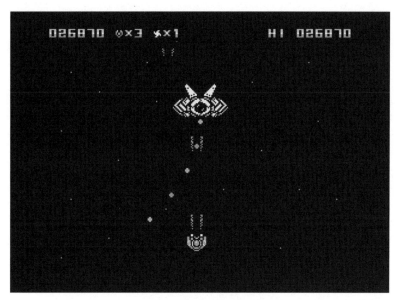

게임 Uchūsen Gamma

한편 GREEN 프로젝트를 통해서 왕가의 계곡이나 구니스 스타일의 게임은 빠르게 제작할 수 있다는 것을 확인했다. 언급한 게임들은 공통적인 특성을 가지고 있다. 배경이 스크롤되지 않으며 한 화면에서 등장하는 오브젝트는 그렇게 많지 않다. 왕가의 계곡에서는 주인공과 미라, 곡괭이, 보석 등이 오

---

5 불가능하지는 않다. 편법이긴 하지만 MSX1에서도 픽셀 단위로 배경이 스크롤되는 게임을 제작할 수 있는 방법이 있다.

브젝트이며, 구니스에서는 주인공과 적, 해골, 박쥐 등이 오브젝트에 해당한다.

단 GREEN 프로젝트는 맵의 이동을 보여주지는 않는다. 그래서 맵의 이동을 보여주기 위해 본서에서는 7장에서 피라미드 퀘스트 프로젝트를 소개할 것이다. 피라미드 퀘스트 프로젝트까지 완벽히 이해한다면 자유자재로 MSX1용 게임을 개발할 수 있을 것이다.

MSX1용 게임 코드를 작성하는 요령은 익혔으니, 이제는 게임에 사용할 데이터를 생성하는 방법을 알아볼 차례다. 다음 장에서는 맵 데이터 제작을 위한 툴, 사운드 제작을 위한 툴, 그리고 생성한 데이터를 프로젝트에서 사용할 수 있도록 변환하는 툴을 살펴볼 것이다. 변환 툴은 파이썬 언어를 사용하는데, 파이썬 언어는 직관적으로 이해 가능하므로 언어를 몰라도 걱정할 필요가 없고, 이번 기회에 배워두는 것도 좋은 선택이다. 파이썬 언어는 다양한 서드파티를 지원하므로 사용자 입장에서는 이런 라이브러리만 잘 활용해도 크게 도움이 된다.

TIP 파이썬 프로그램을 제작하기 위한 IDE로는 파이참PyCharm을 추천한다.

리소스 유틸리티

6장에서는 게임 리소스를 프로젝트에서 사용할 수 있도록 변환해주는 각종 유틸리티나 툴을 설명한다. 롬 파일에는 게임 리소스가 모두 포함되어야 하며 게임 구동 시 게임은 외부 파일을 읽어 들일 수 없다. 즉 소스 코드를 빌드해서 롬 파일을 생성할 때 게임 데이터도 소스 코드의 일부분으로 포함시키거나 바이너리 조작을 통해서 데이터를 추가해야 한다. 실제로 오브젝트 링킹 과정에서 바이너리 조작을 통해 데이터를 추가하고 있으며 게임 리소스는 C 언어 스타일의 바이트 배열로 변환해서 포함한다. 예를 들어 적 스프라이트 패턴 데이터는 enemy.png를 변환하여 하나의 패턴 크기가 32바이트인 패턴 3개를 생성했다.

```
const unsigned char enemy_sprite[3][32] = {
{
0x00, 0x01, 0x03, 0x07, 0x07, 0x03, 0x02, 0x03,
0x01, 0x02, 0x00, 0x03, 0x03, 0x00, 0x01, 0x01,
0x00, 0xc0, 0xe0, 0x50, 0x50, 0xf0, 0xb0, 0x40,
0xe0, 0x00, 0xc0, 0x40, 0x40, 0x80, 0xc0, 0xe0,
},
......
```

GREEN 프로젝트는 5.1절에서 언급한 리소스 변환 툴들을 사용해서 게임 리소스를 담은 바이트 배열을 생성했다.

6장에서는 먼저 맵 데이터인 map.h 파일을 생성하는 방법을 살펴볼 것이다. 그런 다음 스프라이트 이미지로부터 enemy.h, players.h를 생성하는 방법, 그리고 타일 이미지로부터 tiles.h를 생성하는 방법을 살펴볼 것이다. 마지막으로 아코스 트래커 2를 활용하여 게임에서 사용하는 배경음악과 효과음을 생성하는 방법도 살펴보겠다. 코드는 GREEN 프로젝트를 계속 참고한다.

6.1 맵 데이터

타일셋에서 타일은 일정한 크기를 가진 조각을 의미하며 이러한 조각을 특정한 형태로 나열하여 완성한 배경 화면을 타일 맵이라 한다. 게임의 배경이 하나뿐이라면 굳이 타일을 구성해서 타일 맵을 만들 필요없이 하나의 이미지로 만들면 된다. 하지만 게임 배경이 다수 존재하고 해당 맵마다 별도의 이미지를 사용한다면 게임 리소스 크기는 매우 커진다. 한편 타일 조각을 모아둔 이미지 파일을 하나만 사용하고 맵 정보는 타일 인덱스로 구성한다면 다채롭지는 않겠지만 수많은 맵을 제작할 수 있고 같은 타일을 반복해서 사용하므로 메모리 사용률도 대폭 줄일 수 있다. 다음 그림은 타일셋 예제를 보여준다.

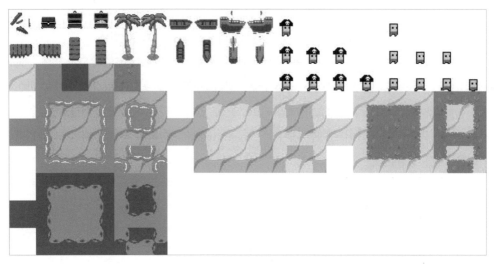

해변 테마의 타일셋

6.1.1 Tiled 맵 에디터

2D 레벨 에디터인 **Tiled**(타일드)는 타일을 사용해서 게임 맵을 제작할 수 있게 해주는 도구다. 레이어 개념을 사용하며 각 타일에 속성을 추가할 수 있어서 이동 불가 지역이라든지 주인공 스폰 위치 등을 지정한 다음 게임에서 해당 데이터를 활용하는 것이 가능하다. 워낙 범용적으로 사용되기 때문에 cocos2d-x, 유니티 등 다양한 개발 플랫폼에서 Tiled로 생성한 데이터를 읽어 들이고 활용하는 예제가 이미 존재한다.

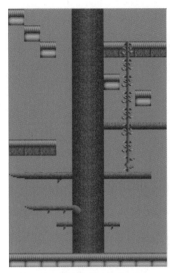

Tiled를 활용한 맵 제작

ubox MSX 라이브러리는 타일셋과 Tiled를 사용해서 게임 맵 데이터를 생성한다. 아래 링크에서 Tiled 맵 에디터를 다운로드하고 설치하자.

```
https://www.mapeditor.org
```

프로그램을 실행하고 나서 game/data 폴더로 이동한 다음 map.json 파일을 연다. 그러면 다음과 같은 화면을 볼 수 있다.

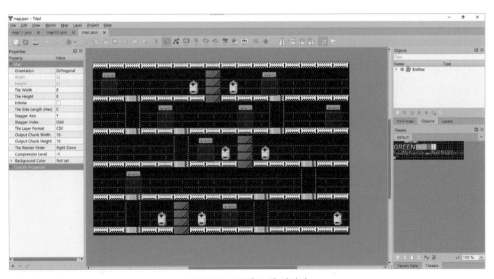

GREEN 프로젝트 맵 데이터

오른쪽 패널에서 타일 조각을 모은 타일셋을 볼 수 있다. 이 타일 조각을 구성해서 생성한 배경이 중앙 화면이다. 타일 조각의 크기는 8 × 8, 16 × 16, 32 × 32 등을 선택할 수 있다. GREEN 프로젝트는 8 × 8을 타일 조각의 기본 크기로 사용한다. ubox MSX 라이브러리에서 사용하는 타일셋은 다음 규격을 준수해야 한다.

- 타일셋 크기: 256 × 64(256개의 타일)
- 타일 크기: 8 × 8픽셀
- 타일셋 포맷: 알파값이 없는 24비트 RGB PNG 파일
- 특정 픽셀값만 허용한다.
- 타일의 한 줄(8픽셀)에는 두 가지 이하의 색상만 사용할 수 있다.

맵에는 플레이어 오브젝트와 적 오브젝트가 배치되어 있다. 게임은 이 오브젝트의 정보를 사용해서 주인공과 적을 적절한 위치에 배치한다. 오브젝트는 오브젝트 레이어에서 추가를 하거나 삭제할 수 있다.

한편, Layers(레이어) 탭을 선택하면 레이어를 확인할 수 있다. ubox MSX 라이브러리용 게임 맵 데이터를 생성하기 위해서는 Map(맵) 레이어와 Entity(엔터티) 레이어 두 개가 필요하며, 반드시 이름을 Map 및 Entity로 설정해야 한다. Map 레이어에는 배경 맵의 정보가, Entity 레이어에는 게임 오브젝트 정보가 들어 있다.

Objects(오브젝트) 탭을 선택하면 여러 오브젝트를 확인할 수 있으며 이 곳에서 오브젝트를 추가하거나 삭제하는 것이 가능하다. 다음 그림은 오브젝트 레이어를 보여준다.

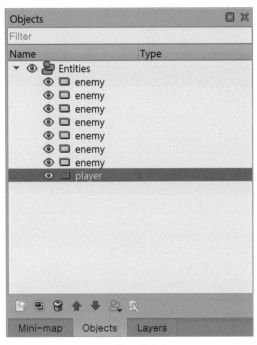

오브젝트 레이어

player 오브젝트를 한번 살펴보자. player 오브젝트를 선택하면 속성 창을 통해 다음과 같은 속성 property 정보를 확인할 수 있다.

Property	Value
▼ Object	
ID	22
Template	
Name	WARP
Type	
Visible	✔
X	160.00
Y	112.00
Width	16.00
Height	16.00
Rotation	0.00

player 오브젝트 속성

player 속성 중 중요한 부분은 다음과 같다.

player 속성

속성	내용
Name	오브젝트 이름
X	오브젝트의 X 좌표
Y	오브젝트의 Y 좌표

오브젝트 좌표 X, Y 값은 8의 배수가 되어야 한다는 데 유의한다. 이 값은 기본적으로 float 타입이다. 그런데 오브젝트를 움직여서 배치를 하면 변수가 실수형인 float 값이라서 정수로 딱 떨어지지 않는다. 그래서 수동으로 소숫점 이하 부분을 없앨 필요가 있다. 만약 이 값을 보정하지 않으면 데이터를 변환하는 과정에서 에러를 출력한다.

적절하게 오브젝트를 추가하고 위치를 수정했다면 이제 데이터를 저장해야 한다. 데이터는 JSON 포맷으로 저장하면 된다. 메뉴에서 File → Export As를 선택한 다음 다이얼로그 창에서 저장 포맷을 JSON으로 변경해서 map.json 파일로 저장한다.

이제 저장한 map.json 파일을 게임 데이터로 변환해보자. 먼저 map_conf.json이라는 부가적인 데이터 파일을 만들어야 한다. 이 파일에는 Tiled에서 기술한 엔터티 정보를 입력한다.

map_conf.json

```
{
    "entities": [
        {
            "bytes": 0,
            "name": "unused",
            "w": 1
        },
        {
            "bytes": 0,
            "name": "player",
            "w": 1
        },
        {
            "bytes": 0,
            "name": "enemy",
            "w": 1
        }
    ]
}
```

플레이어를 player, 적을 enemy로 엔터티의 이름을 사용했다. 변환 툴에서 map.json을 분석할 때 이들 엔터티를 인식할 수 있도록 map_conf.json 파일이 필요하다. 이후 player나 enemy 외의 오브젝트를 추가하고 싶은 경우에는 Tiled 맵 에디터에서 엔터티를 추가하고, 그 추가한 엔터티를 map_conf.json 파일에 기술하면 된다. 다양한 엔터티를 사용하는 방법은 피라미드 퀘스트 프로젝트에서 자세히 설명한다.

6.2.1 map.py

6.1.1절을 통해 게임 데이터인 map.h 파일을 생성할 준비를 완료했다. map.h 파일은 generated 폴더에 생성되며 map.py 파이썬 스크립트를 통해 생성이 된다. map.py는 map.json, map_conf.json 파일을 참고해서 게임 오브젝트 정보가 포함된 전체 맵 데이터인 map.h 파일을 생성한다.

게임 맵을 생성하는 빌드 스크립트는 game/data 폴더의 Makefile 파일에서 확인할 수 있다. 이 빌드 스크립트는 타일 데이터와 스프라이트 데이터, 맵 데이터를 생성하는 방법을 기술한다.

```
OUTPUT := ../generated
GENERATED := $(OUTPUT)/tiles.h $(OUTPUT)/player.h $(OUTPUT)/enemy.h $(OUTPUT)/map.h

all: $(GENERATED)

$(OUTPUT)/tiles.h: tiles.png # ❶
	python3.9 ../../tools/png2tiles.py -i tiles $< > $@

$(OUTPUT)/player.h: player.png # ❷
	python3.9 ../../tools/png2sprites.py -i player_sprite $< > $@

$(OUTPUT)/enemy.h: enemy.png # ❸
	python3.9 ../../tools/png2sprites.py -i enemy_sprite $< > $@

$(OUTPUT)/map.h: map.json map_conf.json #게임 맵 map.h를 생성하는 스크립트 ❹
	python3.9 ../../tools/map.py --aplib --max-ents 11 --room-height 21 map.json map > $@

.PHONY: all clean
clean:
	rm -f $(OUTPUT)/*
```

❶의 png2tiles.py 스크립트는 타일셋 이미지를 게임에서 사용할 수 있도록 tiles.h 데이터로 변환한다. ❷와 ❸의 png2sprites.py는 스프라이트 이미지를 스프라이트 패턴 데이터로 변환한다. enemy.h와 player.h가 png2sprites.py 스크립트를 사용해서 생성한 결과물이다. 그리고 map.py 스크립트가 앞에서 설명한 map.json, map_conf.json 파일을 사용해서 map.h 파일을 생성한다. 이 스크립트들은

tools 폴더에서 확인할 수 있다.

```
$(OUTPUT)/map.h: map.json map_conf.json
    python3.9 ../../tools/map.py --aplib --max-ents 11 --room-height 21 map.json map > $@
```

map.py에 전달하는 옵션의 의미는 다음과 같다.

옵션	의미
aplib	맵 데이터 압축 유무
max-ents	룸의 최대 엔터티의 수
room-height	룸의 높이
room-width	룸의 너비

GREEN 프로젝트에서 맵 데이터는 압축되었으며 압축을 해제하는 내용은 5장에서 확인했었다. GREEN 프로젝트에서 사용하는 맵 데이터는 aplib 옵션을 사용해서 데이터를 압축했다.

map.py 파일의 목적은 map.h 파일을 생성하는 것이다. 그러므로 개발 툴을 편하게 작성하기 위해서는 파일 입출력이 편하고 데이터 작업이 편해야 한다. 이런 이유로 여기서는 파이썬을 활용했다. C 언어로 이런 도구를 만들려면 굉장히 많은 시간이 소요된다. 이제 map.py의 핵심 코드를 살펴보자.

map.py는 먼저 map_conf.json 파일을 열고 entities 배열의 정보를 각각 et_names, et_weigths, et_bytes에 저장한다. 예를 들어 et_names 배열에는 unused, player, enemy 이름이 저장된다.

```python
with open(args.conf, "rt") as fd:
    conf = json.load(fd) # map_conf.json 파일을 연다.

et_names = [d["name"] for d in conf["entities"]] # 엔터티의 이름을 얻는다.
et_weigths = dict((d["name"], d["w"]) for d in conf["entities"])
et_bytes = dict((d["name"], d["bytes"]) for d in conf["entities"])
```

map_conf.json 파일을 읽고 난 다음에는 map.json 파일을 읽어 들인다.

```python
with open(args.map_json, "rt") as fd:
    data = json.load(fd) # map.json 파일을 로드한다.

mh = data.get("height", 0) #높이 21 ❶
mw = data.get("width", 0) #너비 32 ❷
```

```
    if mh < args.rh or mh % args.rh: #❸
        parser.error("Map size height not multiple of the room size")
    if mw < args.rw or mw % args.rw: #❹
        parser.error("Map size witdh not multiple of the room size")

    tileheight = data["tileheight"] # 타일 높이. 8픽셀
    tilewidth = data["tilewidth"] # 타일 너비. 8픽셀

    tile_layer = find_name(data["layers"], "Map")["data"] # 타일 맵 데이터

    def_tileset = find_name(data["tilesets"], "default") # 타일 이미지 데이터
    firstgid = def_tileset.get("firstgid")
```

map.json 파일을 열어보면 height = 21, width = 32임을 확인할 수 있다. 따라서 ❶, ❷의 mh, mw는 각각 21, 32가 된다. 이 하나의 맵을 룸이라고 표현한다. 룸의 디폴트 크기는 다음과 같다.

```
DEF_ROOM_HEIGHT = 24
DEF_ROOM_WIDTH = 32
```

만약 map.py 스크립트 실행 시에 룸의 크기를 지정하는 옵션을 설정하지 않으면 위의 디폴트 값이 옵션 값을 대신한다. 그리고 map.json에서 읽어 들인 룸의 크기가 룸의 기본 크기보다 작거나 배수가 아닐 경우 ❸과 ❹에서 에러를 출력한다.

즉 GREEN 프로젝트에서 사용하는 맵의 크기는 32 × 21이며 룸의 디폴트 크기는 32 × 24다. 그러므로 맵의 높이 21이 24보다 작아서 ❸에서 에러가 발생한다.

하지만 map.py를 실행할 때 옵션 --room-height 21을 설정해서 디폴트 룸 크기를 변경하면 ❸의 체크를 통과할 수 있다. 맵의 크기가 정상인 것을 확인하고 나서는 map.json을 파싱해서 맵 데이터를 추출한다. 그다음 map.h 파일을 생성할 준비를 한다. 다음 코드는 map.py에 의해 생성된 map.h 내용을 간추린 것이다. 대부분의 문자열은 print 함수를 사용해서 출력한다. 155바이트의 맵 데이터가 저장되는 ❶의 부분은 구현이 까다로우므로 ❶에 들어가는 문자열을 담는 out 리스트를 생성하는 방법을 별도로 살펴본다.

map.py를 통한 map.h 파일의 생성

```
#ifndef _MAP_H
#define _MAP_H
/* compressed: True */
#define WMAPS 1

#define MAPS 1

#ifdef LOCAL
const unsigned char map_0[155] = {
  // out 리스트의 요소 기록 ❶
};
const unsigned char * const map[1] = { map_0 };

#else
extern const unsigned char * const map[1];

#endif // LOCAL
#endif // _MAP_H
```

out 데이터를 구성하는 방법을 살펴보기 전에 **map_0**에 생성된 바이트열의 구조를 리뷰해보자.

맵 크기(2바이트) ┆ 엔터티 수(1바이트) ┆ 맵 데이터 ┆ 엔터티 정보 배열 ┆ 0xff(엔드 마크, 1바이트)

생성한 맵 데이터는 155바이트였다. 따라서 2 + 1 + n + m + 1 = 155바이트가 되어야 한다. 선두의 맵의 크기와 엔터티의 수는 헤더 데이터다. 이 헤더 데이터를 통해서 맵 데이터 크기와 엔터티 수를 얻어오는 방법은 GREEN 프로젝트에서 살펴봤었다.

```
out = []
#...... out 리스트에 룸 데이터를 추가한다. out[0]는 첫 번째 룸, out[1]은 두 번째 룸…
#각각의 룸 선두에 3바이트 헤더를 추가한다.
for i in range(len(out)):
    if out[i] is None:
        continue
    size = len(out[i]) #룸 데이터의 크기

    # 기존 룸 데이터 선두에 3바이트 헤더 추가. 아직 엔터티 수는 모르므로 임시로 0 설정
    out[i] = [size & 0xff, size >> 8, 0] + out[i]
```

out 리스트에 헤더 파일과 맵 데이터를 추가하고 나서는 엔터티 데이터를 out에 추가한다. map_ents 리스트는 Entities 레이어로부터 엔터티 정보를 얻어와서 구축되었다.

```
        # 엔터티 데이터를 맵 데이터에 저장한다.
        for i in range(len(out)):
            if not out[i]:
                continue
            elif map_ents[i]:
                out[i].extend(map_ents[i]) #기존 룸 데이터 뒷부분에 엔터티 정보를 추가한다.
                out[i][2] += len(map_ents[i]) # 헤더의 3바이트 부분에 엔터티의 수를 저장한다.
            # terminator
            out[i].append(0xff) # 룸 데이터의 마지막에 엔드 마크를 추가한다.
            out[i][2] += 1 # 엔터티 수를 하나 더 추가(엔드 마크)
```

map_ents에는 각 룸에 해당하는 엔터티 정보가 저장되어 있다. 만약 룸이 2개라면 map_ents 리스트의 사이즈는 2가 된다. GREEN 프로젝트는 룸이 하나였으므로 out 및 map_ent의 사이즈는 1이며 따라서 위의 코드에서는 out[0], map_ents[0]만 의미가 있다(즉 루프는 1회 실행된다는 의미다). 맵 데이터 정보에서 3바이트는 헤더 정보이며 엔터티의 수는 3번째 바이트에 1바이트 크기로 기록한다.

```
out[i][2] = len(map_ents[i])
```

그리고 out[i] 바이트열의 뒷부분에 엔터티 데이터를 추가한다.

```
out[i].extend(map_ents[i])
```

마지막으로 엔터티의 마지막을 나타내는 0xff 마커를 추가해서 하나의 맵 데이터를 완성한다.

```
        out[i].append(0xff)
        out[i][2] += 1
```

이제 out 리스트에 맵 데이터의 구성을 완료했으므로 out 리스트 데이터를 map.h 파일에 출력하면 된다. 다만 그냥 출력해서는 안 되고 다음과 같이 16진수로 포매팅을 해서 출력한다.

```
0x7f, 0x00, 0x19, 0x05, 0x57, 0x06, ...
```

6.1.3 정리

자동화 툴을 구축해두면 생산성이 매우 향상된다. map.py 스크립트의 작동 원리를 이해하면 큰 도움이 될 것이다. 또한 ubox MSX 라이브러리를 활용해서 GREEN 프로젝트와는 다른 게임을 개발한다면, 다양한 오브젝트를 맵상에 반영해야 할 필요성이 있고 오브젝트마다 개별적인 속성을 추가해야 할지도 모른다. 예를 들어 적 오브젝트마다 이동 속도를 달리하고 싶다면 어떻게 하면 좋을까? 게임 소스 코드에 하드코딩하는 방법이 떠오를 것이다. 이 방법이 그렇게 나쁜 것은 아니다. MSX용 게임은 규모가 작기 때문이다. 하지만 7장에서 소개할 피라미드 프로젝트는 다양한 맵이 존재하며 여러 오브젝트가 존재한다. 그러므로 수많은 오브젝트의 변경사항을 수동으로 고쳐주기보다는 자동화하는 편이 효율적이다.

이 절에서는 map.py의 작동 원리를 간소화해서 설명했다. 독자는 지금 당장은 아니더라도 이후에 map.py 전체 소스 코드를 파악해보기 바란다. 또한 Tiled 맵 에디터의 사용법에 익숙해지도록 한다. 인터넷에 좋은 레퍼런스가 많으니 참고한다.

과제 1

6장을 시작하며 해변 테마의 타일셋을 살펴본 바 있다. 이 그림과 Tiled를 사용해서 해변 맵을 만들어보자.

과제 2

GREEN 프로젝트에서 배터리 아이템을 배경에 추가하고 게임에서 정상 출력되는지 확인한다.

과제 3

GREEN 프로젝트에서 적을 임의의 위치에 하나 더 추가하고 게임에서 적이 해당 위치에 스폰하는지 확인한다.

6.2 타일 데이터

맵 데이터는 타일을 가리키는 인덱스의 모음에(오브젝트 정보는 제외하고) 불과하므로 맵 데이터가 배경을 제대로 나타내려면 맵 데이터가 참조하는 타일 데이터가 필요하다. 타일 이미지는 png2tiles.py 스크립트를 사용해서 tile.h 파일로 변환된다. MSX1은 비트맵 그래픽스(PCG)를 채용하고 있기 때문에 타일 이미지는 임포트되면서 패턴과 색상 정보로 나뉜다. 패턴의 크기는 8 × 8이며 한 줄 8픽셀에는 두 가지 색만 표현할 수 있다(0, 1).

그러므로 타일 이미지에서 타일 한 줄의 8픽셀은 두 가지 이하의 색상을 가져야 한다. 또한 타일 이미지는 최대 16가지 색상만을 가질 수 있다. 16가지 색상은 임의로 지정할 수 없으며, **도시바 팔레트**에 속하는 도시바 색상을 사용해야 한다.

최신 컴퓨터는 수억 개의 색상이 표현 가능하지만 고전 머신의 경우, 단색, 4색, 16색, 256 색상 등 표현할 수 있는 색상에 한계가 있었다. MSX 머신도 마찬가지라서 화면에 표현할 수 있는 색상 정보가 제한되어 있다. MSX1의 경우 16가지의 색상을 출력할 수 있는데, 이 16가지의 색상을 정해놓은 것이 도시바 팔레트다. 도시바 팔레트의 색상 정보는 4.4.3절을 참조한다.

반복해서 언급하지만 타일 이미지는 팔레트에 정의된 16가지 색상으로만 구성되어야 하며 팔레트에 해당하지 않는 픽셀 정보가 타일 이미지에 포함되어 있다면 변환 툴에서 tiles.h 파일 생성에 실패한다.

png2tiles.py 스크립트는 특별히 커스터마이징할 필요가 없기 때문에 설명은 생략한다. PNG 파일이 게임 데이터로 변환되면서 타일 이미지가 비트맵 그래픽 형태로 변경되고 색상 정보를 별도로 생성한다는 것을 기억하자.

6.3 스프라이트 데이터

GREEN 프로젝트에서는 플레이어와 적을 스프라이트로 할당했다. enemy.png, player.png가 원본 스프라이트 이미지이며 png2sprites.py 스크립트를 적용해서 게임에서 사용할 수 있는 enemy.h, player.h 파일을 생성한다.

주인공과 적의 스프라이트 이미지는 48 × 16픽셀 크기의 24비트 PNG 파일이다. 16 × 16으로 된 프레임이 총 세 개이며 이 세 개의 프레임을 사용해서 게임상에서 플레이어와 적의 애니메이션을 구현했다. 플레이어의 이미지는 투명 컬러를 제외하고 흰색 컬러와 녹색 컬러로 구성했다. 하나의 타일에 여러 개의 색상이 존재하는 경우 MSX1 비트맵 그래픽스 시스템 때문에 여러 패턴을 생성할 필요가 있다. 플레이어의 경우 스프라이트는 3프레임으로 구성되고 하나의 프레임에는 2개의 색이 존재하므로 모두 6개의 패턴이 생성된다. 또한 플립된 패턴까지 고려하면 플레이어 오브젝트에 애니메이션을 표현하기 위해서는 모두 12개의 패턴이 필요하다. 스프라이트는 되도록이면 색상 수가 적으면 좋으며 적 스프라이트 이미지의 경우에는 단색으로 구성되기 때문에 게임에서 플립된 패턴까지 포함해서 6개 패턴이면 충분하다. 플립된 패턴은 게임 실행 시에 동적으로 생성할 수 있으므로 스프라이트 이

미지에 포함시킬 필요는 없다.[1]

맵 데이터와 마찬가지로 스프라이트 데이터도 바이트 배열로 생성된다. -i 옵션을 통해 생성할 배열의 이름을 지정할 수 있다.

```
-i player_sprite
```

이 옵션을 넣지 않으면 기본 이름인 sprites로 배열이 생성된다.

png2sprites.py는 먼저 PNG 파일이 기본 타일 크기의 배수인지를 검사한다. player.png의 경우 크기가 48 × 16이므로 ❶ 부분의 조건을 통과한다. 문제가 없다면 data 변수에 PNG 이미지 정보를 저장하고 다음 작업을 진행한다.

png2sprites.py

```
DEF_W = 16 # 타일 기본 너비
DEF_H = 16 # 타일 기본 높이
......
    if w % DEF_W or h % DEF_H: # 제공된 스프라이트가 타일의 배수인지 확인 ❶
        parser.error("%s size is not multiple of sprite size (%s, %s)" %
                (args.image, DEF_W, DEF_H))

    data = image.getdata() # 스프라이트 이미지 정보 얻기
```

out 리스트는 패턴을 담는 변수다. frame_colors는 스프라이트의 색상 정보를 담는다.

```
    out = [] # 스프라이트의 패턴을 담는다.
    frame_colors = [] # 프레임(타일)의 색상값을 담는다.
    for y in range(0, h, DEF_H):
        for x in range(0, w, DEF_W):
            tile = [data[x + i + ((y + j) * w)] # 하나의 타일 정보 ❶
                    for j in range(DEF_H) for i in range(DEF_W)]
            cols = set([c for c in tile if c != TRANS]) #투명색이 아닌 색상을 cols에 추가 ❷

            if not cols:
                continue

            for c in cols: # ❸
                frame_colors.append(c)
```

---

[1] 플립된 타일을 포함시켜도 크게 상관은 없지만 이로 인해 사용할 수 있는 롬 공간이 부족해질 것이다.

```
                        frame = []
                        for i, j in ((0, 0), (0, 8), (8, 0), (8, 8)): # ❹
                            for m in range(8):
                                byte = 0
                                p = 7
                                for k in range(8):
                                    b = 1 if tile[i + (j + m) * 16 + k] == c else 0
                                    byte |= b << p
                                    p -= 1
                                frame.append(byte)
                    out.append(frame)
```

data 변수는 (R, G, B) 자료형의 배열이고 스프라이트의 기본 너비와 높이는 16이므로 다음과 같이 루프를 돌면 된다.

```
    for y in range(0, h, DEF_H):
        for x in range(0, w, DEF_W):
```

위 루프는 총 세 번을 돈다(세 개의 프레임). 첫 번째 프레임만 고려를 해보자. 이 경우 w = 0, h = 0이며 ❶에서 tile 변수에 하나의 프레임에 대한 픽셀 정보가 저장된다. ❷의 cols 변수는 하나의 프레임에서 투명 컬러가 아닌 색상 정보를 담는다(set 자료구조).

❸의 for c in cols: 루프가 중요한데 적 스프라이트의 경우 색상이 하나뿐이므로 이 루프는 한 번만 돈다. 만약 플레이어 스프라이트라면 색상이 두 가지 존재하므로 루프를 두 번 돌게 될 것이다. tile 변수에 저장된 색상 데이터와 cols 배열에서 얻은 색상 정보를 비교해서 색상이 일치한다면 리스트 자료구조인 frame에 저장한다. 저장할 때에는 비트 연산을 수행해서 저장한다. 이를 통해 1바이트 크기의 byte 변수는 8개의 픽셀을 표현할 수 있다. frame 변수에 byte 변수를 8번 추가해서 하나의 패턴을 완성한다. ❹를 통해 4개의 패턴[2]을 생성해서 완전한 하나의 프레임 데이터를 생성한다.

이제 out 변수를 완성했으면 map.py와 마찬가지로 player.h, enemy.h 파일을 생성해야 한다. 파일로 출력하기 위해 print 함수를 사용한다.

png2sprites.py (계속)

```
        ......
        data_out = ""
        for i, frame in enumerate(out):
```

---

2   패턴의 크기를 상황에 따라 8 × 8로 다루거나 16 × 16으로 설명하는 경우가 있으니 유의한다.

```
                if args.frame_colors: # 색상정보까지 헤더 파일에 포함하고 싶은 경우 ❶
                    data_out += '/* color: 0x%02x%02x%02x */\n' % (frame_colors[i][0],
                                                                    frame_colors[i][1],
                                                                    frame_colors[i][2])
                data_out += '{\n' + to_hex_list_str(frame) + '}'
                if i + 1 < len(out):
                    data_out += ',\n'
        # 헤더 파일에 문자열을 출력한다.
        print("#ifdef LOCAL") # 변환된 스프라이트 패턴 데이터 출력
        print("const unsigned char %s[%d][%d] = {\n%s\n};\n" % (
            args.id, len(out), len(out[0]), data_out))
        print("#else\n")
        print("extern const unsigned char %s[%d][%d];" %
            (args.id, len(out), len(out[0])))
        print("#endif // LOCAL\n")
        print("#endif // _%s_H\n" % args.id.upper())
```

GREEN 프로젝트에서는 스프라이트의 색상을 게임 코드에서 수동으로 지정했었다. 만약 스프라이트
에서 추출한 색상 정보를 포함하고 싶다면 스크립트 실행 시 옵션으로 -c 또는 -colors를 넣어주면 된
다. 이 옵션을 주면 ❶의 조건문이 참이 되어 스프라이트에서 사용한 색상 정보도 파일에 기록된다.

> **과제**
>
> 플레이어의 스프라이트 패턴 데이터를 생성하는 png2sprite.py에 -c 옵션을 추가해서 player.h 파일에 색상 정
> 보가 추가되는지를 확인한다.

6.4 사운드

GREEN 프로젝트의 배경음악과 효과음은 **아코스 트래커 2**Arkos Tracker 2로 제작되었다. 홈페이지에
방문해서 프로그램을 다운로드하고 설치한다. 아코스 트래커 2는 다양한 레트로 기기에서 활용할 수
있는 사운드를 제작하는 데 도움을 주는 유틸리티다.

```
https://www.julien-nevo.com/arkostracker
```

노래나 효과음을 작성하는 방법은 본서의 범위를 벗어나므로 설명하지 않는다. 여기서는 아코스 트
래커 2의 간단한 사용법을 확인하고 배경음악이나 효과음을 게임에서 사용할 수 있도록 익스포트하
는 방법을 살펴본다.

GREEN 프로젝트에서 사용한 배경음악과 효과음은 각각 game/data 폴더의 song.aks 파일과 effects. aks 파일에서 확인할 수 있다.

6.4.1 배경음악

먼저 아코스 트래커 2를 실행하고 나서 배경음악 song.aks 파일을 연다. 파일을 열고 나서 화면 상단의 Subsong 옆의 콤보 박스를 누른다. 콤보 박스에서 songs.aks 파일에 저장된 노래 리스트를 확인할 수 있다.

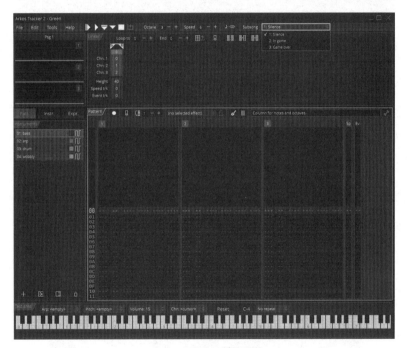

아코스 트래커 2 실행 화면

노래가 세 개 존재함을 알 수 있다.

곡명	내용
Silence	배경음악 없음
In game	메인 게임 음악
Game over	게임 오버

각 항목을 선택하면 해당 음원 정보가 여러 패널에 세팅된다. In game을 선택하고 재생 버튼을 눌러서 음악을 연주해보자.

In game 음원 실행 화면

이제 song.aks를 게임에서 사용할 수 있도록 익스포트해본다. 메뉴의 File → Export → Export as minimalist (AKM)을 선택한다.

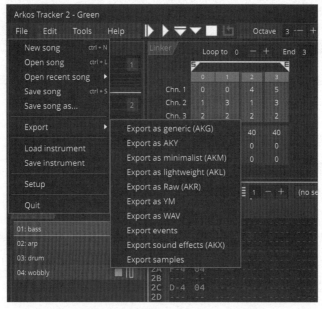

AKM 파일 익스포트

다이얼로그 창이 뜨면 OK 버튼을 누른다. 여러 가지 옵션이 있지만 변경할 필요는 없다. 파일 이름은 song으로 저장한다. 그럼 song.asm 파일과 song_playerconfig.asm 파일이 생성된다.

배경음악의 준비는 완료되었으므로 계속해서 효과음을 생성하는 방법을 살펴본다.

6.4.2 효과음

아코스 트래커 2를 실행하고 game/data 폴더의 effects.aks 파일을 연다. 이 파일에는 Subsong이 Effects 항목 하나뿐이다. 왼쪽 중간 패널에 Instruments 패널을 볼 수 있는데 여기에 존재하는 Instrument가 효과음에 해당한다. 총 다섯 개의 효과음이 준비되어 있다.

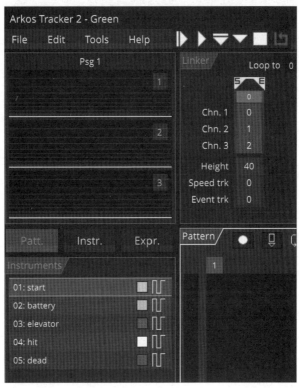

효과음

start, battery, elevator, hit, dead 효과음이 존재한다. 효과음을 듣기 위해서는 듣고 싶은 Instrument를 선택한 다음 피아노 건반을 누르면 된다.

효과음을 익스포트하기 위해 메뉴의 File → Export → Export sound effects (AKX)를 선택한다.

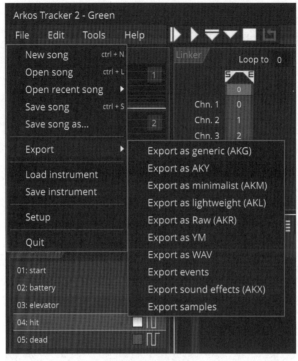

효과음 익스포트

다이얼로그가 뜨면 EXPORT 버튼을 누른다. 파일 이름은 effects로 지정한다. 그럼 effects.asm 파일과 effects_playerconfig.asm 파일이 생성된다.

배경음악과 효과음 관련 파일은 GREEN 프로젝트에서 확인한 적이 있는 파일이다. 네 개의 파일을 game/src 파일에 복사하고 GREEN 프로젝트를 빌드해서 배경음악이나 효과음이 제대로 출력되는지 확인한다.

마치며

6장에서는 타일 맵, 스프라이트, 타일셋, 음원 등의 게임 리소스를 게임에서 사용할 수 있도록 변환해주는 유틸리티에 대해 살펴봤다. 그리고 리소스를 변환하는 과정에서 사용된 파이썬 스크립트 언어도 대략적으로 살펴봤다.

원래 툴이란 존재는 사용자의 편의를 위해 존재하는 만큼, 특별한 이유가 없다면 수정할 필요는 없다. GREEN 프로젝트의 경우처럼 게임에서 오브젝트의 좌표와 타입만 필요하다면 스크립트를 커스터마이징할 필요가 없는 것이다. 하지만 7장에서 소개할 피라미드 퀘스트처럼 오브젝트별 별도의 정보가 필요한 경우에는 툴을 커스터마이징해야 한다. 그래서 차후 게임 개발 시 툴을 커스터마이징하기 위해, 핵심 스크립트인 map.py와 png2sprite.py의 내용을 살펴봤다.

ubox MSX 라이브러리는 2D 플랫포머 게임을 개발하는 데 특화되었으며 2D 맵을 제작하기 위해 Tiled 맵 에디터를 활용한다. Tiled 맵 에디터로 생성한 맵 데이터는 여러 게임 엔진에서 활용하고 있으므로 알아두면 큰 도움이 된다. 다만 MSX 플랫폼의 경우는 시스템의 한계 때문에 컴파일 타임에 리소스를 포함시키기 위해 스크립트를 이용해서 map.h 및 tiles.h 파일 등을 생성했다.

파이썬 언어는 생산성이 높아서 알아두면 큰 도움이 된다. 예를 들어 간단한 스택을 구현하고자 한다면 C 언어는 시간이 소요되지만 파이썬을 사용하면 간단하게 구현할 수 있다.

본서에서는 파이썬이 C 언어와 유사하기 때문에 별도로 파이썬 문법을 설명하지는 않았다. 6장의 파이썬 코드를 이해하는 데 어려움이 있다면 이번 기회에 파이썬을 배워보자. 전문적인 개발자가 아니더라도 파이썬을 배워두면 유용한 유틸리티를 손쉽게 개발할 수 있게 되어 업무 생산성을 높일 수 있을 것이다.

7

피라미드 퀘스트

피라미드 퀘스트 게임은 GREEN 프로젝트의 확장판에 해당하며 지금까지 MSX1 게임을 개발하기 위해 학습한 모든 내용을 활용한 프로젝트다.

게임의 주요 특징은 다음과 같다.

- 게임은 10스테이지로 구성
- 다양한 타입의 적
- 주인공 낙하 구현
- 이동 발판
- 하나의 스테이지를 다수의 룸으로 구성

플레이어가 보석을 다 먹으면 숨겨진 출구가 나타난다. 플레이어와 적이 부딪히면 생명 수가 줄어들며 해당 스테이지를 다시 시작한다. 생명 수가 0이 되면 게임이 종료되어 타이틀 화면으로 돌아간다. 문을 통해 다른 문으로 워프할 수 있으며 발판을 타고 이동이 가능하다. 플레이어는 밑으로 추락해도 죽지 않는다.

백문이 불여일견이다. 먼저 피라미드 퀘스트를 플레이해서 게임의 로직을 이해해보자.

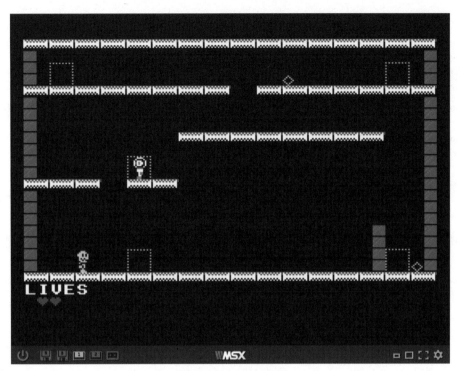

피라미드 퀘스트 게임 화면

7장을 통해 달성하고자 하는 목표는 다음과 같다.

- 게임 오브젝트에 다양한 속성을 부여한다.
- 왕가의 계곡, 구니스와 같이 룸 간 이동을 구현한다.
- 새로운 스테이지를 쉽게 게임에 추가한다.

프로젝트는 demo/pyramid 폴더를 참고한다. 프로젝트 빌드는 demo 폴더에서 다음 명령을 입력한다.

```
make clean
make pyramid
```

7.1 게임 로직

게임 프로젝트의 뼈대는 GREEN 프로젝트와 유사하므로 자세한 설명은 생략하고 핵심만 추려서 설명한다. 늘 그렇듯 게임 로직은 run_game 함수에서 시작한다.

run_game 함수 (game.c)

```c
void run_game(int stage) {  // stage 파라미터는 게임의 스테이지를 의미한다. ❶
    // .....
    g_player_info.state = PS_NORMAL;  // 플레이어의 상태 ❷

    init_map_entities(stage);  // 게임 스테이지에 해당하는 게임 오브젝트를 생성한다. ❸
    ......
    while (1) {
        ......
        for (i = 0, self = entities; i < g_maxEntities; i++, self++) {  // 오브젝트 갱신 ❹
            if (self->type)
                self->update();
        }
        ubox_wait();
        spman_update();
    }
    ......
}
```

피라미드 퀘스트는 여러 스테이지가 존재하므로 게임 로직을 시작할 때마다 ❶의 run_game 함수에 스테이지 파라미터를 지정한다. 그리고 ❷와 같이 플레이어의 정보 구조체의 상태 멤버 변수를 PS_NORMAL로 설정한다. 플레이어의 상태에 대해서는 잠시 후 설명한다.

❸의 init_map_entities 함수는 맵 데이터를 읽어서 게임 오브젝트를 생성한다. 피라미드 퀘스트에서는 오브젝트가 총 6개 존재한다.

오브젝트 유형

오브젝트 열거형	오브젝트 설명	갱신 함수
ET_PLAYER	플레이어	update_player
ET_ENEMY	적	update_enemy
ET_FOOTHOLD	발판	update_foothold
ET_EXIT	출구	update_exit
ET_WARP	워프	update_warp
ET_ITEM	보석	update_item

오브젝트 타입에 따라 적절한 오브젝트를 생성했으면 ❹와 같이 루프를 돌면서 오브젝트 유형에 따른 적절한 갱신 함수를 실행한다.

맵 데이터에 포함된 오브젝트 정보는 GREEN 프로젝트와 다르므로 오브젝트를 생성하는 부분을 살펴본다.

init_map_entities 함수

```c
static void init_map_entities(uint8_t stage) {
    // 스테이지별 맵 데이터를 읽는다.
    ......
    // 엔드 마크에 도달할 때까지 게임 오브젝트 정보를 읽는다.
    for (i = 0; i < roomCount; i++) {  // 하나의 맵에는 다수의 룸이 존재할 수 있다. ❶
        while (*m != 0xff) {
            typ = m[0] & (~DIR_FLAG);
            entities[last].type = typ;  // 오브젝트 타입 ❷
            entities[last].roomId = i;  // 룸 아이디
            entities[last].x = m[1];  // 오브젝트 x 좌표
            entities[last].y = m[2];  // 오브젝트 y 좌표
            entities[last].identifier = m[3];  // 오브젝트 식별자
            entities[last].extra = m[4];  // /오브젝트 엑스트라 데이터

            entities[last].dir = m[0] & DIR_FLAG ? DIR_LEFT : DIR_RIGHT;

            switch (typ) {  // 타입에 따른 오브젝트 갱신 함수를 지정한다. ❸
            case ET_KEY:  // 보석 아이템 ❹
                entities[last].update = update_item;
                jewels++;
                break;
            case ET_WARP:  // 일반 문
                entities[last].update = update_warp;
                break;
            case ET_EXIT:  // 출구
                entities[last].update = update_exit;
                break;
            // 플레이어와 적 설정
            ......
            case ET_FOOTHOLD:  // 발판 ❺
                entities[last].pat = spman_alloc_pat(PAT_FOOTHOLD, foothold[0], 3, 0);
                entities[last].update = update_foothold;
                break;
            }
            last++;
            // 엔터티 크기는 5바이트다. 포인터를 5바이트 증가시켜 다음 엔터티 정보를 얻는다.
            m += 5;
        }
    }
}
```

피라미드 퀘스트가 GREEN 프로젝트와 다른 부분은 다음과 같다.

- 룸의 크기가 1 이상이다.
- 오브젝트 정보가 3바이트에서 5바이트 크기로 변경되었다.

룸 크기가 1 이상이면 게임 맵은 왕가의 계곡 두 번째 스테이지처럼 구성할 수 있다. 즉 룸과 룸을 이동하는 구조로 게임 맵을 만들 수 있다.

오브젝트 정보 구조체는 ❷에서 확인할 수 있듯이 기존 구조체에 오브젝트 식별자, 룸 아이디, 엑스트라 데이터가 추가되었다.

```
struct entity {
    uint8_t type;
    uint8_t identifier;  // 오브젝트 식별자
    uint8_t roomId;  // 룸 아이디
    uint8_t x;
    uint8_t y;
    uint8_t extra;  // 엑스트라 데이터
    ......
};
```

룸 아이디는 오브젝트가 스폰되는 위치다. 룸이 하나라면 이 멤버는 필요가 없지만 이제 하나의 스테이지에는 다수의 룸이 존재하므로 스폰할 룸 번호를 지정해야 한다. 룸 아이디는 게임 맵을 읽어 들이면서 번호가 할당되므로 최초 맵 데이터에는 포함시킬 필요가 없다.

오브젝트 식별자는 오브젝트에 할당되는 고유한 값이다. 피라미드 퀘스트에서는 문과 문을 워프할수 있는데 워프를 하기 위해서는 워프 대상을 지정해야 한다. 대상을 지정하기 위해서는 고유한 값이 필요하므로 오브젝트 식별자를 정보에 포함시킨다.

추가 데이터를 나타내는 extra 멤버는 각 오브젝트에 따라 의미를 가지는 필드로 사용한다. 예를 들어 오브젝트 문 1이 문 7과 연결되어 있다면 오브젝트 문 1의 extra 필드에 7을 지정한다. 이렇게 지정하면 게임에서는 문 1을 통해서 문 7로 이동할 수 있다.

❸에서는 오브젝트 유형에 따른 갱신 함수를 할당한다. ❹의 보석 아이템의 경우 보석의 전체 수를 계산하는 코드가 있다는 점에 주목한다. 보석 자체는 정적 오브젝트이므로 GREEN 프로젝트의 배터리 아이템처럼 배경으로 처리할 수도 있다. 다만 Tiled 맵 에디터를 사용해서 맵을 편집할 시 보석의 위치는 자주 갱신될 가능성이 크다. 이런 경우에는 오브젝트로 처리하는 것이 더 편하다.

❺의 발판은 픽셀 단위로 스크롤되는 오브젝트라서 스프라이트로 처리한다.

run_game 함수로 돌아오자. init_map_entities 함수 작업을 완료하고 나서는 게임 루프에 진입하여 다음과 같이 게임 오브젝트의 갱신 함수를 실행한다. 먼저 플레이어 오브젝트의 갱신 함수를 살펴보자.

```c
void update_player() {
    // 플레이어 상태에 따른 로직을 처리한다. ❶
    ......
    update_player_state(moved);  // 플레이어의 상태를 갱신한다. ❷
    // 스프라이트 처리
    ......
}
```

갱신 함수의 선두 부분인 ❶에서는 플레이어의 로직을 처리한다.

그리고 ❷를 호출해서 플레이어의 상태가 변경되었다면 플레이어 세부 갱신 함수를 변경한다.

```c
enum player_state {  // 플레이어 상태{
    PS_NORMAL = 0,  // 일반 상태
    PS_FALL,  // 낙하 상태
    PS_FOOTHOLD,  // 발판을 탄 상태
};
```

플레이어의 상태는 일반 상태, 낙하 상태, 발판을 탄 상태가 존재한다. 이후 새로운 상태를 추가하고 싶다면 이 열거형에 새로운 유형을 추가하면 된다. 예를 들어 게임에 사다리를 추가해서 주인공이 사다리를 타고 올라가는 상태를 구현하고 싶다면 PS_LADDER 열거형을 추가하고 이 상태에 따른 로직 처리 함수를 추가하면 될 것이다.

플레이어의 상태 확인 및 변경

```c
void update_player_state(uint8_t moved) {
    if (g_player_info.state == PS_FALL) {  // 플레이어가 추락하고 있을 시 ❶
        if (check_player_floor()) {  // 일반 바닥과 부딪혔다면
            g_player_info.state = PS_NORMAL;
        }
        else if (check_player_foothold()) {  // 발판과 부딪혔다면
            g_player_info.state = PS_FOOTHOLD;
        }
    }
    else if (g_player_info.state == PS_NORMAL && moved) {  // 일반 상태이고 이동 중일 때 ❷
        uint8_t loc_x = self->x;
        uint8_t loc_y = self->y + 16;
```

```
        if(!check_player_floor()) {  // 바닥이 아니라면
            if(check_player_foothold())
                g_player_info.state = PS_FOOTHOLD;
            else
                g_player_info.state = PS_FALL;
        }
    }
    else if (g_player_info.state == PS_FOOTHOLD && moved) {  // 발판에서 이동 중일 때 ❸
        struct entity *object = check_player_foothold();
        if (!object) {  // 바로 밑에 발판이 없다면 상태를 갱신해야 한다.
            if (check_player_floor())
                g_player_info.state = PS_NORMAL;
            else
                g_player_info.state = PS_FALL;
        }
    }
}
```

플레이어의 상태는 update_player_state 함수에서 상황에 따라 다른 상태로 변경된다. 예를 들어 플레이어가 추락하는 중인 PS_FALL 상태라면 바닥에 부딪혀서 PS_NORMAL 일반 상태로 전환될 수 있을 것이다. 추락 중인데 발판과 부딪힌다면 상태는 PS_FOOTHOLD로 변경될 것인다. 이 상황을 ❶의 코드가 표현하고 있으며 ❷와 ❸은 각각 일반 상태와 발판 상태에서의 플레이어 상황을 체크한다. ❸에서는 자신의 아랫부분에 발판이 존재하지 않는지를 체크한다. 발판이 없다면 발판을 벗어난 상황이므로 일반 상태로 전환 또는 추락 상태로 전환한다.

보석 아이템과 출구, 문 오브젝트의 갱신 함수에 대한 분석은 독자에게 맡기고 여기서는 마지막으로 적의 갱신 함수를 살펴본다. 피라미드 퀘스트에는 3가지 유형의 적이 등장한다.

```
enum enemy_type {
    ENEMY_STATIC = 0,  // 정지해 있는 적
    ENEMY_MOVE,  // 무조건 이동
    ENEMY_RANGE,  // 일정 범위에 플레이어가 들어오면 플레이어를 추적
};
```

새로운 적을 만들고 싶다면 열거형에 새로운 타입을 정의하고 적의 세부 갱신 함수를 제작하면 된다.

update_enemy 함수 (enemy_logic.c)

```
void update_enemy() {
    switch (self->extra) {  // extra 필드는 적의 유형을 나타낸다. ❶
```

```
        case ENEMY_STATIC:  // 정지해 있는 적
            update_enemy_static();
            sprite_attribute = 9;
            break;
        case ENEMY_RANGE:  // 일정 범위에 들어오면 플레이어 추적
            update_enemy_range();
            sprite_attribute = 10;
            break;
        case ENEMY_MOVE:  // 무조건 이동
            update_enemy_move();
            sprite_attribute = 11;
            break;
    }
    if (g_cur_room_id == self->roomId) {  // 현재 룸과 적이 존재하는 룸이 같은 경우 ❷
        sp.x = self->x;
        sp.y = self->y - 1;

        sp.pattern = self->pat + (walk_frames[self->frame] + self->dir * 3) * 4;
        sp.attr = sprite_attribute;
        spman_alloc_fixed_sprite(&sp);
    }
}
```

게임 오브젝트 구조체의 extra 필드는 적의 타입을 확인하는 데 사용한다. 그래서 ❶의 switch 구문에서 타입에 따른 적의 로직을 실행한다.

플레이어가 있는 룸과 적이 존재하는 룸이 다르다면 적의 스프라이트를 그릴 필요가 없다. ❷의 if 문은 현재 룸에 적이 있다면 스프라이트를 갱신하는 로직을 수행한다.

update_enemy_range, update_enemy_move 함수의 분석은 독자의 몫으로 남겨두고 여기서는 update_enmey_static 함수만 살펴본다. 이 함수의 역할은 간단하다. 정지해 있는 적이기 때문에 자신과 플레이어가 충돌했는지만 확인한다.

```
void update_enemy_static() {
    process_intersect_player();
}
```

적과 플레이어가 충돌했다면 플레이어의 생명 수를 줄이고 해당 스테이지를 초기화하여 다시 시작한다.

```
static void process_intersect_player() {
    if (is_intersect_player()) {  // 플레이어와 충돌했다면 생명 수를 줄인다.
```

```
        lives--;
        invuln = INVUL_TIME;

        if (!lives) {  // 생명 수가 0이라면 게임 오버 상태로 전환
            mplayer_init(SONG, SONG_SILENCE);
            mplayer_play_effect_p(EFX_DEAD, EFX_CHAN_NO, 0);
            gameover_delay = GAMEOVER_DELAY;
            g_gamestate = STATE_GAME_OVER;
        }
        else {  // 생명 수가 남아 있다면 해당 스테이지를 리셋
            mplayer_play_effect_p(EFX_HIT, EFX_CHAN_NO, 0);
            gameover_delay = GAMEOVER_DELAY;
            g_gamestate = STATE_GAME_RESET;
        }
    }
}
```

7.2 맵 데이터 만들기

피라미드 퀘스트는 다양한 패턴을 가진 적을 생성할 수 있고 발판, 보석 등 다양한 오브젝트가 존재한다. 또한 하나의 맵에 다수의 룸이 존재한다. 이런 이유로 GREEN 프로젝트에서 사용한 리소스 변환 툴을 그대로 사용할 수 없으며 커스터마이징해야 한다. 먼저 맵 데이터를 살펴보자. Tiled 맵 에디터를 실행해서 demo/pyramid/data 폴더의 map10.json 파일을 연다.

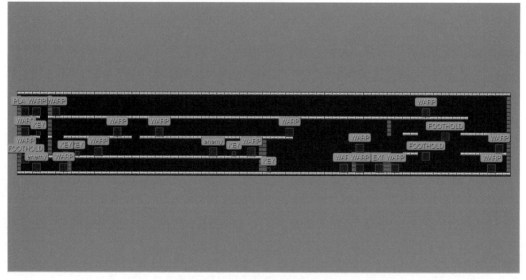

4개의 룸으로 구성된 10번째 스테이지

map10.json 맵은 네 개의 룸으로 구성되었다. 하나의 룸 크기는 32 × 21이다. 이 설정은 GREEN 프로젝트와 크기가 동일하다. 오브젝트 레이어에 등록된 오브젝트를 살펴보자.

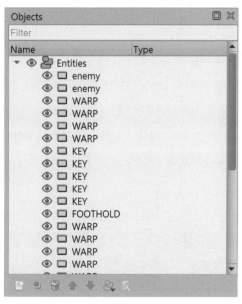

10번째 스테이지의 오브젝트 리스트

오브젝트 중에서 적을 나타내는 enemy 오브젝트의 속성을 살펴보자. 다음 그림은 적 오브젝트의 속성을 나타낸 것이다.

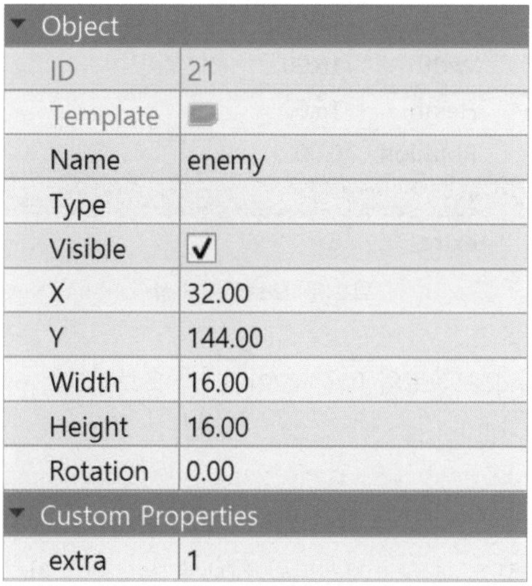

Object	
ID	21
Template	
Name	enemy
Type	
Visible	✔
X	32.00
Y	144.00
Width	16.00
Height	16.00
Rotation	0.00
Custom Properties	
extra	1

적 오브젝트 속성

속성값 중 ID와 extra 필드에 주목한다. ID는 오브젝트의 고유한 값이며 extra는 적의 타입을 의미한다. extra 값이 1인데, 이 값은 적 오브젝트가 무조건 이동하는 오브젝트라는 것을 의미한다.

TIP 오브젝트의 좌표 X, Y는 실수이다. 이 값들은 8의 배수가 되도록 보정해야 한다. 그렇지 않으면 맵 데이터를 익스포트하는 과정에서 에러가 발생한다.

적 오브젝트에 다양한 특성을 부여하기 위해 커스텀 속성을 다수 추가하는 것도 고려해볼 수 있지만 MSX 게임이라는 것을 감안하면 하나의 extra 필드로 적들의 특성을 모두 표현하는 쪽이 좋다. 8비트 중에서 4비트는 적들의 유형을 할당하고 2비트는 속도, 2비트는 추가 속성을 표현한다면 1바이트로 다양한 스타일의 적을 표현할 수 있다. 피라미드 퀘스트는 일단 extra 바이트를 적 오브젝트에 한해서는 적의 유형을 나타내는 값으로만 사용했다.

다음으로 워프 오브젝트의 속성을 살펴본다.

Properties	
Property	Value
▼ Object	
ID	22
Template	
Name	WARP
Type	
Visible	✔
X	160.00
Y	112.00
Width	16.00
Height	16.00
Rotation	0.00
▼ Custom Properties	
extra	6

워프(문) 오브젝트 속성

extra 필드의 값은 6이다. 이 오브젝트의 ID는 22이며, 이 오브젝트는 6이란 ID를 가진 워프 오브젝트로 이동할 수 있다는 것을 의미한다.

이제 게임 코드에서 맵 데이터의 오브젝트를 식별할 수 있도록 map_conf.json 파일을 작성해야 한다. 이 파일에는 게임상에 등장하는 모든 오브젝트의 정보를 기술해야 한다. 기존 GREEN 프로젝트의 map_conf.json 내용에서 exit, key, warp, foothold가 추가되었다.

```
{
    "entities": [
        .....
        {
            "bytes": 0,
            "name": "exit",
            "w": 1
        },
        {
            "bytes": 0,
            "name": "key",
            "w": 1
        },
        {
            "bytes": 0,
            "name": "warp",
            "w": 1
        },
        {
            "bytes": 0,
            "name": "foothold",
            "w": 1
        }
    ]
}
```

지금까지의 작업으로 피라미드 퀘스트에서 사용하는 맵 데이터의 준비를 모두 완료했다.

7.3 유틸리티 커스터마이징

유틸리티의 작동 원리에 대해서는 6장에서 자세하게 설명했으므로 여기서는 기존 유틸리티에서 변경된 사항만 살펴본다. demo/pyramid/data 폴더의 Makefile을 살펴보자.

```
......
$(OUTPUT)/map.h:
    python3.9 ../tools/map_generate.py > $@

$(OUTPUT)/map_summary.h:
    python3.9 ../tools/map_summary.py map_summary > $@
```

우선 기존에 map.h 파일을 생성하는 map.py 스크립트가 map_generate.py 스크립트로 변경되었다. map_generate.py 스크립트가 내부에서 루프를 돌면서 map.py 스크립트를 호출해서 모든 맵의 정보를 포함하는 map.h 파일을 생성한다.

map_generate.py

```
......
MAX_LEVEL = 100 # 게임 맵은 100개를 넘지 않는다고 가정한다.

def main():
    for j in range(1, MAX_LEVEL): # 루프를 돌면서 json 맵 파일을 파싱한다. ❶
        mapname = "map%d" % (j)
        mapjson = "map%d.json" % (j)
        if os.path.isfile(mapjson) == 0: # 파일이 존재하지 않으면 루프를 벗어난다. ❷
            break
        directive = "python3.9 ../tools/map.py --aplib --room-width 32 --room-height 21 %s
%s" % (mapjson, mapname) # ❸
        subprocess.run(directive, shell=True)

if __name__ == "__main__":
    remove_list = []

    try:
        main()
    except Exception as ex: # 오류가 발생하면 예외 처리
        ......
```

스크립트 시작 부분인 ❶의 for 문에서는 맵 파일의 이름을 만든다. 최초 루프에서는 map1.json 맵 파일 이름으로 ❸의 map.py를 호출한다. 두 번째 루프에서는 map2.json, 세 번째 루프에서는 map3. json 이름으로 map.py를 호출하며 만약 map4.json이 존재하지 않는다면 ❷에서 for 루프를 벗어나게 된다.

요약하면 map_generate.py 스크립트는 각각의 게임 맵에 map.py 스크립트를 적용해서 그 결과를 map.h 파일에 저장하는 스크립트다. 스크립트를 통해 생성한 map.h 파일을 살펴보자. 여기서는 10번째 맵의 내용만 살펴본다. 10번째 맵은 룸이 총 4개였다.

```
#define MAP10_RW_COUNT 4 // 가로 방향 룸의 수
#define MAP10_RH_COUNT 1 // 세로 방향 룸의 수
#ifdef LOCAL
const unsigned char map10_0[340] = {  // ❶
......
};
const unsigned char map10_1[172] = {  // ❷
......
};
```

```
const unsigned char map10_2[237] = {  // ❸
......
};
const unsigned char map10_3[269] = {  // ❹
......
};
const unsigned char * map10[4] = { map10_0, map10_1, map10_2, map10_3 };  // ❺
#else
extern const unsigned char * map10[4];
#endif // LOCAL
```

10번째 맵의 각 룸 데이터는 ❶, ❷, ❸, ❹와 같다. 이 배열들은 그 크기가 다르다. 각각의 룸에 존재하는 게임 오브젝트 구성이 다르고 데이터가 압축되었기 때문이다. 그리고 ❺번 부분에 주목한다. 새로운 맵을 추가하거나 맵의 룸 수를 변경하는 것에 상관없이 맵 데이터를 프로그램에서 동일한 인터페이스로 사용하기 위해 선언한 일종의 추상화 배열이다.

map.py의 경우 기존 파일과 거의 동일하나 엔터티 정보가 다르므로 이 부분을 수정해야 한다. 기존 엔터티에서 식별자 id와 extra 필드가 추가된 것을 이미 살펴봤다. 그러므로 두 필드의 값을 엔터티 정보에 추가해야 한다.

수정된 map.py

```
        id = obj["id"]
        extra = int(get_property(obj, "extra", 0))
        ......
        map_ents[m].extend([t, x, y, id, extra]) # 엔터티 정보. 5바이트
```

그리고 게임 로직에서 맵의 수나 맵당 룸의 수에 따른 코드 수정을 없애려면 맵 전체에 대한 요약된 정보가 필요하다. 이 정보는 map_summary.py 스크립트가 수행한다. 이 변환 툴의 실행 결과 map_summary.h 파일이 생성된다.

```
#define MAX_LEVEL 11
#ifdef LOCAL
#include "map.h"
unsigned char** g_map[MAX_LEVEL + 1] = {  // 맵 리스트
   map1,
   ......
   map11,
   0,
};
unsigned char g_map_room_count[MAX_LEVEL + 1] = {  // 각 맵의 룸의 수
```

```
    MAP1_RW_COUNT,
    ......
    MAP11_RW_COUNT,
    0,
};
#else
extern unsigned char** g_map[MAX_LEVEL + 1];
extern unsigned char g_map_room_count[MAX_LEVEL + 1];
#endif // LOCAL
```

g_map은 각 스테이지의 맵을 가리키는 배열이고 g_map_room_count는 각 스테이지의 룸 수를 나타낸다. 이제 프로그램에서는 이 두 배열만 참조하면 되므로 이후 맵이 추가되거나 맵의 룸 수를 변경해도 게임 로직을 수정할 필요가 없다.

map_summary.py 스크립트의 실행 결과를 보면 룸의 확장은 오로지 수평 방향으로만 고려한 것을 알 수 있다. 세로 방향도 고려하고 싶다면 스크립트의 전체적인 수정이 필요하다.

마치며

피라미드 퀘스트는 GREEN 프로젝트의 확장 프로젝트로서, 구니스, 왕가의 계곡 같은 게임을 ubox MSX 라이브러리를 활용해서 제작 가능함을 보여주기 위한 프로젝트다. 피라미드 퀘스트의 특징은 다음과 같았다.

- 맵에 다수의 룸이 존재
- 포털의 구현
- 발판을 통한 이동
- 플레이어의 낙하 처리
- 출구의 구현
- 다양한 적 구현
- 아이템과의 상호작용

구니스나 왕가의 계곡의 경우 플레이어가 점프 가능하며, 구니스에서는 적에게 공격을 할 수도 있다. 왕가의 계곡에서는 곡괭이로 바닥을 팔 수 있고 단검을 날려서 적을 죽일 수 있다. 또한 적이 리젠되는 기능도 존재한다. 피라미드 퀘스트 프로젝트를 기반으로 해서 이런 다양한 기능을 구현하면 자신만의 개성 있는 MSX 게임을 제작할 수 있을 것이다.

또한 피라미드 퀘스트는 커스터마이징된 게임 오브젝트를 사용하기 위해 기존 변환 툴을 개선했다. 이 수정한 툴로 신규 맵을 추가하면 별도의 코드 수정 없이 게임에서 자동 인식이 된다.

> **추가 실습**
>
> 피라미드 퀘스트는 맵이 총 10개라고 언급했지만 실제로는 map11.json 더미 파일이 하나 더 존재한다. 이 파일을 수정해서 새로운 스테이지를 작성해보자. 괜찮은 맵을 제작했다면 필자에게 공유해주기 바란다.

8

CHAPTER

그래픽 작업

7장까지의 내용을 무사히 소화한 것을 축하한다. 이제 개발 툴에도 익숙해졌고 C 언어로 게임 로직을 작성하는 것도 가능하게 되었으리라 판단한다. 남은 것은 그래픽 리소스를 제작하는 것이다. 지금까지는 데모 프로젝트에서 제공한 타일셋 이미지와 오브젝트 스프라이트 이미지를 사용해서 게임을 제작했다.

인디 게임 프로그래머 입장에서 성가신 작업 중 하나는 게임 리소스를 제작하는 것이다. 다양한 방면에 재능을 가진 1인 게임 개발자는 그래픽 리소스도 창작해서 게임에 반영할 수 있겠지만 대부분의 개발자는 그렇지 않다. 그래서 유니티로 게임을 개발하는 경우에는 유니티 에셋스토어에 등록된 그래픽 리소스를 구매해서 게임에서 활용하기도 한다.

8장에서는, 게임 리소스는 독자가 준비했다고 가정하고 이 새로운 게임 리소스로부터 타일셋을 제작하고, 이 타일셋을 MSX 게임에서 사용 가능한 포맷으로 변경하는 방법을 살펴볼 것이다. 또한 스프라이트 이미지도 제작해서 게임 내 오브젝트로 활용할 수 있도록 제작해본다.

8.1 타일셋

MSX 게임을 개발하는 경우에는 타일셋이 핵심이므로 타일셋을 창작하는 작업이 필요하다. 스스로 제작을 했든 무료 그래픽 리소스 제공 사이트 등에서 타일셋을 확보했다면 일단은 MSX 게임에서 사용 가능한 타일셋 구조로 변경할 필요가 있다. 타일셋은 다음 조건을 만족해야 한다.

- RGB 24비트 PNG 이미지

- 타일 하나의 크기는 8 × 8픽셀

- 타일셋의 개수는 32 × 8개

- 각 픽셀은 도시바 색상을 만족해야 한다.

타일셋 이미지 준비 자체는 가능하다 하더라도 위의 조건을 만족하는 타일셋 이미지를 만드는 것은 쉽지 않다. 그래서 타일셋 이미지를 MSX용 타일셋 이미지로 변환시켜주는 **타일 컨버터**(tileconverter) 툴을 준비했다. 여기서는 이 타일 컨버터를 분석하는 것과 동시에 활용하는 방법을 살펴볼 것이다.

프로젝트 코드는 tools/tileconverter 폴더의 tileconverter.sln 프로젝트를 열어 참고한다. tileconverter. sln 파일을 실행하기 위해서는 비주얼 스튜디오 2019 또는 그 이상의 버전이 필요하다. 또한 타일 컨버터 프로젝트는 **SDL**Simple Direct Media Layer 그래픽스 라이브러리를 활용해서 제작했으므로 SDL에 대해 어느 정도 알고 있어야 한다. 부록 A를 참고해서 비주얼 스튜디오를 설치하고 부록 B를 참고해서 기본적인 SDL 사용법을 익힌다. 이번 8장은 내용만 이해해도 충분하지만, 책의 중반부 이후부터는 비주얼 스튜디오와 SDL 그래픽스 라이브러리를 적극적으로 활용하기 때문에 가능하다면 잠시 8장 내용 진행을 멈추고 부록의 내용을 먼저 학습하는 게 좋다. 그다음 tileconverter.sln 프로젝트를 정상 빌드한 후에 다음 내용으로 진행하자.

8.1.1 기본 아이디어

타일셋 이미지는 일반적인 그래픽 도구를 사용해서 32비트 RGBA PNG 파일로 만들 수 있다. 계속 강조하지만 타일의 기본 크기는 8 × 8픽셀이며 타일셋은 256 × 64가 되어야 한다. 타일셋을 만들 때도 Tiled 에디터를 활용하면 좋다. 다음 그림은 Tiled 에디터로 생성한 샘플 타일셋이다.

Tiled 에디터로 제작한 타일셋

이 타일을 제작하기 위해 참조한 그래픽 리소스는 8비트 이미지였기 때문에 얼핏 보면 MSX용으로 그대로 사용할 수 있을 것으로 보인다. 하지만 도시바 색상이 아닌 픽셀이 존재하므로 도시바 색상이 아닌 픽셀을 도시바 색상으로 변경해야 한다. 추천하는 변환 방법은 해당 픽셀에 가장 근접해 있는 도시바 색상으로 픽셀을 변환시키는 것이다. 이렇게 하면 원래의 그래픽 느낌을 크게 훼손하지 않고 원본 이미지 느낌을 그대로 살릴 확률이 높아진다.

앞의 그림의 타일셋에서 문자는 데모 프로젝트에서 가져왔다. 그리고 외부에서 가져온 타일셋은 기본 타일 크기가 16 × 16다. 그러므로 하나의 타일을 게임에 표현하려면 4개의 8 × 8 타일이 필요하다.

TIP 이미지를 직접 제작하지 않고 무료 리소스를 활용한다면 타일 크기가 8 × 80이나 16 × 16으로 구성된 타일셋을 활용하자. 또한 너무 화려한 색상으로 구성된 타일셋을 사용한다면 변환 결과가 좋지 않을 수 있다. 저해상도의 타일셋을 사용하는 것을 추천한다. 게임 관련 무료 리소스를 구하는 데에는 https://itch.io/ 사이트를 추천한다.

앞의 그림과 같이 타일셋을 만들었다면 이제 타일 컨버터 툴을 이용해서 MSX용 타일셋으로 변환한다. 타일 컨버터의 사용법은 다음과 같다.[1]

```
tileconverter <타일셋 이름>
```

타일 컨버터 메인 코드의 시작부에서는 먼저 타일셋 이름이 지정되었는지 확인한다. 그다음 SDL 라이브러리를 초기화한다.

타일 컨버터 메인 코드

```
int main(int argc, char** argv) {
    if (argc != 2) // 변환할 타일셋 파일명 파라미터가 지정되지 않았다면 종료
        return 0;

    if (SDL_Init(SDL_INIT_EVERYTHING) < 0) {  // SDL 라이브러리 초기화
        printf("SDL could not initialize! SDL Error: %s\n", SDL_GetError());
        return 0;
    }

    SDL_Surface* surface = LoadPNG(argv[1]);  // PNG 파일 로드 ❶
    if (surface == 0)
        return 0;

    if (surface->w != 256 || surface->h != 64) {  // 타일셋 크기 검증 ❷
```

---

1 소스 코드를 빌드하는 데 어려움을 겪는다면 미리 컴파일된 바이너리를 활용하자. 미리 컴파일된 바이너리는 공유 폴더에서 다운로드할 수 있다.

```
        SDL_Log("The surface's width : %d height : %d", surface->w, surface->h);
        return 0;
    }
    // 픽셀 포맷 검증. RGB나 RGBA가 아니라면 모두 실패 ❸

    ......

    // 변환 결과를 저장할 서피스 객체를 만든다. ❹
    SDL_Surface* dest_surface =
    SDL_CreateRGBSurfaceWithFormatFrom(g_tiles_rgb,
                                256, 64, 24, 3 * 256, SDL_PIXELFORMAT_RGB24);
    if (dest_surface == NULL) {
        SDL_Log("Creating surface failed: %s", SDL_GetError());
        return 0;
    }
    // 픽셀에 가장 가까운 도시바 색상을 구한다. 모든 픽셀에 대해 수행한다. ❺
    for(int y= 0; y < 64; y++) {
        for (int x = 0; x < 256; x++) {
            // 지정한 좌표의 픽셀을 얻어온다.
            Uint32 pixel = GetPixel(surface, x, y);
            Color current;
            current.R = pixel;
            current.G = pixel >> 8;
            current.B = pixel >> 16;
            // 근접 색상 구하기 공식을 사용해서 도시바 색상 인덱스를 구한다.
            int index = FindNearestColor(sprite_pallete, current); ❻
            // 타깃 서피스 객체에 변환된 색상을 저장한다. ❼
            SetPixel(dest_surface, x, y,
                    sprite_pallete[index].R, sprite_pallete[index].G, sprite_pallete[index].B);
        }
    }
    // 대상 서피스 객체를 파일로 저장한다. ❽
    IMG_Custom_SavePNG("tiles.png", dest_surface, -1);
    SDL_FreeSurface(dest_surface);
    return 0;
}
```

파라미터가 정상적으로 입력되었고 SDL도 초기화되었다면 ❶에서 PNG 파일을 읽어 들인다. 그다음 ❷와 ❸을 통해 PNG 파일이 RGB 또는 RGBA 포맷인지를 확인하고 이미지 크기가 256 × 64인지를 검증한다. 문제가 없다면 ❹에서 RGB24 포맷의 타깃 서피스surface 객체를 생성한다. 이 타깃 서피스 객체는 도시바 색상으로 변환된 픽셀을 담을 서피스 객체다.

이제 모든 픽셀에 대하여 색상을 컨버팅하고 그 결과를 타깃 서피스 객체인 dest_surface에 담는다. ❺가 해당 로직을 수행하며 ❻에서 하나의 픽셀마다 FindNearestColor 함수를 호출해서 픽셀에 가장 근접한 도시바 색상의 인덱스를 구한다. 그다음 ❼의 SetPixel 함수를 호출해서 타깃 서피스 객체에 도시바 색상을 기록한다. 이 작업을 256 × 64픽셀 전부에 대해 수행해서 변환된 서피스 객체를 완성한다.

이제 변환 완료한 서피스 객체가 준비되었으므로 이 객체를 ❽의 IMG_Custom_SavePNG 함수를 호출해서 파일로 저장한다.

8.1.2 근접 색상 구하기

원본 픽셀에 가장 가까운 도시바 색상을 구하는 로직은 FindNearestColor 함수에서 수행한다. 기본적인 아이디어는 원본 픽셀과 도시바 색상과의 거리를 구해서 그 값이 가장 작은 도시바 색상을 구하는 것이다. 원본 픽셀의 RGB를 (p_1, p_2, p_3), 도시바 색상을 (q_1, q_2, q_3)라고 하면 두 픽셀 간의 거리는 다음 공식으로 구한다.

$$d(p, q) = \sqrt{(p_1 - q_1)^2 + (p_2 - q_2)^2 + (p_3 - q_3)^2}$$

근접 색상 구하기

즉 $d(p, q)$가 가장 작은 값을 구하는 것이 FindNearestColor 함수의 핵심이다.

FindNearestColor 함수의 첫 번째 파라미터는 도시바 색상 배열을 받고 두 번째 파라미터는 원본 픽셀을 받는다.

FindNearestColor 함수

```
int FindNearestColor(Color* map, Color current) {
    int shortestDistance = 0x00FFFFFF;
    int index = -1;

    for (int i = 0; i < 16; i++) {  // 조금 위험한 코드이긴 하지만 도시바 색상 배열은 크기가 16
        Color match;
        int distance;

        match = map[i];
        distance = GetDistance(current, match);  // 픽셀과 도시바 색상 간의 거리를 구한다.

        if (distance < shortestDistance) {  // 구한 거리가 최소 거리보다 작다면 갱신한다.
            index = i;
```

```
            shortestDistance = distance;
        }
    }
    return index;  // 픽셀에 가장 근접한 도시바 색상 인덱스를 반환한다.
}
```

8.1.3 24비트 PNG로 변환

SDL 라이브러리를 사용하면 서피스 객체를 PNG 파일로 저장할 수 있다. 다만 약간의 문제가 있는데, PNG로 저장하면 이미지에 알파값이 포함된 32비트 PNG 파일을 생성한다는 것이었다. MSX용으로 사용하려면 알파값이 빠진 RGB24 이미지 포맷이 필요하므로, 필자는 초기에는 32비트 PNG로 저장한 다음 온라인 변환 툴(참조 페이지에 링크가 있다)을 사용해서 24비트 PNG로 변환했다. 하지만 이런 식으로 작업하는 것은 매우 번거로운 일이기 때문에, 이 책을 집필하며 바로 24비트 PNG로 저장하는 방식으로 방향을 바꿨다.

두 가지 방법이 가능한데, 첫 번째는 SDL 라이브러리를 수정해서 24비트 PNG 파일로 저장하는 것이고 두 번째는 PNG 파일을 저장하는 루틴을 직접 구현하는 것이다. 검증된 SDL 라이브러리를 변경하는 것은 그다지 좋은 선택은 아니므로 커스텀 함수로 PNG 파일 저장을 구현했다. 커스텀 함수로 24비트 PNG 파일을 저장하는 세부 코드는 IMG_Custom_SavePNG_RW 함수를 참고한다.

지금까지의 일련의 작업을 통해 최종 생성된 타일셋은 다음과 같다.

MSX용 타일셋

앞서 본 그림과 크게 차이가 있어 보이지는 않지만 미세하게 픽셀값이 보정되었다. 예를 들어 첫 번째 타일의 벽돌색 RGB 값은 원래 (176, 32, 32)이었지만 변환된 RGB 값은 (187, 85, 85)다. 근접한 도시바 색상 값(6)으로 변환되었음을 알 수 있다.

8.2 스프라이트 제작

타일셋 제작에 이어 스프라이트 제작을 살펴보겠다. 스프라이트도 최종 처리를 위해서는 타일 컨버터 같은 툴이 필요하기는 하지만, 실제로 작업하는 데에는 타일 컨버터 같은 툴보다는 픽셀 단위의 도트 작업이 가능한 툴이 필수다. 도트 작업이 가능한 툴은 온라인상에도 많고 포토샵으로도 작업이 가능하기긴 하지만 이 책에서는 알레그로 스프라이트 에디터를 사용해서 스프라이트를 생성해보겠다.

알레그로 스프라이트 에디터 Allegro Sprite Editor, ASE는 애니메이션 스프라이트 및 픽셀 아트를 제작할 수 있는 오픈소스 프로그램이다. 주소는 참조 페이지에 있지만 접속이 안 될 때가 있다. 이 경우 공유 폴더에 있는 압축 파일을 사용한다.

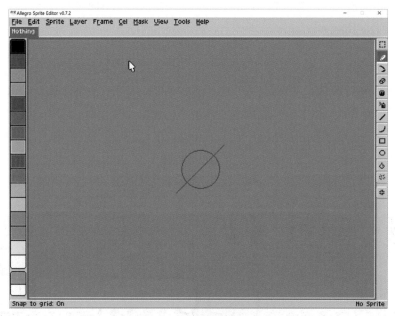

알레그로 스프라이트 에디터 실행 화면

이 프로그램을 사용해서 피라미드 퀘스트에서 등장하는 탐험가의 스프라이트 이미지를 제작해볼 것이다. 먼저 GREEN 프로젝트에서 제공하는 플레이어 스프라이트 player.png 파일을 연다(game/data 폴더).

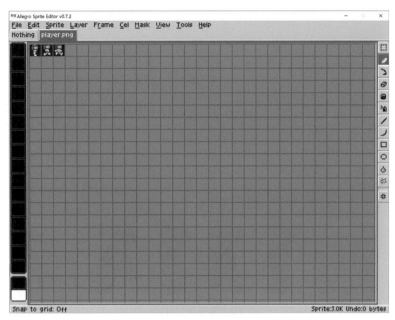

player.png 파일을 연 화면

플레이어 스프라이트 이미지 크기는 48 × 16으로 3프레임이다. 하나의 프레임은 16 × 16이다. 이미지가 너무 작게 보이므로 확대해서 편집을 진행한다. 화면을 확대하는 단축키는 1~6번 키다.

적절하게 번호를 지정해서 보기 좋게 화면을 배치한다.

화면 크기에 알맞게 확대

픽셀의 색상은 도시바 색상 목록의 픽셀 중 하나여야 한다. 스프라이트의 경우 투명 컬러는 회색 그레이dark grey, 즉 (28, 28, 28)로 설정되었다. 이 투명 컬러를 제외하면 하나의 프레임에 2가지 색상이 들어가 있다.

피라미드 퀘스트에서 주인공은 탐험가이므로 참조할 탐험가 이미지를 공유 폴더에 올려뒀다 (indianajones.png). 이 128 × 192픽셀 크기의 이미지에는 32 × 48픽셀 크기의 스프라이트가 가로세로 각각 4개씩 16개 들어 있다. 여기서 3행에 있는 4개 스프라이트만 잘라서 사용하겠다. 포토샵 등 편한 툴을 사용해도 된다.

참고 탐험가 이미지

여기서 첫 번째와 세 번째가 둘 다 정지 상태 스프라이트이므로, player.png와 동일한 순서가 되도록 세 번째 스프라이트는 없애고 네 번째 스프라이트를 그 자리로(왼쪽으로) 옮긴다.

순서를 바꾼 탐험가 이미지

이 이미지 크기는 32 × 48 스프라이트가 3개이므로 96 × 48 크기이지만, 우리가 사용할 스프라이트는 16 × 16이 되어야 하므로 이미지를 48 × 16으로 리사이즈한다(알레그로 스프라이트 에디터에서는 Sprite →Sprite Size 메뉴에서 Lock Ratio를 풀고 리사이즈할 수 있다).

밑그림 준비

이제 이 밑그림을 바탕으로 도트 작업을 수행한다. 도트 작업을 편리하게 하기 위해서는 앞서 알레그로 스프라이트 에디터의 사용법을 알아야 한다. 핵심 단축키는 다음과 같다.

알레그로 스프라이트 에디터 주요 단축키

액션	내용
마우스 왼쪽 버튼	전경색으로 그리기
Alt + 왼쪽 버튼	커서 아래 색깔을 전경색으로 쓰기
Alt + 오른쪽 버튼	커서 아래 색깔을 배경색으로 쓰기
X	전경색과 배경색 간 전환

마우스 휠을 사용해서 편집 화면을 스크롤한다. 가로 방향으로 스크롤하고 싶다면 스페이스 바를 누르고 마우스를 이동시키면 된다.

이 밑그림에서 색상을 많이 사용하지는 않았지만 MSX용 스프라이트로 사용하려면 색상을 더 줄여야 한다. 탐험가 이미지의 대표적인 예인 왕가의 계곡 게임을 살펴보자.

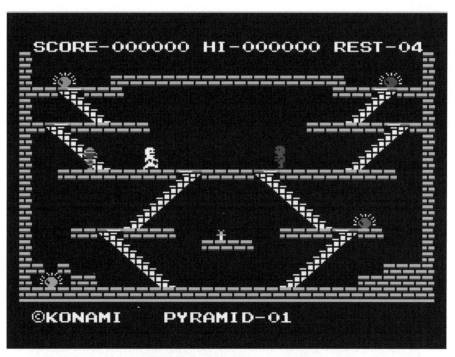

두 가지 색을 사용한 탐험가 스프라이트

흰색과 갈색 두 가지 색으로 플레이어를 표현한 것을 알 수 있다. 이를 참고해서 우리의 탐험가도 두 가지 색으로 최종 완성한다. 다음 그림은 필자가 최종 완성한 탐험가 스프라이트 이미지를 확대해서 보여준다(demo/pyramid/data/player.png).

피라미드 퀘스트의 주인공 스프라이트

결국 스프라이트 이미지 제작의 핵심은 이와 같은 방식으로 그럴듯한 밑그림을 준비한 다음 도트 작업을 통해서 MSX용으로 제작하는 데 있다. 다만 16 × 16 프레임에서 개성 있는 캐릭터를 표현하는 것이 쉽지는 않다.

8.3 실전

이 절에서는 8장에서 제작한 타일셋을 사용해서 타일 기반 배경 스프라이트를 구현해본다. 프로젝트는 demo/scroll 폴더를 참고한다.

먼저 demo/scroll/data 폴더의 map.json 파일을 Tiled 에디터로 열어보자. 다음 그림은 이번 장에서 제작한 타일셋을 사용해서 제작한 맵 데이터를 보여준다.

스크롤 프로젝트 맵 데이터

이제 프로젝트를 빌드해보자. 비주얼 스튜디오 코드를 실행한 다음 File → Open Folder 항목을 선택하고 demo 폴더를 선택한다. 그다음 WSL에서 아래 명령을 차례로 입력한다.

```
make clean
make scroll
```

프로그램 실행 결과는 다음 그림과 같아야 한다.

타일 기반 배경 스크롤

배경은 update_map 함수를 호출해서 스크롤한다. update_map 함수의 핵심은 VRAM의 0x1800번지에 타일 맵 데이터를 기록하는 것이다. 0x1800번지는 패턴 네임 테이블에 해당하며, 여기에 타일 맵 데이터를 기록하면 배경을 갱신할 수 있었다(4.4.3절 참조). ubox_write_vm 함수를 사용하면 VRAM에 직접 데이터를 기록하는 것이 가능하다. ubox_write_vm의 원형을 다시 살펴보자.

```
void ubox_write_vm(uint8_t *dst, uint16_t len, uint8_t *src);
```

memcpy 함수와 유사하며 src 버퍼의 내용을 len만큼 dst 버퍼에 복사하는 함수다. GREEN 프로젝트에서는 배경 맵을 한 번에 그리기 위해 이 함수를 사용했었다.

```
void draw_map() {
    ubox_wait_vsync();
    ubox_write_vm((uint8_t *)0x1800, MAP_W * MAP_H, cur_map_data);
}
```

즉 MAP_W * MAP_H, 즉 32 × 21 = 672바이트를 0x1800번지에 한 번에 기록해서 전체 배경[2]을
그리고 있는 것이다. 그러므로 적절하게 타일 인덱스를 구성해서 0x1800번지부터 672바이트를 기록
하면 타일 기반 스크롤을 할 수 있다. update_map 함수는 프로그래밍적으로 cur_map_data 배열에
서 ❶의 수평 방향 인덱스를 사용해서 가장 먼저 그려야 할 지점의 타일 인덱스를 패턴 네임 테이블
의 시작 번지인 0x1800에 기록한다.

```
void update_map() {
    static uint8_t tickcount = MAP_UPDATE_COUNT;
    tickcount--;
    static uint8_t start_idx = 0;  // 타일 맵의 수평 방향 시작 인덱스 ❶

    if (tickcount == 0) {  // 틱값이 0에 도달했을 때 배경 타일을 스크롤한다.
        ubox_wait_vsync();
        if (start_idx == 0) {  // 시작 인덱스가 0이면 타일 맵 데이터를 한 번에 복사
            ubox_write_vm((uint8_t*)(0x1800), MAP_W * MAP_H, cur_map_data);
        }
        else {  // 타일 맵의 수평 방향 시작 인덱스가 1 이상이라면 ❷
            for (int i = 15; i < MAP_H; i++) {
                uint8_t* vm_position = (uint8_t*)(0x1800 + i * MAP_W);
                ubox_write_vm(vm_position, (MAP_W - start_idx),
                            next_background + i * MAP_W + start_idx);
                vm_position = (uint8_t*)(0x1800 + ((i + 1) * MAP_W - start_idx));
                ubox_write_vm(vm_position, start_idx, next_background + i * MAP_W);
            }
        }
        start_idx++;
        if (start_idx == MAP_W)  // 배경 시작 수평 인덱스가 끝에 도달했다면 초기화한다.
            start_idx = 0;
        tickcount = MAP_UPDATE_COUNT;
    }
}
```

update_map 함수는 최적화를 하지 않았다는 데 주목한다. 배경 시작 수평 인덱스에 따른 672바이
트 맵 데이터를 미리 구축해두면 ❷ 부분처럼 프로그래밍적으로 맵 데이터를 계산해서 VRAM에 기

---

[2]   패턴 네임 테이블의 크기는 768바이트지만 예제에서는 마지막 세 줄을 렌더링하지 않으므로 672바이트만 수정했다.

록할 필요 없이 단 한 번의 함수 호출로 VRAM에 기록할 수 있다. 만약 타일 스크롤을 활용하다가 성능상에 문제가 발생하면 update_map 함수처럼 프로그래밍적으로 맵 데이터를 계산해서 VRAM에 기록하지 않고 미리 구축한 타일 맵 데이터를 ubox_write_vm 함수 한 번의 호출로 패턴 네임 테이블에 기록 가능하도록 수정하자.

마치며

MSX 플랫폼을 위한 그래픽 리소스 제작은 도트 작업이 필요하므로 생각보다 고되다. 또한 MSX1 플랫폼의 16색 제한은 그래픽 리소스 제작을 한층 더 어렵게 한다. 8장에서는 도트 작업을 위한 에디터로 알레그로 스프라이트 에디터를 소개했으며 타일셋의 유효성을 검증하기 위해 제작된 타일 컨버터의 활용법을 설명했다.

MSX 프로그래밍 세계는 생각했던 것보다 매우 방대하며 수많은 실력 있는 개발자들이 게임 리소스 제작에 도움을 주는 유용한 유틸리티를 이미 개발해놓았다. 또한 MSX 플랫폼과는 무관하지만 레트로 그래픽을 제작하기 위한 다양한 툴을 인터넷상에서 확인할 수 있다. 참조 페이지에 유용하다고 판단되는 툴이나 사이트를 정리해두었으니 참고하기 바란다. 타일셋을 손쉽게 제작하거나 레트로 느낌이 나는 8비트 스프라이트를 제작하는 데 도움이 될 것이다.

참고로 ubox MSX 라이브러리 제작자는 GIMP라는 유틸리티로 GREEN 프로젝트에서 사용한 모든 그래픽 리소스를 제작했다.

```
https://www.gimp.org
```

심화 주제

3부에서는 개발 생산성 향상을 위한 주제로 디버깅을 다룬다. 디버깅은 게임의 로직 개발과는 직접적으로 큰 연관성은 없지만 프로그램에서 버그가 발생했거나 게임 로직이 의도대로 작동하지 않는 경우 원인을 파악하는 데 큰 도움을 주는 테크닉이다. 디버깅에 익숙지 않으면 버그를 해결하는 데 굉장한 시간이 소요되어 프로그램 개발 생산성에 큰 타격을 줄 것이다.

또한 3부에서는 우리가 개발한 프로그램을 여러 플랫폼으로 배포하는 방법에 대해서도 설명한다. 비록 초라한 MSX 플랫폼용 게임으로 개발을 했지만 PC나 안드로이드 플랫폼에서도 우리가 제작한 게임이 작동할 수 있다면 멋진 일일 것이다.

디버깅

디버깅debugging은 프로그램에서 문제가 발생했을 때 버그를 찾기 위한 행위 또는 테크닉을 뜻한다. 간단한 프로그램이라면 오로지 사고를 통해 원인을 특정할 수 있지만 프로그램의 덩치가 커지거나 단순한 버그가 아니라면 그 원인을 특정하는 것이 쉽지 않다. 소스 코드가 수만, 수십만 줄을 넘어서면 문제의 원인을 찾기가 더 어려워진다. 일반적으로 버그를 찾기 위해 다음과 같은 테크닉을 사용한다.

- 포스트모템 디버깅
- 동적 디버깅

포스트모템 디버깅은 프로그램에서 버그가 발생하고 나서 남긴 흔적을 통해서 원인을 분석하는 방법이다. 텍스트로 남겨진 로그를 분석하거나 프로세스 덤프 등이 프로그램이 남긴 흔적에 해당한다. 반면 동적 디버깅은 실행 중인 프로그램의 작동을 일시 멈추고 내부 상태를 조사하는 테크닉이다. 디버거를 사용해서 프로그램을 실행하는 도중에 특정 소스 코드 위치에 **브레이크포인트**breakpoint를 걸고, 그 브레이크포인트 지점에 히트(도달)hit했을 때 로컬 변수나 구조체, 파라미터 등을 분석하는 기법이 동적 디버깅이다.

디버깅이 필요한 이유는 개발자가 신이 아니기 때문이다. 개발자가 작성한 프로그램은 생각치 못한 다양한 이유로 오작동할 수 있으며 이런 문제를 수정하기 위해서는 디버깅 능력이 필수다.

MSX용 롬 게임을 제작해보면 소스 코드가 천 줄 남짓 정도 된다. 이 정도 규모라면 특별히 디버깅 시스템이 불필요할지도 모르겠다. 하지만 어떤 프로그램을 작성할 때, 필자는 디버깅 시스템이 부실

한 환경에서는 절대로 프로그래밍을 하지 않는다. 이런 나름대로의 기준에 따라 MSX 프로그램을 디 버깅하는 방법을 리서치했으나 아쉽게도 프로그램 빌드 관련 외에는 유용한 정보를 거의 찾을 수 없 었다. 그래서 이번 장에서는 필자 나름의 방식으로 프로그램을 디버깅하는 방법을 제시하려 한다. 9장의 목표는 다음과 같다.

- 로깅 시스템을 이해한다.
- openMSX가 제공하는 디버거의 사용법을 학습한다.

9.1 로깅

로깅 기법은 아주 원초적인 디버깅 기법으로 프로그램에서 문제가 발생했을 시 파일이나 화면에 문 자열을 출력해서 어떤 부분에서 문제가 발생했는지를 알아내는 기법이다. 롬 파일에서 파일로 로 그를 기록하기는 어려우므로 에러가 발생했을 시 화면상에 로그를 출력하도록 구현해보자. 코드는 examples/11_log 폴더를 참조한다.

다음은 main.c에서 에러를 발생시키는 코드다.

```
char* data = malloc(1000000);  // 1 MB를 할당. 할당 가능할까?

if (data == 0) {
    UBOX_FATAL("DATA IS NULL", __LINE__);
}
```

안타깝지만 MSX 시스템에서 동적으로 1 MB를 할당시키는 것은 무리다. 그러므로 data 포인터는 NULL이 되어 UBOX_FATAL 함수가 실행된다. 그래서 프로그램을 실행하면 화면에 다음과 같은 실 행 결과를 출력한다.

```
MAIN.C 57 DATA IS NULL
```

에러가 발생한 파일의 이름과 소스 라인이 표기된 것을 알 수 있다. 그리고 UBOX_FATAL 함수를 호출했을 때 전달한 에러 메시지 문자열도 확인할 수 있다. 파일 이름과 해당 라인의 위치는 컴파일 러가 지원하는 매크로를 사용해서 얻을 수 있다.

```
__FILE__
__LINE__
```

주의할 사항은 파일 이름에 해당하는 __FILE__은 소문자이므로 타일 시스템을 활용해서 문자열을 찍으려면 대문자로 변환해야 한다. 그래서 아래 소스 코드의 ❶과 같은 작업이 필요하다. 타일 이미지에 소문자 캐릭터셋도 포함되어 있다면 소문자를 대문자로 변경하는 작업은 필요 없을 것이다. ❷에서는 파일 이름과 소스 라인 번호 및 에러 메시지를 조합해서 문자열을 완성한 다음 put_text 함수를 호출해서 화면에 로그를 출력한다.

```
void UBOX_FATAL(const char* message, int line_number) {
    char fileName[256];
    char error_message[256];

    strcpy(fileName, __FILE__);
    for(int i = 0; i < strlen(fileName); i++) {  // 파일 이름을 대문자로 변경한다. ❶
        fileName[i] = (char)toupper((fileName[i]));
    }
    sprintf(error_message, "%s %d %s", fileName, line_number, message);  // ❷
    put_text(0, 0, error_message);
}
```

이 로그 시스템을 사용하는 데는 크게 제약 사항이 없으나 빌드해보면 파일 크기가 8 KB를 차지한다. C 라이브러리 함수인 sprintf 등을 사용했기 때문에 덩치가 커진 것이다. 이후 게임 개발 도중 용량이 부족한 상황이 발생하면 로그 시스템을 제거하는 것도 고려해야 할 것이다.

일반적으로 로깅 함수에는 로그 레벨이라는 개념이 존재한다. 그래서 레벨을 조절하면 로깅 함수를 호출해도 로그를 출력 못 하게 할 수 있다. 예제에서는 UBOX_FATAL이라는 함수 하나만 제작했지만 정교하게 만든다면 다음과 같은 함수를 준비해야 할 것이다.

상황별로 사용할 로그 함수

로그 함수	내용
UBOX_DEBUG	세부적인 작동을 활용할 필요가 있을 경우
UBOX_INFO	중요한 정보라서 확인할 필요가 있는 경우
UBOX_WARNING	치명적인 문제는 아니지만 주의해야 하는 경우
UBOX_FATAL	치명적인 문제 발생!

프로그램에서는 다음과 같이 활용한다.

```
SET_LOGLEVEL(LOG_INFO); // 로그 레벨 지정 ❶
......
```

```
UBOX_DEBUG("GAME LOOP ENTERED", __LINE__);  // 출력되지 않음 ❷
......
UBOX_INFO("GAME LOGIC INITIALIZED", __LINE__);  // 출력됨 ❸
```

로그 레벨은 ❶과 같이 LOG_INFO로 지정했다. 이에 따라 하위 로그 레벨인 ❷의 UBOX_DEBUG 함수는 호출해도 로그를 출력하지 않는다. ❸은 정상적으로 로그가 출력된다.

로그 함수는 하나로 통일해도 상관없다. 다음과 같이 첫 번째 파라미터로 로그 레벨을 받는 함수를 디자인하면 함수를 여러 개 만들 필요가 없다.

```
UBOX_LOG(INFO, message, __FILE__, __LINE__);
```

이제 본격적으로 로깅 방식의 디버깅 기법을 알아보겠다.

대부분의 컴파일러는 C 소스 코드 내부에서 어셈블리 코드의 사용을 지원한다. C 소스 코드 내부에 포함된 어셈블리를 **인라인 어셈블리**inline assembly라고 한다. MSX 롬을 생성하기 위해 사용하고 있는 SDCC 컴파일러도 인라인 어셈블리를 지원한다.[1]

인라인 어셈블리 언어를 언급하는 이유는 로깅 함수를 정교화하기 위해서다. 일반적으로 프로그램에 치명적인 문제가 발생했다면 그 시점에서 소스 코드의 실행을 멈춰야 한다. 이번 샘플 예제의 경우에는 UBOX_FATAL 함수를 호출했지만, 이렇게 하면 프로그램 수행이 멈추지 않고 메인 함수의 while 루프에 진입한다. 그래서 UBOX_FATAL 함수 종료 직전에 더 이상 프로그램이 진행하지 않도록 막는 작업이 필요하다. CPU의 사용을 중지시키려면 어셈블리 명령어인 HALT를 사용해야 한다. UBOX_FATAL 함수 마지막에 이 명령어를 사용하는 함수를 추가하고, 로그 함수를 하나 더 추가해서 추가된 로그 함수가 호출되는지 확인해보자.

```
void HALT() {  // 시스템 작동을 멈추는 함수
    while(1) {
        __asm  // 인라인 어셈블리 시작 ❶
            halt  // ❷
        __endasm;
    };
}

void UBOX_FATAL(......) {
```

---

1   인라인 어셈블리를 사용하고 싶지 않다면 어셈블리 언어로 구성된 C 함수를 제작하면 된다.

```
        ......
        HALT();  // 이 함수를 호출하면 더 이상 프로그램이 실행되지 않는다.
    }
    ......
    if(data == 0) {
        UBOX_FATAL("DATA IS NULL", __LINE__);
        UBOX_FATAL("NOT PRINTED!!", __LINE__);  // ❸
    }
```

인라인 어셈블리는 ❶과 같이 __asm으로 시작해서 __endasm으로 마무리한다. 이 구문 내부에 Z80 어셈블리 코드를 작성하면 된다. ❷의 halt 명령어는 CPU를 유휴 상태로 전환시키는 명령어다. 일반적인 어셈블리 언어에서는 3글자 규칙에 의해 HLT를 사용하는 경우가 많지만 Z80에서는 HALT 용어 그대로 사용한다. 위와 같이 수정하고 프로그램을 실행하면 ❸의 로그는 출력되지 않아야 한다.

__asm__ 키워드를 사용하면 어셈블리 구문을 한 줄로 표현할 수 있다.

```
__asm__ ("halt");
```

과제 1

로깅 시스템을 강화해보자. 현재는 UBOX_FATAL 함수 내부에서 __FILE__을 사용했다. 그러므로 game.c라는 파일이 있고 이 파일에서 UBOX_FATAL 함수를 호출하면 __FILE__은 "main.c" 문자열이 되는 문제점이 발생한다. 이 문제를 해결하기 위해 UBOX_FATAL 함수에 파라미터를 추가해서 UBOX_FATAL 함수를 호출한 파일의 이름을 받는 형태로 수정해본다.

과제 2

과제 1을 통해 완성된 UBOX_FATAL 함수를 호출할 때 매번 __FILE__, __LINE__ 매크로를 사용해야 하는 불편함이 있다. 이를 개선하기 위해 새로운 매크로를 만들어보자. 이 매크로는 로그 메시지 하나만 파라미터로 받아들여야 한다.

9.2 openMSX 디버거

로깅을 통한 디버깅은 수동적인 디버깅 방법에 해당한다. 즉 프로그램을 실행하고 에러가 발생해야 로그로 확인할 수 있는 것이다. 한편 여러 빌드 시스템은 프로그램 실행 시에 브레이크포인트를 설정하여 브레이크포인트가 히트하면 프로그램 실행을 멈추는 것이 가능하다. 그 상태에서 프로그램의 내부 상태를 조사한 다음 다시 프로그램을 재개하는 것이 가능한 것이다. 이를 통해 프로그램의 로직 흐름을 파악할 수 있고 예상과 다르게 작동하는 부분을 확인할 수 있다.

한편 현재 구축한 시스템은 프로그램 빌드만 가능하지 프로그램을 실행하면서 디버깅하는 것은 가능하지 않다. 여기서는 **openMSX** 에뮬레이터를 활용한 동적 디버깅 시스템을 소개한다. 대상 프로젝트로는 GREEN 프로젝트를 활용한다.

openMSX는 별도의 디버거 프로그램인 **openMSX 디버거**를 제공하며, 이를 활용하면 openMSX에서 실행된 MSX 게임을 동적으로 디버깅할 수 있다. 이 책을 쓰는 시점에서 openMSX는 18이 최신 버전이다. 먼저 아래 링크 openMSX 홈페이지에서 Download 메뉴의 openMSX에서 '18.0 / Win 64bit (zip)'를 선택해 openMSX 포터블 버전을 다운로드하고, Debugger에서 'Snapshot / Win 64bit (zip)'를 선택해 디버거도 다운로드한다.

```
https://openmsx.org
```

openMSX 압축 파일을 푼 폴더를 보면 openmsx.exe 외에 Catapult\bin 폴더에 Catapult.exe라는 실행 파일이 하나 더 있을 것이다. **Catapult**는 openMSX의 사용을 더 편하게 해주는 GUI다. Catapult.exe 파일을 실행하고 Catapult Configuration 다이얼로그에서 OK 버튼을 누르면 하드웨어 정보가 갱신된다. 이제 메인 화면에서 카트리지 슬롯 항목의 Cart A에 GREEN 프로젝트의 롬 파일을 마운트하고 나서 Start 버튼을 누른 후 게임이 실행되는지 확인한다.

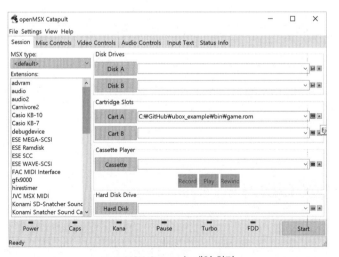

openMSX Catapult 메인 화면

openMSX 창이 뜨면서 게임이 잘 실행되었다면 이제 디버거 프로그램 사용법을 익혀보자. openMSX 디버거는 실행 중인 openMSX에 연결해서 사용하므로, 방금 뜬 openMSX 창은 닫지 않는다.

9.2.1 디버거 사용법

openMSX 창에서 게임이 실행되는 상태에서, openMSX 디버거 압축 파일을 푼 폴더로 이동해 openmsx-debugger.exe 파일을 실행한다. 그다음 메뉴의 System → Connect 항목을 선택해서 openMSX에 Attach(연결)한다. 연결한 결과는 다음 그림과 같아야 한다.

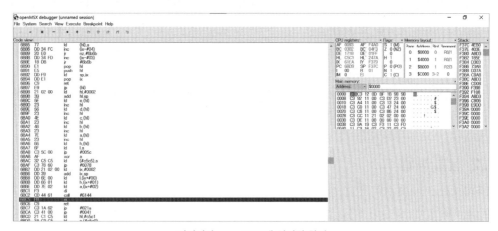

디버거가 openMSX에 연결된 화면

왼쪽 패널은 롬 파일의 Z80 어셈블리 코드를 보여준다. 오른쪽 화면에는 CPU 레지스터, 플래그 레지스터, 메모리 레이아웃 스택 패널 등을 보여준다. 메뉴의 View 항목을 통해서 다양한 패널을 화면에 추가할 수 있다. 위 그림의 내용은 디버거가 openMSX에 Attach한 시점의 내용을 가리키며 프로그램은 계속 실행되는 상태다.

메뉴의 View → VDP → Registers를 선택해서 VDP의 레지스터를 살펴보자.

Decoding the Table Base Resisters 항목에서 VDP의 VRAM 레이아웃을 확인할 수 있다. 이 레이아웃은 브레이크아웃 게임 예제에서 스프라이트를 설명했을 때 언급한 VRAM의 레이아웃과 동일하다 (4.4.3절).

MSX1 VRAM 레이아웃

테이블	주소
Pattern generator table	0x0000
Pattern name table	0x1800
Sprite attribute table	0x1B00
Color table	0x2000
Sprite pattern generator table	0x3800

또한 GREEN 프로젝트에서는 ubox_wvdp 함수를 호출해서 레지스터 1에 값을 기록했다. Decoding the Mod Registers 항목을 보면 화면 모드는 2이며 V-Blank 인터럽트 및 16 × 16 스프라이트 모드가 활성화되었음을 알 수 있다.

현시점에서 코드 뷰 패널의 내용은 단순히 Z80 어셈블리의 나열이기 때문에 어떤 의미를 가지는지 알 수 없다. 이 어셈블리 언어를 분석하기 위해서는 심벌 파일이 필요하다.

9.2.2 심벌 파일

심벌 파일symbol file은 전역 변수, 정적변수, 함수 등에 대한 정보를 모아둔 파일이다. 이 파일은 각 항목에 대한 이름 및 메모리 주솟값을 가진다. 그러므로 심벌 파일을 활용하면 프로그램을 기계어가 아니라 소스 코드 레벨에서 디버깅할 수 있다. 비주얼 스튜디오의 경우 프로그램 빌드 시 맵 파일, 또는 PDB 파일을 생성할 수 있는데 이런 파일에는 디버깅 정보가 포함되어 있어 소스 코드 레벨에서 디버깅을 가능하게 해준다. PDB는 **프로그램 데이터베이스**program database의 준말이며 단어 그대로 프로그램에 대한 다양한 정보를 가지고 있다. 예를 들어 함수의 경우, 이 함수가 어떤 파일의 몇 번째 라인에 있는지에 대한 정보가 기술되어 있다. 비주얼 스튜디오 IDE는 이 PDB 정보를 활용해서 해당 함수에 브레이크포인트를 걸 수 있으며 브레이크포인트가 히트했을 시 이 함수(심벌)에 대한 정보를 찾아서 소스 코드와 매핑을 해준다.

일반적으로는 디버거가 심벌 파일을 찾아서 적절하게 보여주므로 개발자가 심벌을 지정하는 작업이 필요하지는 않다. 하지만 openMSX 디버거에서 심벌을 사용하려면 게임 롬의 심벌 파일을 지정해야 한다. 먼저 GREEN 프로젝트의 build 폴더로 이동해서 심벌과 관련 있는 파일들을 살펴본다. 우선 main.sym 파일을 열어보자.

```
1 _ctl                          0000 GR
0 _draw_end_game                00E5 GR
0 _draw_game_over               017B GR
```

```
 0 _draw_menu                         0000 GR
......
_ubox_wvdp                            **** GX
```

함수나 변수 앞에 인덱스가 존재하면 해당 함수나 변수는 main 오브젝트에 포함된 변수나 함수임을 뜻한다. ubox_wvdp는 main.c에서 호출하는 함수지만 함수 구현체는 ubox.lib에 포함되어 있으므로 함수 앞에 인덱스가 없다. 함수 다음에는 오프셋값이 나온다. ubox_wvdp는 main 오브젝트에 포함되어 있지 않기 때문에 ****로 표시된다.

main.c는 컴파일러를 통해 어셈블리 언어로 변환된 다음 기계어로 번역되어 링커를 통해 최종 바이너리에 포함된다. 중간 생성물인 어셈블리 언어를 살펴보자. 다음 코드는 main.c의 중간 생성물에 해당하는 main.asm 파일 내용 중 draw_menu 함수를 나타낸 것이다.

```
    .area _CODE
;main.c:15: void draw_menu()
_draw_menu::
;main.c:19: ubox_disable_screen();
    call    _ubox_disable_screen
;main.c:21: ubox_fill_screen(WHITESPACE_TILE);
    ld      l, #0x81
    call    _ubox_fill_screen
;main.c:24: for (i = 0; i < 10; ++i)
    ld      c, #0x00
00102$:
;main.c:26: ubox_put_tile(11 + i, 6, 32 + i);
    ld      e, c
    ld      a, e
......
```

draw_menu 함수가 main.c 파일의 15번째 줄에서 시작하며 이 함수가 호출하는 ubox_disable_screen, ubox_put_tile 함수의 라인 위치도 확인할 수 있다. GREEN 프로젝트에서 실제 확인을 해서 이 정보가 정확히 일치하는지 확인한다.

그런데 SDCC가 생성한 심벌(sym 파일)을 openMSX 디버거가 제대로 인식할 수 있을 것으로 기대했지만 오리지널 파일로는 인식이 되지 않았다. 그래서 심벌 파일을 디버거가 인식하려면 데이터 가공이 필요하다. GREEN 프로젝트의 경우 심벌 파일을 모두 취합한 파일은 game.map이다.

game.map

```
Area                                Addr      Size      Decimal Bytes (Attributes)
--------------------------------    ----      ----      ------- ----- ------------
_CODE                               00004000  00002CA6 =    11430. bytes (REL,CON)


      Value  Global                           Global Defined In Module
      -----  ------------------------         ------------------------
      00004010  _main_init                    crt0
      00004041  _put_text                     helpers
      0000407C  _init_map_entities            game  // game.c의 init_map_entities 함수 ❶
      ......
      00004C73  _draw_menu                    main
      00004D58  _draw_end_game                main
      00004DEE  _draw_game_over               main
      00004E23  _main                         main
      ......
Area                                Addr      Size      Decimal Bytes (Attributes)
--------------------------------    ----      ----      ------- ----- ------------
_DATA                               0000C0DE  000004E8 =     1256. bytes (REL,CON)


      Value  Global                           Global Defined In Module
      -----  ------------------------         ------------------------
      ......
      0000C3EF  _lives                        game
      0000C3F0  _invuln                       game
      ......
ASxxxx Linker V03.00 + NoICE + sdld,  page 7.

Files Linked                        [ module(s) ]

../build/crt0.rel                   [ crt0 ]
../build/helpers.rel                [ helpers ]
../build/game.rel                   [ game ]
../build/main.rel                   [ main ]
../build/data.rel                   [ data ]
../build/akm.rel                    [   ]



Libraries Linked                    [ object file ]

../../lib/ubox.lib                  [ ubox_fill_screen.rel ]
../../lib/ubox.lib                  [ ubox_enable_screen.rel ]
../../lib/ubox.lib                  [ ubox_set_tiles.rel ]
......
../../lib/ubox.lib                  [ ubox_set_sprite_pat16.rel ]

ASxxxx Linker V03.00 + NoICE + sdld,  page 8.
```

```
User Base Address Definitions

_CODE = 0x4000
_DATA = 0xc0de
```

game.map 파일을 보면 해당 심벌의 주소와 이름을 확인할 수 있다. 또한 심벌이 어떤 모듈에 포함되어 있는지도 확인할 수 있다. 예를 들어 ❶의 경우 init_map_entities 함수는 game.c 파일 안에 있으며 게임 롬이 메모리에 로드될 시 그 주소는 0x0000407C임을 알 수 있다. 0x00004000은 롬이 메모리에 로드되는 기준 주소이므로 기준 주소 기준 오프셋은 0x0000007C다.

9.2.3 심벌 변환 및 추가

SDCC가 생성한 game.map 파일은 디버거에서 파싱에 실패하므로 디버거에서 인식 가능하도록 변환해야 한다. 필자가 만든 symbol_conversion.py 파이썬 스크립트를 사용해서 새로운 심벌 파일을 작성하자. 스크립트는 game 폴더에 들어 있다. symbol_conversion.py은 game.map 파일을 읽어서 디버거가 인식할 수 있는 game_conv.sym 파일을 생성한다.

symbol_conversion.py

```python
import string
import sys

def is_hex(s): # 문자가 16진수인지 확인하는 함수
    try:
        int(s, 16)
        return True
    except ValueError:
        return False

f1 = open('game_conv.sym','w') # 저장할 파일 이름
with open('game.map','r') as f2: # 원본 심벌 파일
    for line in f2: # 원본 파일에서 한 줄씩 읽는다.
        line1 = line.strip()
        words = line1.split() # 라인을 단어로 구분해서 words 리스트 변수에 저장한다.
        if len(words) > 1:
            if is_hex(words[0]): # 헥스값으로 시작하는 경우에만 기록한다.
                f1.write(words[1] + ': equ ' + words[0] + "H\n")
f2.close() # 생성 파일의 핸들을 닫는다.
f1.close() # 원본 파일의 핸들을 닫는다.
exit()
```

이 스크립트의 실행 결과 game_conv.sym 파일이 생성된다.

새롭게 생성된 game_conv.sym 심벌 파일

```
_put_text: equ 00004041H
......
_draw_menu: equ 00004C73H
......
_lives: equ 0000C3EFH
_invuln: equ 0000C3F0H
```

이제 새롭게 생성한 심벌 파일을 디버거에 등록한다. 디버거의 메뉴 → System → Symbol Manager
를 선택한 다음 Add 버튼을 눌러 game_conv.sym 파일을 추가한다. 그다음 Reload all 버튼을 누른
다. 창을 닫기 전에 Address labels 탭을 눌러서 심벌들이 제대로 로드되었는지 확인한다.

디버거에 등록된 심벌들

9.2.4 브레이크포인트 테스트

심벌을 제대로 로드했으므로 지금부터는 함수나 변수에 브레이크포인트를 설정해서 브레이크포인트
가 제대로 히트하는지 확인해본다. 먼저 브레이크포인트 관련 명령들을 살펴본다.

openMSX 디버거 명령 단축키

명령	내용	단축키
Step into	함수를 호출하면 함수 내부로 진입	F7
Step over	코드를 한 줄씩 실행	F8
Step out	함수 내부에서 코드를 실행 중이라면 함수를 벗어남	F11
Run to	지정한 위치까지 코드 실행	F4
Run	코드 실행 재개	F9

브레이크포인트는 메뉴의 Breakpoint 또는 단축키 Ctrl + B를 사용해서 설정할 수 있다. init_map_
entites 함수의 디버깅부터 시작해보자. 이 함수는 게임을 시작할 때 게임 엔터티를 초기화하기 위해
호출하는 함수였다.

```
_init_map_entities: equ 0000407CH
```

함수의 위치는 0x00407c다. 디버거의 코드 패널에서 0x00407c로 이동한 다음 브레이크포인트를 설정
한다. 0x407c 지점에 가보면 _init_map_entities 심벌이 제대로 표기되고 있음을 알 수 있다. Ctrl + B
를 눌러 브레이크포인트를 설정한다.

```
Code view:
    4071   D5            push    de
    4072   33            inc     sp
    4073   CD 16 6B      call    _ubox_put_tile
    4076   F1            pop     af
    4077   33            inc     sp
    4078   D1            pop     de
    4079   C1            pop     bc
    407A   18 D8         jr      #4054
  _init_map_entities:
●   407C   21 F9 FF      ld      hl,#fff9
    407F   39            add     hl,sp
    4080   F9            ld      sp,hl
    4081   ED 4B 4D C1   ld      bc,(_cur_map)
    4085   C5            push    bc
    4086   CD B0 67      call    _spman_init
    4089   21 DE C0      ld      hl,#c0de
    408C   06 37         ld      b,#37
    408E   36 00         ld      (hl),#00
```

브레이크포인트가 설정된 화면

브레이크포인트를 설정했다면 디버거의 메뉴 → System → Reboot Emulator 항목을 선택해서 프로그램을 다시 가동한다. 타이틀 화면에서 스페이스 바를 눌러 게임을 시작하면 예상한 대로 init_map_entities 함수 내부의 브레이크포인트를 히트해서 프로그램 실행이 멈춘다.

```
4078   D1              pop    de
4079   C1              pop    bc
407A   18 D8           jr     #4054
_init_map_entities:
407C   21 F9 FF        ld     hl,#fff9
407F   39              add    hl,sp
4080   F9              ld     sp,hl
4081   ED 4B 4D C1     ld     bc,(_cur_map)
4085   C5              push   bc
4086   CD B0 67        call   _spman_init
4089   21 DE C0        ld     hl,#c0de
408C   06 37           ld     b,#37
408E   36 00           ld     (hl),#00
4090   23              inc    hl
4091   36 00           ld     (hl),#00
4093   23              inc    hl
4094   10 F8           djnz   #408e
4096   C1              pop    bc
```

브레이크포인트 히트

F8키를 눌러서 코드를 한 줄씩 실행해본다. 코드가 실행됨에 따라 CPU 레지스터 값이 변경되는 것을 확인할 수 있다. F9를 누르면 프로그램의 실행 재개가 가능한데 만약 코드에 브레이크포인트가 설정되어 있어서 프로그램이 해당 브레이크포인트가 설정된 코드를 실행하면 프로그램 실행을 멈추고 다시 디버깅 상태에 진입하게 된다. 실행 재개를 하지 않은 상태에서 0x4089에 브레이크포인트를 걸고 F9를 눌러 프로그램을 재개하자. spman_init 함수 다음의 코드에서 브레이크포인트가 히트된다.

```
4077   33              inc    sp
4078   D1              pop    de
4079   C1              pop    bc
407A   18 D8           jr     #4054
_init_map_entities:
407C   21 F9 FF        ld     hl,#fff9
407F   39              add    hl,sp
4080   F9              ld     sp,hl
4081   ED 4B 4D C1     ld     bc,(_cur_map)
4085   C5              push   bc
4086   CD B0 67        call   _spman_init
4089   21 DE C0        ld     hl,#c0de
408C   06 37           ld     b,#37
408E   36 00           ld     (hl),#00
4090   23              inc    hl
```

spman_init 함수 다음 코드에서 브레이크포인트 히트

심벌 파일을 사용해서 가독성을 높였지만 여전히 C 소스 코드를 매핑할 수 없으므로 가독성이 떨어

진다. game.lst 파일을 열어서 init_map_entities 함수를 찾은 다음 현재 실행 위치를 가독성 있게 정리해보자.

```
_init_map_entities::
ld      hl, #-7
add     hl, sp
ld      sp, hl
;game.c:27: const uint8_t *m = cur_map;
ld      bc, (_cur_map)
;game.c:32: spman_init();
push    bc
call    _spman_init
ld      hl, #_entities
ld      b, #0x37
00153$:
```

디버거가 실행 중인 어셈블리 코드와 game.lst 파일을 비교해보면 현재 실행 중인 코드의 C 소스 코드 부분을 알 수 있다. 아래 코드는 어셈블리 언어를 걷어내고 소스 코드만 간결하게 나타낸 결과다.

```
void init_map_entities()  // 25 line
    const uint8_t *m = cur_map;  // 27 line
    spman_init();  // 32 line
    ......
    00153$:
```

즉 현재 디버거는 00153번지를 호출하기 직전에 멈춘 상태다. 0x00153번지는 memset 함수를 가리킨다.

위와 같이 수동으로 C 소스 코드 매핑을 정리하는 작업은 매우 불편하므로 강력한 소스 레벨 디버깅 시스템을 구축하려면 자체 디버거를 제작해야 할 것이다. 다만 이 경우에는 openMSX 디버거처럼 openMSX와 연동하는 방법을 이해해야 한다. 즉 openMSX의 구조에 대해서도 이해가 필요하므로 쉽지 않은 작업이다.

맵 파일 익스플로러

윈도우용으로 맵 파일 익스플로러MAP File Explorer라는 오래된 유틸리티가 있다. 이 유틸리티는 주소나 심벌을 입력하면 해당 주소나 심벌이 가리키는 파일과 소스 라인 위치를 알아낼 수 있다.

비록 자체 디버거 제작은 어렵지만 심벌 파일 매니저라면 도전해볼 만하다. 다만 이 방법도 동적 디버깅이 아니라서 실시간 변수 조회 등이 불가능하다는 한계가 존재한다.

9.2.5 변수 조회

앞 절을 통해 특정 함수 위치에 브레이크포인트를 설정하고 내부 실행 흐름을 멈출 수 있는 것을 확인했다. 하지만 함수에 전달된 파라미터 값이나 전역 변수의 확인은 어려운 상태다. 앞서 언급했듯이 자체 디버거 구현은 굉장히 어려운 작업이다. 따라서 불편하지만 계속해서 openMSX 디버거를 활용해서 주소와 어셈블리 코드를 통해 변수의 값들을 확인해본다.

먼저 lives 전역 변수다. lives 전역 변수는 주인공의 생명 수를 나타내며 초깃값은 3이었다. 이 변수의 주소는 0xc3ef다. _init_map_entities 함수 호출 전에 초기화된다.

```
lives = MAX_LIVES;
```

_init_map_entities 함수에서 브레이크포인트가 걸린 상태에서 0xc3ef 주소의 값을 조회한다.

lives 변수의 값

그림을 보면 lives 변수의 값은 3임을 확인할 수 있다.

다음으로 ubox_put_tile 함수의 파라미터 값을 확인해보자. main.c 함수의 draw_menu 함수에서 처음으로 ubox_put_tile 함수를 호출하는 지점에 브레이크포인트를 설정한다.

```
Code view:
   4C6E  F1          pop     af
   4C6F  33          inc     sp
   4C70  C3 8A 69    jp      _spman_hide_all_sprites
_draw_menu:
   4C73  CD CA 6B    call    _ubox_disable_screen
   4C76  2E 81       ld      l,#81
   4C78  CD 5E 67    call    _ubox_fill_screen
   4C7B  0E 00       ld      c,#00
   4C7D  59          ld      e,c
   4C7E  7B          ld      a,e
   4C7F  C6 20       add     a,#20
   4C81  57          ld      d,a
   4C82  7B          ld      a,e
   4C83  C6 0B       add     a,#0b
   4C85  47          ld      b,a
   4C86  C5          push    bc
   4C87  D5          push    de
   4C88  D5          push    de
   4C89  33          inc     sp
   4C8A  3E 06       ld      a,#06
   4C8C  F5          push    af
   4C8D  33          inc     sp
   4C8E  C5          push    bc
   4C8F  33          inc     sp
 • 4C90  CD 16 6B    call    _ubox_put_tile
   4C93  F1          pop     af
   4C94  33          inc     sp
   4C95  D1          pop     de
```

ubox_put_tile 함수에 브레이크포인트 설정

브레이크포인트는 타이틀 화면을 그리는 부분에 설정했으므로 프로그램을 리부트하면 바로 브레이크
포인트가 히트된다. 어셈블리 코드를 보면 ubox_put_tile 함수를 호출하기 직전에 push 명령어가 세
개 있음을 알 수 있다.

```
push de
push af
push bc
```

push 명령어는 스택에 레지스터 값을 푸시한다. de, af, bc는 Z80 CPU의 16비트 레지스터다. 스택에
푸시하고 스택 포인터를 증가시키는 것을 알 수 있다. ubox_put_tile 함수의 파라미터는 1바이트 크기
인데 스택에 파라미터를 푸시할 때는 2바이트 레지스터를 푸시했다. 그래서 INC 명령으로 스택 주소
를 1바이트 증가시켜서 스택 포인터를 보정한다.

```
CPU registers:              ×
AF  0608    AF' F4A0
BC  0B00    BC' 04F3
DE  2000    DE' 01FF
HL  1800    HL' 247A
IX  61EA    IY  C045
PC  4C90    SP  F375
I   00      R   6D
IM  0       EI
```

ubox_put_tile 함수 호출 시 레지스터의 값들

최초 ubox_put_tile을 호출할 때 파라미터 값은 각각 11(0x0b), 6(0x06), 32(0x20)다. bc, af, de 레지스터의 하위 1바이트를 확인해보면 값들이 일치함을 확인할 수 있다. 콜 스택도 확인해보자.

```
Stack:
F375  060B
F377  0020
F379  0020
F37B  740B
F37D  3E4E
F37F  D340
F381  5EA8
F383  0318
F385  A8D3
F387  7A73
F389  A8D3
F38B  D3C9
F38D  08A8
F38F  98CD
F391  08F3
F393  D3F1
F395  08A8
F397  DDC9
F399  00E9
F39B  0000
```

ubox_put_tile 함수 호출 직전의 콜 스택

첫 번째 열은 스택의 주소, 두 번째 열은 해당 주소의 값을 의미한다. 2바이트씩 표기되어 있다. 상단의 값은 다음과 같다.

```
060B
0020
```

위 값을 가독성 좋게 바꿔보자.

```
0B
06
20
00
```

이 값은 파라미터값인 11(0x0b), 6(0x06), 32(0x20)와 일치한다. 또한 그림을 보면 스택은 주소가 낮아지는 방향으로 증가함을 알 수 있다. 그리고 함수 호출 컨벤션은 __cdecl이다.[2]

---

2 다음 문서를 참고. https://learn.microsoft.com/ko-kr/cpp/cpp/cdecl

9.2.6 변수 조회 실습

지금부터는 examples\12_debugger 프로젝트를 통해 변수의 값을 확인하는 과정에 도전해보자. 책의 그림에 나온 어드레스는 독자의 화면과 다를 수 있으므로 유의한다.

```
void main() {
    ......
    uint32_t result = sum(5, 4);
    ......
}
```

sum 함수 호출 시 함수 내부에서 파라미터 2개의 값을 확인해보자.

먼저 GREEN 프로젝트와 마찬가지로 롬을 openMSX에 마운트하고 디버거를 연결시킨다. 아래 절차에 따라 변수의 값을 확인한다.

1. 심벌 파일을 생성하기 위해 프로젝트 폴더의 symbol_conversion.py 스크립트를 사용한다. 스크립트 코드에서 읽어 들일 파일은 12_debugger.map로 설정하고 생성할 파일은 12_debugger.sym으로 지정했다. 실행 결과 12_debugger.sym 파일이 제대로 생성되었는지 확인한다.

2. 12_debugger.sym을 디버거에 등록하고 나서 심벌이 제대로 표기되는지 확인한다.

3. sum 함수의 주소를 확인하고 해당 주소에 브레이크포인트를 설정한다.

4. sum 함수는 두 개의 파라미터를 가진다. 파라미터의 값이 각각 5, 4와 일치하는지 확인한다.

```
uint32_t sum(uint32_t a, uint32_t b) {
    return a + b;
}
```

5. sum 함수의 반환값 result에 9가 저장되는지 확인한다.

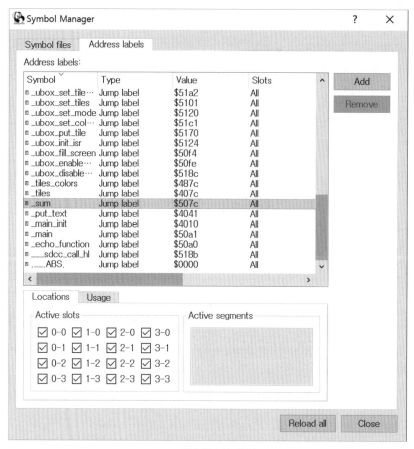

sum 함수의 주소 확인

6. sum 함수의 주소는 0x507c다. 다음 그림의 0x50df 주소에서 sum 함수를 호출하는 것을 알 수 있다.

```
CD 7C 50 => call _sum
```

```
50C7   2E 81         ld      l,#81
50C9   CD F4 50      call    _ubox_fill_screen
50CC   CD FE 50      call    _ubox_enable_screen
50CF   21 00 00      ld      hl,#0000
50D2   E5            push    hl
50D3   21 04 00      ld      hl,#0004
50D6   E5            push    hl
50D7   21 00 00      ld      hl,#0000
50DA   E5            push    hl
50DB   21 05 00      ld      hl,#0005
50DE   E5            push    hl
50DF   CD 7C 50      call    _sum
```

um 함수에 브레이크포인트 걸기

call _sum 명령을 실행하기 전에 5와 4를 스택에 푸시하는 것을 확인할 수 있다. 5와 4는 명시적으로 타입의 크기를 지정하지 않았는데 여기서는 암묵적으로 4바이트로 변환된 것을 확인할 수 있다. 그래서 앞 절에서 설명했던 스택 포인터 보정은 발생하지 않는다.

브레이크포인트가 걸렸을 때의 콜 스택 상황은 다음 그림과 같다. 스택 주소 0xf37a와 0xf376에 각각 4와 5 값이 저장되어 있는 것을 확인할 수 있다.

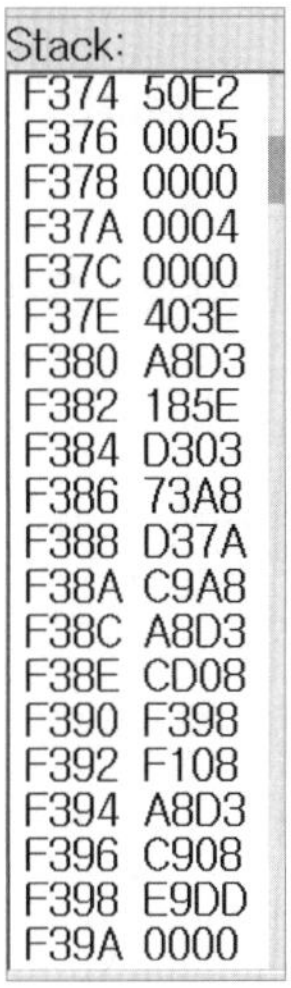

sum 함수 내부의 브레이크포인트 히트 콜 스택 상황

다음 그림은 sum 함수 실행을 완료한 직후의 상황을 보여준다. pop af 명령을 네 번 호출해서 스택 포인터를 원래대로 되돌린 것을 알 수 있다. 함수 반환값은 l 레지스터에 저장되므로(ld a,l) l 레지스터를 확인해서 그 값이 9인지를 확인한다.

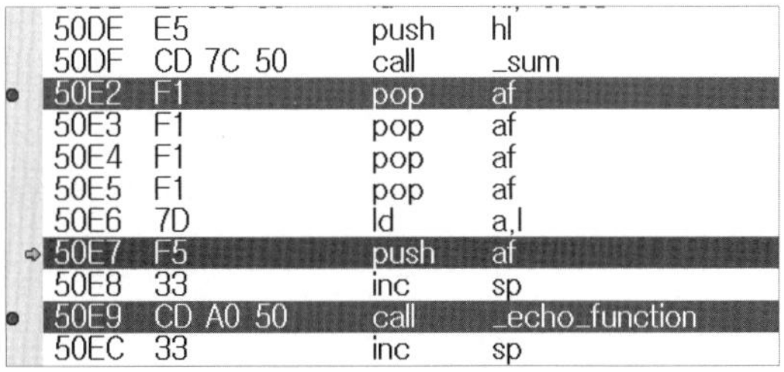

result 변수 확인

result 변수의 경우, 컴파일러가 result 변수는 불필요하다고 판단해서 스택에 할당하지 않았음을 알 수 있다.

마치며

게임 개발에서는 게임 콘텐츠 개발이 핵심이지만 부수적으로 버그를 빠른 시간에 잡아낼 수 있는 디버깅 테크닉이 필요하다. 9장에서는 디버깅 테크닉의 대표적인 예로 로깅 기법과 openMSX 및 openMSX 디버거를 활용한 동적 디버깅 기법을 소개했다.

openMSX 디버거를 활용하면 다소 불편하기는 하지만 전역 변수나 로컬 변수, 그리고 함수의 파라미터 값을 조회할 수 있음을 확인했다. 또한 빌드 시 생성한 심벌을 활용하면 실행 코드를 C 소스 레벨에서도 확인 가능했다. 여기서 확인할 수 있는 사항은, 현대의 디버거는 9장에서 살펴봤던 디버깅 단계를 전부 은닉하여 사용자에게 최대한의 편의성을 제공한다는 것이다. 비주얼 스튜디오에서 C++로 작성된 프로그램을 디버깅할 때에는 자동으로 로컬 변수의 이름을 해결하므로 함수 내부를 조회할 때 어셈블리 언어를 볼 필요가 없다. 디버거가 자동으로 작업을 처리해주기 때문이다.

현시점에서는 MSX 프로그램을 개발힐 때 완벽한 동직 디버깅은 어렵다. 완벽한 동적 디버깅이 뜻하는 바를 이해하기 위해서는 23장을 먼저 읽어보길 권한다. 비주얼 스튜디오 코드와 에뮬레이터를 연계하여 소스 코드 레벨에서 동적 디버깅을 할 수 있으므로 가장 이상적인 디버깅 환경이라고 할 수 있다.

MSX 게임 개발에도 이런 시스템을 구축할 수는 있겠지만 구현물은 존재하지 않는다. 다음과 같은 이유 때문이 아닐까 싶다.

1. 완벽한 동적 디버깅을 구현하는 데는 시간 등 많은 비용이 소요된다.
2. openMSX 디버거를 잘 활용한다면 대부분의 문제를 해결할 수 있다.
3. 대부분 Z80 어셈블리 언어로 MSX 게임을 개발하므로 C 소스 레벨 디버깅 시스템이 그다지 필요하지는 않다.

어떤 이유에서든 필자는 완벽한 동적 디버깅을 선호한다.[3] 그리고 특정 시스템을 위한 동적 디버깅 환경 구축이 어렵다면 필자는 차선책으로 '듀얼 시스템'을 사용한다. 다음 10장에서는 GREEN 프로젝트를 다양한 플랫폼으로 포팅하면서 듀얼 시스템을 통한 동적 디버깅을 보여줄 것이다.

3　책에서는 소개하고 있지 않지만 MSX에서도 C 소스 코드 레벨에서 동적 디버깅이 가능함을 확인했다.

10

크로스 플랫폼 프로그래밍과 포팅

10장에서는 GREEN 프로젝트를 포팅하여 다양한 플랫폼에서 작동하는 응용프로그램을 제작해본다. 먼저 크로스 플랫폼 프로그래밍의 개념을 소개한다. 그런 다음 윈도우 운영체제에서 GREEN 프로젝트가 작동하도록 게임을 포팅한다. 또한 PC 플랫폼 이외에 안드로이드 등으로 우리가 만든 앱을 포팅하는 방법을 살펴본다. 마지막으로 MSX 에뮬레이터를 활용해서 게임을 배포하는 방법을 알아본다.

10장을 통해 달성하고자 하는 목표는 다음과 같다.

1. 플랫폼 독립적인 코드의 장점을 이해한다.

2. 크로스 플랫폼 게임 엔진에 대해 이해한다.

3. MSX 기기를 넘어서 PC, 안드로이드 등에 게임을 배포하는 방법을 습득한다.

4. Win32를 활용한 동적 디버깅 환경을 구축한다.

본서는 레트로 게임 프로그래밍을 위해 필요한 전반적인 프로그래밍 스킬을 살펴보는 데 중점을 두고 있으며 개발 코드, 또는 레거시 코드가 현세대에서도 생명력을 가지는 것을 목표로 한다. 그런 의미에서 크로스 플랫폼 프로그래밍은 매우 중요한 주제이다.

10.1 크로스 플랫폼 프로그래밍

크로스 플랫폼 프로그래밍cross platform programming이란 히나의 소스를 사용해서 다양한 플랫폼에서 작동할 수 있는 프로그램을 개발하는 것을 의미한다. 예를 들어, 유니티로 게임을 개발하면 환경 설정 부분을 제외하고는 특별히 소스 코드를 수정하지 않고도 PC나 안드로이드, 아이폰 등의 플랫폼으로 프로그램을 배포하는 것이 가능하다.

스마트폰이 활성화되기 이전에는 상대적으로 크로스 플랫폼 프로그래밍 이슈가 적어서 단일 플랫폼에서 작동하는 프로그램을 제작하는 경우가 많았다. 예를 들어 Win32 API나 DirectDraw 등으로 개발한 프로그램은 윈도우 운영체제에서만 작동했다. 하지만 윈도우 운영체제의 영향력이 축소되고 안드로이드 같은 새로운 플랫폼이 활성화된 지금은 크로스 플랫폼 프로그래밍을 고려하지 않으면 프로그램이 오랜 생명력을 가지기가 어렵다.

그로스 플랫폼 배포가 가능하려면 민저 김파일러가 크로스 플랫폼 빌드를 지원하는시 확인해야 한다. **GCC**GNU Compiler Collection가 대표적인 크로스 플랫폼 컴파일러에 해당한다. GCC를 활용하면 개발 플랫폼과 타깃 플랫폼을 구분해서 프로그램을 제작할 수 있다. 예를 들어 개발은 리눅스에서 진행하고 빌드한 결과물은 윈도우 운영체제에 작동하는 바이너리를 산출하는 것이 가능하다. 이런 컴파일러를 **크로스 컴파일러**cross compiler라고 한다.

일반적으로는, 리눅스상에서 작동하는 네이티브 컴파일러로 빌드하면 결과물은 리눅스 환경에서만 작동한다. 한편 크로스 컴파일러를 활용하면 개발은 리눅스에서 진행한다 하더라도 결과물은 ARM 프로세서를 장착한 임베디드 하드웨어에서 작동하는 바이너리를 생성할 수 있다.

한편 GCC를 크로스 컴파일러로 활용하기 위해서는 전체적인 빌드 툴체인을 새롭게 구축해야 한다. 즉 출력물이 기본 네이티브 시스템에 대응하는 바이너리가 아니라 특정 머신에서 작동하는 바이너리를 생성할 수 있도록 빌드 시스템을 수정해야 하는 것이다. 이 과정에서 GCC를 새롭게 컴파일하는 과정이 필요하다. 하지만 잘 알려진 플랫폼에 대해서는 별도로 크로스 컴파일러를 만들 필요 없다. 잘 알려진 플랫폼에 대한 크로스 컴파일러는 시스템에서 기본적으로 제공한다.

GCC는 리눅스 시스템에서 많이 활용되지만, 호스트 시스템과 타깃 시스템을 모두 윈도우 운영체제로 지정한 GCC도 존재한다. 대표적인 윈도우용 GCC 컴파일러로 시그윈과 MinGW를 들 수 있다.

한편으로, 우리가 포팅하려는 GREEN 프로젝트는 MSX용 롬 파일을 생성하기 위해 SDCC 컴파일러로 바이너리를 생성한다. 그런데 SDCC 컴파일러는 크로스 컴파일러로 활용은 가능하지만 Win32는 지원하지 않기 때문에 PC용 앱 생성을 위한 컴파일러로는 활용할 수 없다.

그래서 GREEN 프로젝트를 Win32용으로 빌드하려면 소스 코드는 공유하되, 별도의 Win32용 컴파일러를 사용해야 한다. 소스 코드는 SDCC 컴파일러상에서 빌드 가능하게 작업했으므로 Win32용 컴파일러에서도 문제없이 빌드하려면 일부 수정이 불가피하지만 C로 코드를 작성했기 때문에 그 수정은 매우 제한된다. 또한 Win32에서도 빌드 가능하게 작업하면 '동적 디버깅'이라는 이점을 얻을 수 있다.

Win32를 활용한 동적 디버깅은 매우 중요하다. 23장에서도 언급되지만 아미가 시스템의 빌드 환경에는 에뮬레이터와 디버거가 연동된 시스템이 구축되어 있다. 그러므로 프로그램을 실행하면서 디버깅하는 것이 가능하다. 그러나 에뮬레이터와 디버거가 연동, 정확하게는 통신하는 과정을 구축하는 것은 쉽지 않은 작업이다. 크로스 플랫폼 프로그래밍을 활용하면 동일하지는 않아도 동적 디버깅이 가능하다. 동적 디버깅이 가능해지면 프로그램 생산성이 매우 향상된다.

한편 필자가 말하는 **듀얼 시스템**dual systems은 넓게 보면 크로스 플랫폼 프로그래밍과 거의 동일한 의미로, 동일한 소스 코드를 여러 플랫폼에서 빌드 가능하도록 프로그래밍하는 방법을 뜻한다. 특정 플랫폼을 대상으로 디버깅을 하지 못할 경우, 디버깅이 가능한 플랫폼에서 프로그램을 개발하고 난 뒤 특정 플랫폼을 대상으로는 빌드만 하여 배포하는 방식이다. 이런 방법으로 디버깅을 진행하면 100%는 아니더라도 동적 디버깅에 가깝게 프로그램을 디버깅할 수 있다.

이제 다음 절부터 마이크로소프트가 제공하는 비주얼 스튜디오 2019를 사용해서 GREEN 프로젝트를 빌드해볼 것이다.

비주얼 스튜디오 2019는 이미 8장에서 설치했을 것이다. 설치하지 않았다면 부록 A를 참고해서 비주얼 스튜디오를 먼저 설치한다. 또한 크로스 플랫폼 프로그래밍을 위해 SDL 그래픽스 라이브러리를 활용하므로 부록 B도 읽고 나서 다음 내용으로 진행한다.

10.2 Win32 프로젝트

지금부터 GREEN 프로젝트의 Win32 포트 버전을 구현해본다. 컴파일러는 비주얼 스튜디오 2019[1]를 사용한다. 프로젝트의 코드는 ubox_example 예제의 demo\cross\msvc 폴더에서 green4Win32.sln 솔루션을 실행해서 참고한다. 솔루션 구성은 디버그, 솔루션 플랫폼은 x86으로 설정한 다음 F5키를 눌러 프로젝트를 실행해보자. 다음 그림은 프로젝트의 실행 결과를 보여준다.

---

[1] 책 집필 시점에서 비주얼 스튜디오 최신 버전은 2022다. 최신 버전에서도 정상적으로 빌드 가능하므로 최신 버전을 사용해도 좋다. 다만 예기치 못한 문제가 발생한다면 이전 버전을 사용하도록 한다.

GREEN 프로젝트 Win32 포트 버전

만약 프로그램이 정상적으로 실행되지 않거나 빌드에 실패했다면 비주얼 스튜디오 2019 버전을 정상 설치하지 못했거나 SDL 라이브러리를 제대로 설치하지 못했기 때문이다. 두 가지 항목을 다시 점검하고 나서 프로젝트 빌드를 시도해본다.

10.2.1 기본 아이디어

하나의 소스로 다양한 플랫폼에 대응하려면 표준 인터페이스 사용을 고려해야 한다. 2D 그래픽스에서 추상화가 잘되어 있는 대표적인 라이브러리는 다음과 같다.

- SDL
- SFML
- 알레그로

본서는 SDL 그래픽스 라이브러리를 사용해서 MSX 프로젝트의 크로스 플랫폼 프로그래밍에 도전한다. 그래픽 라이브러리를 선정했으므로 다음으로는 호환 레이어를 구축해야 한다. 두 가지 방법을 고려할 수 있다.

1. ubox API와 SDL API를 래핑하는 추상화 인터페이스
2. 개발 인터페이스는 ubox API로 하되, Win32에서 해당 API의 구현체는 SDL로 구현

처음 포팅을 고려했을 때는 ubox API와 SDL API를 래핑하는 추상화 인터페이스를 고려했었다.

게임 개발을 위한 추상화 인터페이스 예

```
bool layer_init_engine(int32_t map_width, int32_t map_height, int8_t scale_x, int8_t scale_
y);
bool layer_init_tiles(const char * tilename);
void layer_put_tile(uint8_t x, uint8_t y, uint32_t tileindex, uint8_t map_width);
void layer_put_text(uint8_t x, uint8_t y, const uint8_t* text);
void layer_render();
void layer_pause();
void layer_delay(uint32_t);
void layer_init_sound();
void layer_fill_screen();
```

플랫폼별 고유 API를 숨기고 추상화된 인터페이스를 노출시키는 것은 좋은 방법이다. 하지만 이 방법을 사용하면 GREEN 프로젝트를 이 API를 사용하도록 수정해야 한다는 단점이 발생한다. 그리고 ubox API의 경우 매우 심플한 함수들로만 구성되어 있기 때문에 게임을 제작하는 데 불편함을 주는 부분이 없고 해당 함수를 SDL 버전으로 포팅하는 데도 큰 어려움이 없었다. 이 때문에 첫 번째 방법이 아닌 두 번째 방법을 최종적으로 선택했다.[2]

10.2.2 ubox API 수정

지금부터 SDL을 사용해서 Win32용 ubox MSX API를 구현해보자. ubox MSX API 리스트는 3.2.2절에서 다시 확인한다.

먼저 ubox MSX 함수의 인터페이스를 일부 수정하는 작업이 필요하다. API를 수정하지 않는 것이 가장 이상적이지만 플랫폼 종속적인 코드는 어쩔 수 없이 분기 처리를 해야 한다. 먼저 __z88dk_fastcall 키워드는 MSVC[3]에서는 인식하지 못하므로 Win32나 __ANDROID__ 등의 매크로를 정의해서 __z88dk_fastcall 정의를 제거해주자.

ubox.h

```
#if defined(WIN32) || (__ANDROID__)
#define __z88dk_fastcall
#endif
```

---

2 하지만 지원 플랫폼을 늘려감에 따라 언젠가는 첫 번째 방법으로 전환할 것이다.

3 Microsoft Visual C++ 컴파일러를 의미

`TIP`　__z88dk_fastcall 키워드는 fastcall 이란 이름에서 알 수 있듯이 함수 파라미터를 스택이 아니라 CPU 레지스터에 저장하라는 의미를 가진다.

ubox.h 파일 외에도 mplayer.h 파일에서도 함수에 __z88dk_fastcall을 사용하므로 동일한 처리를 추가한다. 그리고 mplayer.h 파일의 ubox_wait_vsync() 함수를 수정한다.

ubox_wait_vsync 함수 수정 (mplayer.h)

```
#if defined(WIN32) || (__ANDROID__)
#define ubox_wait_vsync()  // ❶
#else
#define ubox_wait_vsync() do { \
    __asm; \
    halt \ // ❷
    __endasm; \
} while(0)
#endif
```

ubox_wait_vsync 함수는 내부에서 Z80 어셈블리 언어를 사용하므로 다른 플랫폼에서는 작동하지 않도록 처리한다. 이 함수는 화면의 수직 동기화를 대기하는 매크로다. 실행 코드는 ❷의 halt 명령어에 의해 대기하고 있다가 수직 동기화가 완료되면 다시 코드 실행을 진행한다. 다른 플랫폼은 ❶과 같이 처리해서 아무런 코드도 호출하지 않게 한다.

그리고 MSX 게임은 전원을 끄지 않는 한 게임을 종료할 수 없다. 하지만 우리는 윈도우 운영체제나 안드로이드에서 게임을 진행해야 하므로 종료 기능이 없다면 곤란할 것이다. 이를 위해서 별도의 컨트롤러 메시지인 UBOX_MSX_CTL_EXIT를 추가했다.

```
#if defined(__ANDROID__) || defined(WIN32)
#define UBOX_MSX_CTL_EXIT    0xfe
#endif
```

ubox MSX 라이브러리 인터페이스 수정은 이걸로 끝이다. 계속해서 GREEN 프로젝트의 수정 사항을 살펴본다.

10.2.3 GREEN 프로젝트

크로스 플랫폼 프로그래밍의 최대 목적은 소스 코드를 수정하지 않고 다양한 플랫폼에서 프로젝트를 실행시키는 것이다. 하지만 어쩔 수 없이 수정을 가해야 하는 부분이 존재한다.

```
#if defined(WIN32)
#include <SDL2/SDL.h>
int main(int argc, char** argv)
#elif defined(__ANDROID__)
#include <SDL.h>
int SDL_main(int argc, char** argv)
#else
void main()
#endif
```

각 플랫폼별 코드 시작 엔트리가 다르므로 플랫폼별로 시작 엔트리를 정의한다. 그리고 main 함수 내부 중 while 루프에서 ESC를 눌렀을 시 while 문을 벗어날 수 있도록 다음 구문을 추가한다.

```
#if defined(__ANDROID__) || defined(WIN32)
            if (ctl == UBOX_MSX_CTL_EXIT)
                break;
#endif
```

다음으로 game.c 파일의 run_game 함수 후반부에 아래 코드를 추가한다.

```
#if defined(WIN32) || defined(__ANDROID__)
        draw_map();
        draw_hud();
#endif
```

SDL 그래픽스 라이브러리를 사용하는 경우에는 매 루프마다 배경이나 HUD를 다시 그릴 필요가 있기 때문에 위의 코드가 필요하다. 게임 로직은 이 부분을 제외하고는 특별히 수정할 사항이 없다.

다음 단계는 ubox MSX API를 SDL 함수를 사용해서 구현하는 것이다.

10.2.4 ubox API 구현

Win32 및 안드로이드를 위한 전용 코드는 아래 파일에서 확인할 수 있다.

- ubox_sdl.c

- ubox_mplayer_sdl.c

- ubox_spman_sdl.cpp

롬 파일을 빌드할 때 리소스 데이터는 모두 헤더 파일에 존재했다. Win32 프로젝트에서는 이 헤더 파일을 역으로 분석하고 읽어 들여서 화면에 출력한다. 다만 사운드의 경우는 뾰족한 수가 없어서 별도의 WAV 파일로 출력하게 했다(이 부분은 계속 연구 중이다). cpp 파일은 스프라이트 매니저의 기능을 구현하기 위해 만든 별도의 파일이다. 다만 ubox의 spman 라이브러리 폴더를 보면 spman.c 파일을 확인할 수 있는데 이 파일을 활용하면 cpp 파일에 구현된 로직은 어느 정도 줄일 수 있다. 일단 Win32나 안드로이드 플랫폼에서는 C++ 컴파일러도 사용할 수 있다는 것을 보여주기 위해 남겨두었다.

여기서는 ubox_sdl.c 파일을 통해서 SDL을 통해 화면에 출력하는 방법과 게임 데이터 C 배열을 SDL에서 사용할 수 있도록 역변환하는 방법을 설명하고 ubox_mplayer_sdl.c 파일을 살펴보면서 WAV 파일을 출력하는 방법을 살펴보도록 한다.

SDL 인터페이스

먼저 ubox_sdl.c 파일에는 ubox API 인터페이스가 구현되어 있다. ubox_set_mode 함수에서 스크린 모드를 셋업하므로 이 파일에서 SDL을 초기화하면 좋을 것이다.

ubox_set_mode 함수 (ubox_sdl.c)

```
void ubox_set_mode(uint8_t mode) {
    if (SDL_Init(SDL_INIT_EVERYTHING) < 0) {  // SDL 초기화 ❶
        printf("SDL could not initialize! SDL Error: %s\n", SDL_GetError());
        return;
    }
    // 윈도우 객체 생성 ❷
    g_window = SDL_CreateWindow("GREEN for WIN32",
                SDL_WINDOWPOS_UNDEFINED, SDL_WINDOWPOS_UNDEFINED,
                screen_width, screen_height, SDL_WINDOW_SHOWN);
    ......
    set_icon();
    // 렌더러 생성 ❸
    g_renderer = SDL_CreateRenderer(g_window, -1,
                SDL_RENDERER_ACCELERATED | SDL_RENDERER_PRESENTVSYNC);

    // 가상 화면 크기 설정 ❹
    SDL_RenderSetLogicalSize(g_renderer, map_width * 8, (map_height + 4) * 8);
}
```

❶의 SDL_Init 함수를 호출해서 SDL 그래픽스 라이브러리를 초기화하고 ❷에서 윈도우 객체인 g_window를 생성한다. 윈도우 객체가 정상적으로 생성되면 ❸을 호출해서 렌더러 객체인 g_renderer를 생성한다.

현재 GREEN 프로젝트에서 화면의 크기는 가로 map_width ∗ 8, 세로 (map_height + 3) ∗ 8 이다. 맵의 타일 수는 (32, 21)이므로 MSX 게임의 화면 크기는 (256, 192)가 된다. 그렇지만 SDL은 윈도우 창을 640 × 480 크기[4]로 생성한다. 그래서 우리는 논리적인 게임 크기를 화면 크기로 변환하는 방법을 강구해야 한다. 이전에는 스케일링 값을 구해서 개발자가 일일이 코드상에 추가해야 되는 번거로움이 있었지만 현세대 그래픽스 라이브러리는 가상 화면, 논리 화면 등의 개념으로 자동 스케일링을 지원한다. SDL에서는 SDL_RenderSetLogicalSize 함수가 자동 스케일링을 지원한다. ❹처럼 파라미터로 렌더러 객체, 논리 가로 사이즈, 논리 세로 사이즈를 각각 넣어주면 주면 화면이 자동 스케일링된다.

화면을 스케일링하려면 반드시 렌더러 객체를 통해야만 가능하다는 것을 기억하자. 렌더러 객체를 통하지 않고 직접 윈도우 객체의 서피스를 얻어 그린다면 화면 스케일링은 적용되지 않는다.

타일 이미지 설정

ubox_set_mode 함수를 통해서 SDL을 초기화하고 윈도우 객체와 렌더러 객체를 생성했다. 그다음으로는 타일 이미지를 설정해야 한다.

ubox_set_tiles 함수 (ubox_sdl.c)

```
void ubox_set_tiles(uint8_t* tiles) {
#if 0 // ❶
    load_png("tiles.png");
#else
    // tiles.h 정보를 역으로 변환해서 SDL용 서피스를 생성 ❷
    ......
#endif
}
```

타일 이미지는 직접 로드해서 화면으로 불러들일 수도 있고 GREEN 프로젝트의 유틸리티를 사용해서 생성한 tiles.h 파일로 타일 이미지를 재구축하는 것도 가능하다. 타일 이미지를 직접 로드할 때는 load_png 함수를 호출해서 타일 이미지 서피스 객체를 생성한다. 이 경우 별도의 리소스 파일인 tiles.png 파일이 필요하다. ❶에서 0 값을 1로 변경하면 타일 이미지를 직접 로드한다.

❷에서는 tiles.h 파일을 분석해서 SDL용 타일 서피스 객체를 생성한다. 코드 분석은 독자의 몫으로 남겨두고 여기서는 대략적인 로직만 설명한다.

GREEN 프로젝트에서 생성한 tiles.h 타일 데이터는 비트가 하나의 픽셀을 나타냈다. SDL의 이미지

---

4   당연하지만 Win32에서는 다른 해상도로 창을 생성할 수 있다. 640 × 480으로 고정한 특별한 이유는 없다.

객체로 복원하려면 픽셀을 24비트 RGB 값으로 변환해야 하므로 1비트 하나를 3바이트(RGB)로 변환시킬 필요가 있다. 그 작업을 통해서 생성된 픽셀 배열이 g_tiles_rgb 배열이다. 이 배열값을 기반으로 SDL_CreateRGBSurfaceFrom 함수를 호출해서 타일 이미지 서피스 객체를 생성한다.

```
SDL_Surface* SDL_CreateRGBSurfaceFrom(void *pixels, int width, int height, int depth,
                      int pitch, Uint32 Rmask, Uint32 Gmask, Uint32 Bmask, Uint32 Amask);
```

이 함수의 각 파라미터의 의미는 다음과 같다.

SDL_CreateRGBSurfaceFrom 함수 파라미터

파라미터	설명
pixels	변환시킬 픽셀 데이터 포인터. 이번 경우에는 g_tiles_rgb
width	서피스의 너비
height	서피스의 높이
depth	서피스의 깊이. 비트 단위. 24비트
pitch	서피스의 피치. 바이트 단위
Rmask	픽셀의 빨간색 마스크
Gmask	픽셀의 초록색 마스크
Bmask	픽셀의 파란색 마스크
Amask	픽셀의 알파 마스크

정상적으로 실행되면 SDL_Surface 타입의 서피스 객체가 생성된다.

그리고 생성한 서피스 객체를 직접 렌더링 객체에 복사하는 것은 불가능하므로 서피스 객체를 텍스처 객체(g_tile_texture)로 변환하기 위해 SDL_CreateTextureFromSurface 함수를 호출한다.

ubox_set_tiles_colors 함수

ubox_set_tiles_colors 함수의 경우, 앞에서 생성한 이미지 서피스 객체에는 색상값이 포함되어 있으므로 구현할 필요는 없다. 더미 함수로 충분하다.

ubox_put_tile 함수

타일 이미지 서피스 객체를 생성했으므로 이제는 이 객체를 활용해서 타일을 화면에 출력하는 ubox_put_tile 함수를 구현해야 한다.

```c
void ubox_put_tile(uint8_t x, uint8_t y, uint8_t tile) {
    SDL_Rect srcRect, dstRect;

    uint8_t src_x = tile % map_width;  // ❶
    uint8_t src_y = tile / map_width;
    srcRect.x = src_x * 8;
    srcRect.y = src_y * 8;
    srcRect.w = 8;
    srcRect.h = 8;

    dstRect.x = x * 8;  // ❷
    dstRect.y = y * 8;
    dstRect.w = 8;
    dstRect.h = 8;

    SDL_RenderCopy(g_renderer, g_tile_texture, &srcRect, &dstRect); // ❸
}
```

g_tile_texture 객체는 타일셋 이미지를 가지고 있다. ubox_put_tile 함수의 세 번째 파라미터인 타일 인덱스로 적절한 타일 위치 영역을 찾는다. ❶에서 해당 작업을 수행한다. 화면에 그릴 영역은 ❷에서 구한다. 소스 영역과 렌더링할 타깃 영역을 구했다면 ❸과 같이 SDL_RenderCopy 함수를 호출해서 타일을 원하는 위치에 그린다.

입력 처리

선택된 컨트롤러가 키보드인지 또는 조이스틱인지를 판별하는 함수는 ubox_select_ctl 함수다. Win32에서는 무조건 키보드를 선택한다고 가정한다. 윈도우의 키 입력값은 MSX 플랫폼용으로 변환해야 한다.

ubox_select_ctl 함수

```c
uint8_t control_key = 0;
uint8_t read_key_7 = 0;

uint8_t ubox_select_ctl() {
    control_key = 0;
    read_key_7 = 0;

    SDL_Event event;
    if (SDL_PollEvent(&event)) { // 이벤트 폴링
        switch (event.type) {
        case SDL_KEYDOWN: // 키를 눌렀다면
            switch (event.key.keysym.sym) {
            case SDLK_SPACE: return UBOX_MSX_CTL_CURSOR;
```

```
            case SDLK_m: return UBOX_MSX_CTL_CURSOR;
#if defined(__ANDROID__) || defined(WIN32)
            case SDLK_ESCAPE: return UBOX_MSX_CTL_EXIT;
#endif
        }
        break;
    }
    }
    return UBOX_MSX_CTL_NONE;
}
```

제어키 값이나 키보드 입력값은 ubox_read_ctl이나 ubox_read_keys 함수를 호출해서 획득했다. SDL 구현에서는 이 함수 내부에서 read_key 함수를 호출해서 키 값을 획득한다. SDL 키 값을 ubox MSX API용 키 값으로 변환하는 것이 read_key 함수의 핵심이다.

read_key 함수

```
void read_key() {
    SDL_Event event;

    while (SDL_PollEvent(&event)) {  // 키보드 입력이 있는지 확인한다. ❶
        switch (event.type) {
        case SDL_KEYDOWN:  // 키를 눌렀을 때 ❷
            switch (event.key.keysym.sym) {
            case SDLK_SPACE:
                control_key |= UBOX_MSX_CTL_FIRE1;
                break;
            case SDLK_m:
                control_key |= UBOX_MSX_CTL_FIRE2;
                break;
            case SDLK_UP:
                control_key |= UBOX_MSX_CTL_UP;
                break;
            case SDLK_LEFT:
                control_key |= UBOX_MSX_CTL_LEFT;
                break;
            case SDLK_RIGHT:
                control_key |= UBOX_MSX_CTL_RIGHT;
                break;
            case SDLK_DOWN:
                control_key |= UBOX_MSX_CTL_DOWN;
                break;
            case SDLK_ESCAPE:
                read_key_7 |= UBOX_MSX_KEY_ESC;
                break;
            }
```

```
            break;

        case SDL_KEYUP: {  // 키에서 뗐을 때 ❸
            ......
        }
    }
}
```

여러 키를 누르는 경우를 다루기 위해 비트 OR 연산자인 | 를 사용했다.

사운드 출력

GREEN 프로젝트의 이미지 데이터는 SDL용으로 역변환하는 것이 가능했지만 사운드 데이터는 SDL
에서 사용하는 포맷으로 변경하는 데 실패했다. 그래서 부득이하게 사운드 데이터를 OGG 음원으로
익스포트해서 게임상에서 출력하도록 구현했다. SDL 믹서를 활용한 사운드 처리를 살펴보자. ubox
에서는 mplayer_init 함수가 사운드의 초기화를 담당하는 함수였다.

mplayer_init 함수 (ubox_mplayer_sdl.c)

```
Mix_Music* ingame = 0;
Mix_Music* gameover = 0;

void mplayer_init(uint8_t* song, uint8_t sub_song) {
    if (Mix_OpenAudio(44100, MIX_DEFAULT_FORMAT, 2, 1024) < 0) {  // SDL 믹서 초기화
        SDL_QuitSubSystem(SDL_INIT_AUDIO);
        return;
    }

    if (SONG_IN_GAME == sub_song) {  // 인게임 음악 플레이
        if (!ingame)
            ingame = Mix_LoadMUS("ingame.ogg");

        if (Mix_PlayMusic(ingame, -1) == -1)
            return;
    }
    else if (SONG_GAME_OVER == sub_song) {  // 게임 오버 음악 플레이
        if (!gameover)
            gameover = Mix_LoadMUS("gameover.ogg");

        if (Mix_PlayMusic(gameover, 0) == -1)
            return;
    }
    else if (SONG_SILENCE == sub_song)  // 소리 없앰
        Mix_HaltMusic();
}
```

음원 출력에 사용한 SDL 믹서 API는 다음과 같다.

함수	설명
Mix_OpenAudio	오디오 시스템을 초기화한다.
Mix_LoadMUS	음원을 로드한다.
Mix_PlayMusic	음원을 플레이한다.
Mix_HaltMusic	음원 출력을 중지한다.

일반적으로 Mix_OpenAudio와 같은 특정 시스템을 초기화하는 코드는 프로그램 실행 시작 시에 배치하는 것이 옳다. 하지만 위 코드처럼 매번 호출된다 하더라도 SDL 믹서의 경우 최초 초기화에 성공했다면 특별한 문제는 없다.

10.2.5 정리

이번 절에서는 GREEN 프로젝트를 Win32 프로젝트로 포팅하기 위해 ubox MSX API를 수정하는 방법을 살펴봤다. 일반적으로 포팅을 할 때에는 호스트 플랫폼과 타깃 플랫폼을 지정할 수 있는 크로스 컴파일러를 사용하지만 여기서는 별도의 컴파일러를 사용해서 포팅을 진행했다.

GREEN 프로젝트를 Win32로 포팅하기 위해서는 다음 사항을 고려해야 한다.

- 호환 레이어를 만들지 또는 ubox MSX API를 그대로 사용할지 여부
- ubox MSX API의 수정 최소화
- 게임 로직의 수정 최소화
- 크로스 플랫폼에서 빌드 가능하도록 2D 그래픽스 라이브러리인 SDL 활용
- Win32 프로젝트를 빌드하기 위한 서드파티 패키지 시스템 vcpkg(부록 A 참고) 사용

SDL 그래픽스 라이브러리를 사용해서 포팅을 했다는 것은, 이후 다른 타깃 플랫폼이 SDL을 지원한다면 게임 코드를 변경하지 않고도 다른 플랫폼으로 마이그레이션하는 것이 가능하다는 것을 의미한다. 다음 절에서는 Win32 프로젝트를 바탕으로 안드로이드 플랫폼에서 작동하는 GREEN 프로젝트를 제작해볼 것이다.

Win32 프로젝트의 중요성

필자는 게임을 개발할 때 디버깅의 중요성을 계속 강조했으며 9장에서는 로깅을 활용한 방법과 openMSX 디버거를 활용해서 디버깅을 진행하는 방법을 설명했다. 또한 openMSX 디버거는 심벌 파일만 제대로 갖추면 C 소스 레벨의 디버깅이 가능함을 보여주었다. 하지만 이 방법은 자동화된 동적 디버깅이 아니므로 사용 편의성이 떨어진다. 그래서 필자는 동적 디버깅의 편의성을 높이기 위해 '듀얼 시스템'을 활용한 동적 디버깅을 수행했다.

GREEN 프로젝트의 경우, 이제 개발은 Win32 프로젝트에서 진행하고 최종 테스트를 할 경우에만 MSX로 배포해서 게임을 테스트해보면 될 것이다. 비주얼 스튜디오 2019를 활용해서 GREEN 프로젝트의 로직을 변경해보고 Win32에서 정상 작동하는지 확인한 후 기존 빌드 시스템으로 MSX GREEN 프로젝트를 빌드해보자. 특별한 문제 없이 정상 빌드될 것이다.

한편 듀얼 시스템 프로그래밍을 통해 동적 디버깅이 가능해졌다 하더라도 그 결과물이 타깃 플랫폼과 동일해진다고 반드시 보장되는 것은 아니다. 예를 들어 잘못된 이중 루프를 사용해서 함수 부하가 심하다면, Win32에서는 전혀 문제가 되지 않더라도 MSX 플랫폼에서는 게임이 버벅거릴 수 있다. 이런 부분은 실제 환경에서 테스트하면서 개선해나가는 수밖에 없다.

Win32 프로젝트의 또 다른 주요한 가치 중 하나로는 수정하지 않은 원본 타일 이미지를 그대로 사용할 수 있다는 데 있다. 8장에서 설명했지만 타일셋을 MSX용으로 변환하려면 번거롭고 시간이 소요되는 작업이 필요하다. 그래픽 변환 작업이 게임 개발의 핵심은 아니므로 초기에는 고해상도 타일셋을 사용해서 Win32에서 빠르게 개발하고 만족할 만한 게임 로직을 구현했다면 이후에 그래픽 변환 작업을 해도 늦지 않다. 즉 Win32 프로젝트를 구축하면 게임 개발 본연의 목적에 더 충실할 수 있다.

10.3 안드로이드 프로젝트

이번 절에서는 MSX 게임을 안드로이드 플랫폼으로 포팅하는 방법을 설명한다. 앞 절에서는 GREEN 프로젝트를 빌드하기 위해 SDL을 활용했는데, 동일한 방법을 활용해서 안드로이드 플랫폼으로 포팅한다.

다만 안드로이드 플랫폼으로 포팅하기 위해서는 안드로이드 플랫폼 종속적인 문제를 해결해야 한다.

- 자바 액티비티와 SDL의 연동
- 키보드를 대체하는 가상 입력 인터페이스

이 절에서는 안드로이드 스튜디오를 사용해서 자바와 SDL이 통신하는 구조를 만들어본 다음, SDL 라이브러리를 활용해서 안드로이드 기기에 화면을 출력해볼 것이다. 그리고 가상 입력 인터페이스를 구현함으로써 MSX 머신의 키보드를 대체하는 인터페이스를 제작한다.

안드로이드 앱 제작에 대한 주제는 본서의 범위를 벗어날 뿐만 아니라 내용이 방대하다. 또한 안드로이드 개발 환경은 매우 빈번하게 변경되는 경우가 많아서 시간이 조금만 흘러도 기존 프로젝트 빌드 방법이 정상 작동하지 않는 경우가 많다. 그래서 여타 프로젝트에 비해서 자세히 설명하지는 않고 실습하는 데 필요한 최소한의 내용만을 소개할 것이다. 만약 학습하는 데 어려움이 있다면 필자에게 질문하기 바란다.

다양한 플랫폼으로 MSX 게임 배포를 시도하자

비록 그래픽은 초라하더라도 괜찮은 아이디어로 구성된 게임이라면 유저들의 관심을 받게 될 것이다. 또한, 현세대 게임은 반복적으로 게임을 플레이하는 것을 요구하지만 구세대 게임은 한번 엔딩을 보고 나서 다시 플레이를 하게끔 유도하는 장치가 없다. 필자는 이런 부분이 오히려 구세대 게임의 장점이라고 본다. 현세대 게임은 플레이 타임을 많이 필요로 할 뿐만 아니라 반복적인 플레이를 유도하므로 유저의 귀중한 시간을 너무 빼앗는다는 단점이 존재한다. 게임은 훌륭한 창작물이지만 플레이하는 데 너무 시간을 허비한다면 정작 자신의 창작 활동은 줄어들 수밖에 없다.

10.3.1 기본 프로젝트 생성

안드로이드 앱을 개발하는 방법은 여러 가지가 존재한다. 먼저 IDE를 선택할 필요가 있다. 대표적인 IDE는 다음과 같다.

- 비주얼 스튜디오 2019 또는 상위 버전
- 유니티
- 안드로이드 스튜디오

여기서는 안드로이드 스튜디오로 앱을 개발할 것이다. 먼저 안드로이드 스튜디오의 기본 사용법을 학습하기 위해 자바와 네이티브 C/C++ 모듈이 통신하는 기본 예제인 HelloWorld 프로젝트를 제작해보겠다. 안드로이드 스튜디오를 홈페이지에서 다운로드한다.

```
https://developer.android.com/studio
```

집필 시점 기준 필자가 다운로드한 버전은 2020.3.1 for Windows 64-bit 버전이다. 파일을 다운로드해 설치하고 안드로이드 스튜디오를 실행하자. 그다음 Native C++ 프로젝트를 생성한다.

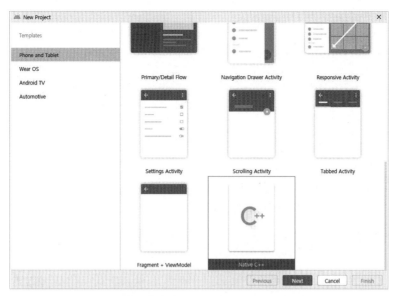

프로젝트 생성 및 Native C++ 프로젝트 선택

이름은 helloworld로 지정한다. 따라서 패키지 이름은 com.example.helloworld가 되어야 한다. 그리고 Language 항목은 Java를 선택한다.

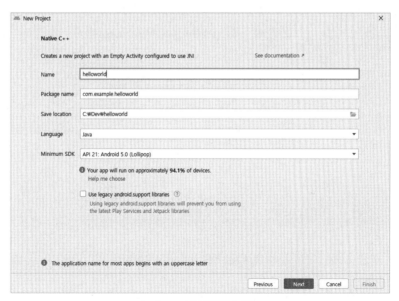

helloworld 프로젝트 생성

C++ 툴체인 선택에서는 Toolchain Default(툴체인 디폴트)를 선택한다.

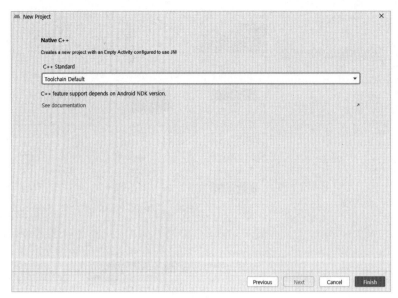

C++ 툴체인 선택

Finish 버튼을 누르면 helloworld 프로젝트가 생성된다.

최종 생성된 helloworld 프로젝트

왼쪽 프로젝트 패널에서 java 폴더와 cpp 폴더를 확인할 수 있다. java 폴더에 있는 MainActivity.java 파일은 안드로이드 앱이 최초 실행될 때 호출되는 자바 액티비티다. 최초 액티비티 호출 지정은 매니 페스트 파일(manifest.xml)에서 한다.

manifest.xml

```
  ......
<application
      ......
      <activity
          android:name=".MainActivity" # 메인 액티비티 ❶
          android:exported="true">
          <intent-filter>
              <action android:name="android.intent.action.MAIN" /> # ❷
              <category android:name="android.intent.category.LAUNCHER" />
          </intent-filter>
      </activity>
  </application>

</manifest>
```

애플리케이션 항목 내에 액티비티 항목이 있다. ❶에서 액티비티를 지정할 수 있으며 ❷와 같이 인텐트 필터를 추가해서 안드로이드 앱 시작 시 처음으로 호출되도록 지정할 수 있다.

매니페스트 파일을 사용하면 앱 실행 시 화면의 출력 모드(풍경 모드 또는 초상화 모드)를 선택할 수 있으며 앱의 이름과 앱이 필요로 하는 기기의 권한을 설정할 수 있다. MainActivity가 시작 액티비티다.

MainActivity.java

```
package com.example.helloworld;
......
public class MainActivity extends AppCompatActivity {  // MainActivity 클래스

    // 응용프로그램 시작 시 helloworld 라이브러리를 로드한다. ❶
    static {
        System.loadLibrary("helloworld");
    }
    // 액티비티가 최초 생성될 때 호출되는 함수 ❷
    @Override
    protected void onCreate(Bundle savedInstanceState) {
        super.onCreate(savedInstanceState);
        ......
    }

    // helloworld 라이브러리의 stringFromJNI 함수를 호출하기 위한 자바 인터페이스 ❸
    public native String stringFromJNI();
}
```

MainActivity 액티비티에서는 액티비티 생성을 위해 오버라이드된 onCreate 함수가 호출된다. 그리고

이 onCreate 함수 내부에서 stringFromJNI 함수를 호출해서 C/C++ 측 함수를 호출한다.

```
public native String stringFromJNI();
```

자바 측에서 C/C++ 함수를 호출하려면 해당 호출 메서드에 native 키워드를 붙여야 한다. 그리고 자바 측에서 호출하는 이름이 stringFromJNI이라면 C/C++ 측의 이름은 다음과 같아야 한다.

```
extern "C" JNIEXPORT jstring JNICALL
Java_com_example_helloworld_MainActivity_stringFromJNI(
        JNIEnv* env,
        jobject /* this */);
```

stringFromJNI 이름 앞에 "Java_패키지명_액티비티_" 문자열이 추가되었다. 자바 측에서 호출하는 stringFromJNI 메서드에는 파라미터가 없지만 C++ 측에서는 JNIEnv, jobject 두 객체의 파라미터를 기본으로 받는다. 반환값은 문자열인데 자바, C/C++과의 호환성을 위해 독자 규격 파라미터인 jstring 타입을 사용한다.

C++ 측 Java_com_example_helloworld_MainActivity_stringFromJNI 함수 (native-lib.cpp)

```
extern "C" JNIEXPORT jstring JNICALL
Java_com_example_helloworld_MainActivity_stringFromJNI(
        JNIEnv* env,
        jobject /* this */) {
    std::string hello = "Hello from C++";
    return env->NewStringUTF(hello.c_str());  // ❶
}
```

C++ 측 함수 내부에서는 "Hello from C++" 문자열을 ❶과 같이 jstring 타입으로 변환하여 반환하고 있다.

MainActivity 액티비티는 반환값인 jstring 객체를 받아 해당 문자열을 화면에 출력한다. 문자열은 뷰 화면의 텍스트 필드에 설정된다.

```
tv.setText(stringFromJNI());`
```

이제 helloworld 프로젝트를 빌드해보자. 단축키 Ctrl + F9를 누르거나 메뉴의 Build → Make Project를 선택하면 프로젝트를 빌드할 수 있다. 빌드가 성공하면 프로젝트 폴더 기준 app\build\

outputs\apk\debug 폴더에 app-debug.apk 앱 파일이 생성된다. 이 파일은 가상 에뮬레이터나 스마트폰에 설치해서 테스트하는 것이 가능하다. 또한 앱을 실제 폰에서 실시간으로 디버깅하는 것도 가능하다. 필자는 갤럭시 S21 기기에서 디버깅[5]하였다.

C/C++로 작성된 라이브러리는 so 확장자를 가진 **공유 오브젝트**shared object 파일로 앱 파일에 포함된다. helloworld 프로젝트의 경우에는 libhelloworld.so 파일로 생성된다. 이 C/C++ 모듈을 생성하는 규칙은 **CMake**에서 사용하는 CMakeLists.txt 파일[6]에 정의된다.

```
......
project("helloworld")
......
add_library( # 라이브러리의 이름을 지정한다. ❶
        helloworld
        # 정적 또는 공유 라이브러리로 유형을 지정한다. 여기서는 공유 라이브러리로 지정
        SHARED
        # 빌드에 참여하는 소스 코드를 기술한다.
        native-lib.cpp)
......
target_link_libraries( # 최종 타깃 라이브러리를 생성하는 데 필요한 라이브러리를 추가
        helloworld
        ${log-lib})
```

여기서 주목해야 할 부분은 ❶의 add_library 섹션이다. 여기서는 helloworld라는 라이브러리를 생성하며 SHARED를 선언해서 공유 오브젝트로 만들겠다는 것을 알렸다. 그다음에는 빌드에 참여할 소스 코드 파일을 추가해주면 된다. 샘플 프로젝트에서는 오로지 native-lib.cpp 파일만 빌드에 참여했다.

안드로이드 시스템에서는 네이티브 C++ 빌드 시스템으로 CMake와 **NDK**Native Development Kit를 지원한다. 두 빌드 시스템 모두 컴파일러는 다르지만 혼용해서 사용하는 것이 가능하다.

---

5 가상 에뮬레이터를 통한 디버깅 및 실기를 통한 디버깅은 독자 스스로 학습해야 한다. 더 나아가 안드로이드 마켓에 자신이 만든 앱을 배포하는 방법도 알아두면 좋을 것이다.

6 CMake는 여러 플랫폼에서 빌드 가능한 프로젝트를 생성해주는 유틸리티다. 기본적으로는 CMake에서 정의한 형식을 준수하면 다양한 플랫폼에서 빌드 가능한 프로젝트를 생성할 수 있다. 자세한 사항은 홈페이지를 참고한다. https://cmake.org

안드로이드 가상 에뮬레이터에서 helloworld 프로젝트 실행

앞에서도 언급했지만 안드로이드 스튜디오 프로젝트는 시간이 조금만 흘러도 빌드 방법이 달라지거나 정상 빌드되던 프로젝트가 빌드 안 되는 경우가 종종 발생한다. helloworld 프로젝트를 정상적으로 빌드해보고 실기에서 문제없이 실행되는 것을 확인하고 나서 다음 내용으로 넘어가자.

10.3.2 안드로이드 SDL

기본 프로젝트를 통해서 자바 액티비티와 C++ 코드가 연동하는 과정을 살펴봤다. 이제 C++ 코드에 SDL을 추가해서 SDL을 초기화하는 helloSDL 프로젝트를 살펴보자. 코드는 아래 링크를 참고한다.

```
https://github.com/pdpdds/helloSDL
```

프로젝트 빌드 절차는 다음과 같다.

- 소스 코드를 다운로드하고 적당한 위치에 압축을 푼다. 그리고 저장소의 Release 메뉴에서 jni.rar 파일을 다운로드한다.

- 소스 코드가 설치된 루트 폴더에서 app/src/main으로 이동한 다음 jni.rar 파일의 압축을 푼다.

- app/src/main 폴더는 다음과 같이 구성되어야 한다.

  - cpp: SDL 및 게임 메인 로직

  - java: 액티비티 관련 자바 코드

  - jni: 서드파티 라이브러리 모음

  - libs: 미리 컴파일된 서드파티 라이브러리

  - res: 안드로이드 앱 실행 시 참조하는 리소스

  - assets: cpp 모듈에서 참조하는 리소스 애셋

이제 안드로이드 스튜디오를 실행한 다음 helloSDL 프로젝트를 연다. 코드 패널은 다음 그림과 같아야 한다.

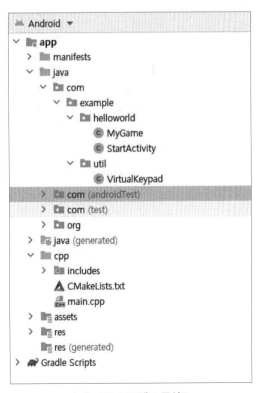

helloSDL 프로젝트 구성도

먼저 매니페스트 파일을 살펴보자. 애플리케이션 항목에 두 개의 액티비티가 선언되어 있음을 알 수 있다. 시작 액티비티는 StartActivity다.

manifest.xml

```
......
    <application android:label="@string/app_name"
        ......
        <activity
            android:name="com.example.helloworld.StartActivity"
            ......
            <intent-filter>
                <action android:name="android.intent.action.MAIN" />
                <category android:name="android.intent.category.LAUNCHER" />
                <category android:name="tv.ouya.intent.category.GAME" />
            </intent-filter>
        </activity>
        <activity android:name="com.example.helloworld.MyGame"
            ......
        </activity>
    </application>
</manifest>
```

앱의 시작 액티비티는 StartActivity다. 그리고 StartActivity는 MyGame 액티비티를 호출한다. MyGame 액티비티는 SDLActivity를 단순히 확장하는 래퍼에 불과하다. 자바 액티비티와 SDL 네이티브 모듈과의 실질적인 통신은 SDLActivity가 담당한다.

MyGame.java

```
import org.libsdl.app.SDLActivity;

public class MyGame extends SDLActivity {  // SDLActivity를 단순 확장한 MyGame
}
```

SDLActivity 액티비티는 액티비티가 초기화될 때 C++ 모듈과 연동할 초기화 준비를 한다. 여기에는 터치 입력, 화면 정보를 네이티브 모듈에 전달하는 기능 등이 포함된다. 동시에 SDLActivity는 C++ 모듈에서 전달된 정보를 받아 처리한다.

이 책은 SDL 프로그래밍을 자세히 설명하거나 안드로이드 JNIJava Native Interface[7] 시스템에 대해 설명하는 책은 아니므로 SDLAcitivity에 대한 자세한 설명은 생략한다. SDL 및 안드로이드 JNI에 대해 자세히 알고 싶다면 《SDL과 C++를 이용한 크로스 플랫폼 프로그래밍》(한빛미디어, 2015) 등의 서

---

7   C++ 모듈과 자바 간 통신을 위한 인터페이스. JNI가 제공하는 인터페이스를 준수하면 자바에서 C++로, C++에서 자바로 함수 호출이 가능해진다.

적을 참조한다. 여기서는 SDLAcitivity가 C++ 모듈의 main 함수를 호출해서 SDL 모듈을 초기화하고 로직을 실행한다는 것만 알고 있다면 충분하다. 이제 helloSDL 프로젝트를 빌드하는 레시피인 CMakelists.txt 파일을 살펴본다.

CMakelists.txt

```
......
project("helloworld")
......
set(distribution_DIR ${CMAKE_SOURCE_DIR}/../libs)
set(CMAKE_CXX_FLAGS "${CMAKE_CXX_FLAGS} -Wno-narrowing")
add_library( # Sets the name of the library.
        main

        # Sets the library as a shared library.
        SHARED

        # Provides a relative path to your source file(s).
        main.cpp)
set_target_properties(main PROPERTIES IMPORTED_LOCATION
        ${distribution_DIR}/${ANDROID_ABI}/main.so)

......
add_library(lib_iconv SHARED IMPORTED)
set_target_properties(lib_iconv PROPERTIES IMPORTED_LOCATION
        ${distribution_DIR}/${ANDROID_ABI}/libiconv.so)

add_library(lib_sdl2 SHARED IMPORTED)
set_target_properties(lib_sdl2 PROPERTIES IMPORTED_LOCATION
        ${distribution_DIR}/${ANDROID_ABI}/libSDL2.so)
......
target_link_libraries( # Specifies the target library.
        main
        lib_iconv
        lib_sdl2
        ......
        ${log-lib})
```

이 파일에서 주목해야 할 부분은 include_directories 매크로와 target_link_libraries 매크로다. include_directories 매크로를 통해 경로를 지정하면 C++ 파일에서 해당 포함 경로를 인식할 수 있다. target_link_libraries는 C++ 모듈을 생성하는 데 필요한 외부라이브러리들을 링크시키는 역할을 한다. 이 프로젝트의 경우에는 SDL 라이브러리만 있으면 충분하지만 sdl_image, sdl_mixer, 압축 라이브러리인 zlib, 텍스트 인코딩 변환 모듈 iconv 라이브러리도 포함되었다. 이들 라이브러리는 모두

NDK를 사용해서 미리 빌드해둔 네이티브 모듈이다. 여기서는 BMP 이미지를 출력하는 핵심 코드만 살펴본다.

BMP 이미지 출력 (main.cpp)

```cpp
#include <stdio.h>
#include <SDL.h>

int main(int argc, char** argv) {
    int screen_w;
    int screen_h;
    SDL_Window *pWindow;
    SDL_Renderer *pRenderer;

    // 안드로이드는 풀 스크린만 지원
    // 윈도우 및 렌더러 생성 ❶
    if (SDL_CreateWindowAndRenderer(0, 0, SDL_WINDOW_FULLSCREEN, &pWindow, &pRenderer) < 0) {
        printt("SDL_CreateWindowAndRenderer Error\n");
        return 0;
    }
    // 실제 화면의 크기를 얻는다.
    SDL_GetWindowSize(pWindow, &screen_w, &screen_h);

    SDL_Surface *pHelloBMP = SDL_LoadBMP("helloworld.bmp");  // BMP 서피스 객체 생성 ❷
    if (pHelloBMP == 0) {
        SDL_DestroyRenderer(pRenderer);
        SDL_DestroyWindow(pWindow);
        printf("SDL_LoadBMP Error\n");
        return 0;
    }
    // BMP 텍스처 객체 생성
    SDL_Texture *pTexture = SDL_CreateTextureFromSurface(pRenderer, pHelloBMP);
    ......
    bool running = true;
while (running) {
        SDL_Event event;
        while (SDL_PollEvent(&event)) {  // 이벤트 폴링
            if (event.type == SDL_KEYDOWN) {
                if (event.key.keysym.sym == SDLK_ESCAPE)
                    running = false;
            }
            else if (event.type == SDL_QUIT)
                running = false;
        }
        SDL_Rect srcrect, dstrect;
        ...... // 텍스처의 소스 영역을 지정하고 복사 대상의 영역 지정
        SDL_RenderCopy(pRenderer, pTexture, &srcrect, &dstrect);  // 렌더러에 이미지 복사 ❸
```

```
        SDL_RenderPresent(pRenderer);  // 화면 갱신
    }

    // 텍스처 객체 및 렌더러 객체, 윈도우 객체 제거
    ......

    return 0;
}
```

안드로이드 앱을 시작하면 main.cpp 파일의 main 함수가 호출된다. 메인 함수에서는 ❶에서 SDL을 초기화한 다음 ❷의 SDL_LoadBMP 함수를 호출해서 BMP 파일을 읽어 들인다. 그다음 읽어 들인 BMP 파일을 SDL_Texture 포맷으로 변경하고 이 변경된 텍스처를 ❸과 같이 매 루프마다 렌더러에 복사해서 화면에 출력한다.

helloSDL 프로젝트 실행

10.3.3 가상 패드

SDL 게임은 일반적으로 키보드나 마우스를 입력 장치로 사용한다. 하지만 안드로이드의 경우에는 터치 시스템이 기본이므로 터치 시스템을 키보드 또는 마우스 시스템과 매핑하거나 블루투스 키보드, 또는 가상 패드를 사용해야 한다. 본서에서 제공하는 GREEN 프로젝트의 안드로이드 버전은 키보드에 대응하는 가상 패드를 지원한다. MSX 게임의 경우 사용하는 키의 종류는 방향키, 스페이스 바, ESC 등 그 수가 한정되어 있으므로 조이패드와 버튼 몇개만 있으면 MSX 입력 시스템을 불편함 없이 사용할 수 있다.

가상 패드 구현은 helloSDL 프로젝트의 VirtualKeyPad 클래스에서 확인할 수 있다. 이 클래스는 안드로이드 시스템으로부터 입력을 전달받은 다음 입력을 C++ 모듈에서 사용할 수 있는 형태로 변환

해서 C++ 모듈 측에 전달한다. SDLActivity 액티비티는 이 클래스를 사용해서 C++ 모듈과 입출력 시스템을 연계한다.

10.3.4 포팅

이렇게 helloSDL 안드로이드 프로젝트를 기반으로 해서 GREEN 프로젝트의 안드로이드 버전을 제작했다. 안드로이드 프로젝트는 ubox_example 폴더의 demo/cross/android에서 확인 가능하다.

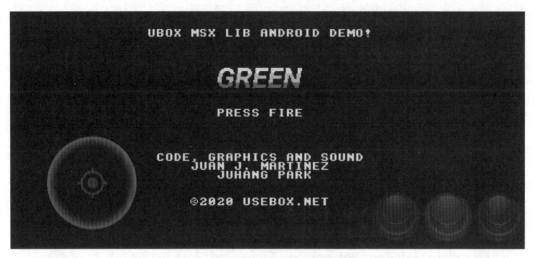

안드로이드 GREEN 프로젝트 타이틀 화면

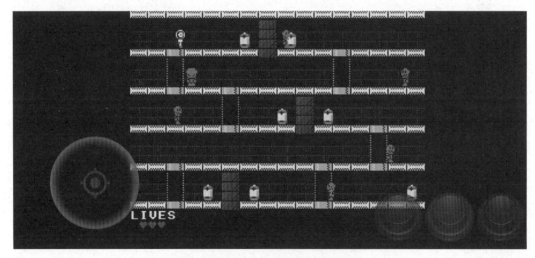

안드로이드 GREEN 프로젝트 메인 화면

GREEN 프로젝트 안드로이드 버전의 자세한 분석은 독자의 몫으로 남겨둔다.

TIP　2022년 현재 구글에서는 32비트 C++ 라이브러리는 금지하고 64비트 라이브러리만을 권장한다. 실제 C++ 네이티브 라이브러리를 사용해서 안드로이드 앱을 배포하려는 경우 64비트 네이티브 라이브러리가 없다면 빌드는 되지만 배포는 불가능하다. 그래서 SDL 라이브러리도 64비트로 미리 빌드해두었다.

안드로이드 프로젝트 빌드 팁

안드로이드 스튜디오는 굉장히 역동적인 프로그램이며 업데이트는 실시간으로 진행된다. 이는 큰 장점일 수도 있지만 단점도 된다. 예를 들어 1년 전에 제작했던 프로그램을 빌드해보면, 정상적으로 빌드가 되지 않는 경우가 허다하다. 여러 가지 이유가 존재하지만, 문제가 발생하면 에러 원인을 잘 읽어보고 인터넷 검색을 통해서 문제점을 찾는 것이 좋은 해결책이다. 예를 들어 빌드 툴 관련 문제가 발생했을 때의 해결책을 몇 가지 제시하겠다.

안드로이드 스튜디오 사용 시 SDK 설치 경로는 되도록이면 사용자 계정이 아닌 다른 폴더에 설치하도록 한다. 예를 들면 C:\ANDROID\SDK 이런 식으로 폴더를 지정하면 좋다.

NDK 라이브러리와 연계할 때 에러가 발생하는 경우에는 build.gradle의 dependencies 항목이 다음과 같은지 확인한다.

```
dependencies {

    classpath 'com.android.tools.build:gradle:3.5.2'

}
```

안드로이드 스튜디오는 버전이 올라감에 따라 컴파일이 제대로 되지 않는 경우가 비일비재하므로 제대로 빌드가 되지 않는다면 grade 버전을 최신으로 수정하는 것이 해결책이 될 수 있다.

또한 gradle-wrapper.properties가 다음과 같이 설정되어 있는지도 확인한다.

```
distributionUrl=https://services.gradle.org/distributions/gradle-5.4.1-all.zip
```

10.3.5 정리

본서는 안드로이드 프로그래밍을 설명하는 책이 아니며, 해당 주제 자체가 제대로 다루기에는 그 내용이 너무 방대하다. 핵심만 간단하게 설명했기 때문에 이 절의 내용을 전부 소화하기에는 어려움이 따를 수 있다. 일단 다음 내용만은 꼭 기억하자.

- 네이티브 안드로이드 앱을 제작하기 위해서는 자바 액티비티와 네이티브 모듈 간의 연동 과정을 이해해야 한다.
- 자바와 C/C++를 연동할 때에는 JNI를 사용한다.
- 안드로이드 앱에서 사용하는 네이티브 모듈은 CMake나 NDK 빌드 시스템으로 빌드 가능하다.
- GREEN 프로젝트에서 네이티브 모듈 부분은 Win32 프로젝트와 동일하므로 코드를 공유할 수 있다.

실제로 game.c 파일은 MSX, Win32, 안드로이드 프로젝트에서 모두 공유해서 사용하고 있다. 하나의 소스로 다양한 플랫폼에 대응할 수 있다니 정말 멋진 일이 아닐 수 없다.

10.4 YUZA OS

크로스 플랫폼 프로그래밍의 마지막 예로 필자가 개발 중인 자작 운영체제인 **YUZA OS**를 소개한다. YUZA OS는 32비트 멀티태스킹 운영체제로서 비주얼 스튜디오 2019 또는 상위 버전으로 빌드가 가능하다.

```
https://github.com/pdpdds/yuzaos
```

YUZA OS는 교육용 운영체제로서 제작되었으며 Win32 시스템과 호환 가능하도록 개발 중에 있다. YUZA OS의 주요 특징은 다음과 같다.

- Win32/실기 듀얼 시스템 프로그래밍 가능
- 그래픽 렌더링 라이브러리로 SDL을 활용
- 커널과 응용프로그램을 C/C++로 제작
- 실행 파일은 Win32와 동일한 PE 포맷으로 제작

응용프로그램을 C/C++로 제작할 수 있으며 SDL을 그래픽 렌더러로 사용하기 때문에 SDL로 작동하는 GREEN 프로젝트는 특별한 소스 코드 수정 없이 YUZA OS에서 실행할 수 있다.

참조 페이지에서 YUZA OS에서 작동하는 GREEN 프로젝트 영상을 확인하도록 한다.

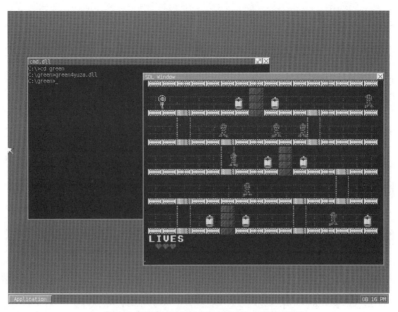

YUZA OS에서 GREEN 프로젝트를 실행한 화면

소스 코드는 ubox_example의 demo/cross/yuza 폴더에 있는 프로젝트를 참고한다. 이 프로젝트는 YUZA OS를 설치해야 빌드가 가능하므로 여기서는 이 프로젝트를 빌드하면 YUZA OS에서 구동 가능하다는 것만 기억하자.

YUZA OS는 윈도우 운영체제와 아무런 관련이 없는 운영체제

green4yuza 프로젝트는 GREEN Win32 프로젝트와 외관이 동일하므로 얼핏 보기에는 윈도우 운영체제의 기능을 사용하고 있는 것으로 보인다. 또한 비주얼 스튜디오를 컴파일러로 사용하며 결과물이 DLL로 생성된다는 점에서 윈도우와 연관이 있다고 생각할 수 있다. 하지만 YUZA OS는 윈도우의 실행 파일 포맷인 PE Portable Executable 포맷만을 차용했을 뿐, 전혀 관계없는 운영체제다. 애당초 윈도우는 소스 코드가 공개되어 있지 않으므로 참고하는 것이 불가능하다. 다만 필자가 윈도우와 윈도우 시스템 프로그래밍에 익숙하다 보니 이를 기반으로 YUZA OS를 작성했기 때문에 유사성이 매우 높다.

YUZA OS와 응용프로그램이 PE 포맷으로 작성됨에 따라 이 프로그램들을 분석하기 위해 윈도우 운영체제에서 작동하는 다양한 유틸리티를 활용 가능하게 되었다. 또한 MSVC를 컴파일러로 사용하기 때문에 MSVC 컴파일러가 제공하는 x86 기반 내장 함수를 그대로 사용할 수 있다. 이 내장 함수에는 동기화 함수나 수학 함수 등이 포함된다. 리눅스 기반이 아니라 윈도우 운영체제상에서 자작 OS를 개발하고자 한다면 YUZA OS는 훌륭한 레퍼런스가 될 것이다.

참조 페이지의 영상을 보면 알 수 있겠지만 YUZA OS는 듀얼 시스템을 채용하고 있다. 즉 개발은 Win32 플랫폼에서 진행하고, 결과물에 아무런 문제가 없다면 YUZA OS에서도 정상적으로 작동 가능할 것이라고 기대하고 프로그래밍을 하는 것이다. 거듭 강조하지만 이 듀얼 시스템 프로그래밍은 MSX 게임을 디버깅하는 데 좋은 대안 중 하나다.

10.5 에뮬레이터

MSX 에뮬레이터 내부분은 프로젝트를 오픈소스로 공개하고 있나. 이러한 프로젝트를 연구하면 MSX 롬 파일이 어떻게 머신에 로드되고 실행되는지에 대한 이해를 심화할 수 있다. 즉 CPU 코어에서 Z80 머신 코드를 획득한 다음 해석하는 일련의 과정을 살펴보는 것이 가능하다.

이 절에서는 MSX 에뮬레이터 중 하나인 **fMSX**를 간단히 소개한다. fMSX를 안드로이드로 포팅해서 게임을 실행하는 과정은 간략히만 언급하겠다. 먼저 아래 링크에 접속해서 fMsx를 다운받아 실행해보자. 책 집필 시점에서 fMsx의 최신 버전은 6.0이다.

```
https://fms.komkon.org/fMSX
```

6.0 버전의 소스 코드도 제공하므로 fMSX 6.0 버전을 빌드하는 것이 가능하지만 여기서는 문제를 단순화하기 위해 2.x 버전의 fMSX 소스 코드를 빌드해서 실행해보겠다.

먼저 Win32용 fMSX를 빌드해보겠다. fMSX는 여러 백엔드 렌더러를 지원하며 SDL도 지원한다. 비주얼 스튜디오 2019에서 빌드 가능하게 작업한 fMSX SDL 프로젝트를 공유 폴더에 준비했으니 다운받자. 프로젝트를 열고 솔루션 플랫폼을 x86으로 맞춘 다음 빌드한다. 그리고 다음 그림과 같이 디버깅 명령 인수를 설정하면 프로그램 실행 시 fMSX로 해당 파라미터가 전달된다. MSX2+ 플랫폼, 램은 16 KB, 비디오램은 16 KB, 롬 파일 이름은 princess_quest_msx.rom으로 지정하겠다는 의미다.

명령	$(TargetPath)
명령 인수	-msx2+ -ram 16 -vram 16 princess_quest_msx.rom
작업 디렉터리	$(SolutionDir)/resources/fmsx-sdl

굳이 MSX 에뮬레이터를 새롭게 빌드할 필요가 있을까?

가만히 생각해보면 MSX 에뮬레이터는 이미 여러 플랫폼에서 실행 가능한 바이너리로 제공하므로 굳이 별도로 컴파일을 할 필요성이 있을까 의문이 들 것이다. 에뮬레이터를 실행한 다음 롬 파일을 선택해서 게임을 실행하면 문제없기 때문이다. 그러므로 MSX 에뮬레이터를 별도로 빌드하는 것은 큰 의미가 없어 보인다. 그럼에도 필자는 다음과 같은 이유로 별도로 빌드하는 것을 추천한다.

- 개발자는 프로젝트의 소스 코드를 가능하다면 모두 장악해야 한다.
- 에뮬레이터의 작동 원리를 파악할 수 있다.
- 커스터마이징을 통해 에뮬레이터를 경유해서 롬이 실행되는 느낌을 배제하고 단일 응용프로그램으로 게임을 실행시킬 수 있다.
- 롬 파일을 외부로부터 은닉하고 싶다.

여기서 소개하는 fMSX는 별도의 커스터마이징을 하지 않기 때문에 기존 fMSX와 별 차이는 없지만 추후 차별성을 두고 싶다면 fMSX 자체를 수정해서 사용하면 된다.

fMSX 프로젝트의 세부 내용은 생략하고 main 함수만 간략히 살펴본다.

fMSX 메인 엔트리 (fMSX.c)

```c
int main(int argc,char *argv[]) {
    ......
    // 기존 디스크 리스트를 새로운 디스크 항목으로 교체 ❶
    if(DiskCount[0]) { Disks[0][DiskCount[0]]=0;DiskA=Disks[0][0]; }
    if(DiskCount[1]) { Disks[1][DiskCount[1]]=0;DiskB=Disks[1][0]; }

    // fMSX 시작 ❷
    if(!InitMachine()) return(1);
    StartMSX();
    TrashMSX();
    TrashMachine();
    return(0);
}
```

시작 엔트리는 매우 심플하다. ❶에서는 디스크를 마운트하고 ❷에서 fMSX를 시작한다. 디스크는 마운트하지 않았으므로 이후 코드에서는 롬 카트리지에서 롬을 읽어 들인다. InitMachine 함수를 실행해서 플랫폼을 초기화한 다음 StartMSX 함수를 호출해서 MSX를 기동한다.

여기서는 예시로 오스카르 톨레도Oscar Toledo가 제작한 MSX 게임 〈Princess Quest〉를 fMSX로 구동한다. Princess Quest는 아래 링크에서 확인할 수 있다.

```
https://nanochess.org/princess_quest.html
```

횡스크롤 액션 게임으로서, 픽셀 기반으로 배경이 스크롤된다.

게임 타이틀 화면

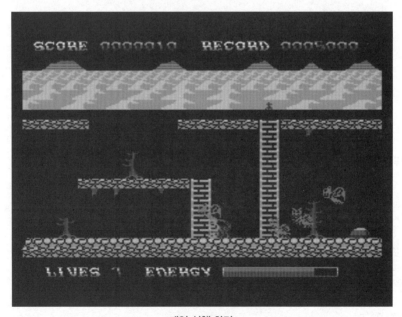

게임 실행 화면

다음으로는 fMSX를 안드로이드에서 실행 가능하도록 빌드해서 〈Princess Quest〉를 실행해보겠다.

fMSX 안드로이드 프로젝트 코드 역시 공유 폴더를 참고한다(안드로이드에서 직접 플레이할 수 있는 결과물은 참조 페이지를 확인한다).

프로젝트의 기본 골격은 안드로이드 10.3절에서 소개한 기본 안드로이드 SDL 프로젝트와 동일하다. fMSX 관련 네이티브 코드는 CMake로 빌드하며 SDL 및 서드파티는 NDK로 미리 컴파일해서 준비했다.

네이티브 모듈의 진입 엔트리는 native-cpp.cpp 파일에 존재한다.

```cpp
extern "C"
void Java_org_libsdl_app_SDLActivity_nativeInit(JNIEnv* env, jclass cls, jobject obj) {
    SDL_Android_Init(env, cls);
    SDL_SetMainReady();

    // fMSX 메인 코드를 실행하기 전에 파라미터를 설정해서 전달
    int status;
    char *argv[3];
    argv[0] = SDL_strdup("SDL_app");
    argv[1] = "princess_quest_msx.rom";  // 롬 파일 이름 지정
    argv[2] = "-ram";
    argv[3] = "16";
    argv[4] = "-vram";
    argv[5] = "16";

    status = SDL_main(2, argv);
}
```

위 코드처럼 구동하고 싶은 롬 파일을 지정해서 빌드를 하면 단일 앱으로 롬 파일을 실행할 수 있다. 롬 파일은 애셋 폴더인 app\src\main\assets 경로에 넣어주면 된다.

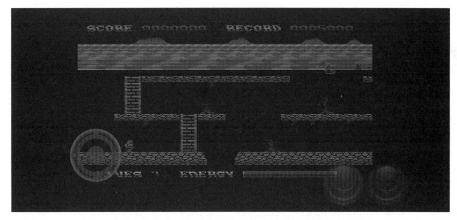

안드로이드로 포팅한 fMSX를 활용해서 실행한 Princess Quest

마치며

이번 장에서는 MSX 게임을 다양한 플랫폼에 배포하는 방법을 실펴봤다. 하나의 소스 코드를 활용해서 다양한 플랫폼에 배포하는 테크닉을 크로스 플랫폼 프로그래밍이라고 한다. 여기서는 GREEN 프로젝트를 MSX 플랫폼 외에 Win32, 안드로이드, YUZA OS로 배포하는 방법을 살펴봤으며 플랫폼에 독립적인 SDL 그래픽스 라이브러리를 활용해서 코드의 공통화를 실현했다.

각각의 플랫폼은 고유 특성이 있으므로 그런 플랫폼 종속적인 부분은 어쩔 수 없이 작업을 해줘야 한다. 예를 들어 안드로이드 플랫폼은 기본 입력 체계가 터치 기반이므로 이에 대응할 수 있는 가상 패드 시스템은 어쩔 수 없이 별도로 구현해야 한다.

또한 MSX 에뮬레이터를 활용해서 다른 플랫폼에 게임을 배포하는 방법도 확인했다. MSX 에뮬레이터는 인지도 높은 플랫폼 대부분에서 실행 가능하도록 포팅된 경우가 많기 때문에 우리가 제작한 게임은 이 에뮬레이터를 통해 여러 플랫폼에 쉽게 배포할 수 있다. 다만 단일 앱의 느낌을 주기 위해서는 에뮬레이터를 커스터마이징하는 작업이 필요하므로, fMSX라는 오픈소스 에뮬레이터를 빌드하는 방법을 간단하게 소개했다.

이번 장은 우리가 개발한 게임을 여러 플랫폼으로 작동 가능하게 해서 게임의 생명력을 연장시키는 방법을 설명했다는 데 그 의의가 있다. 이에 더해 듀얼 시스템 프로그래밍을 통한 동적 디버깅이 가능하게 된 것은 크나큰 소득 중 하나이다.

독자는 GREEN Win32 프로젝트를 기반으로 게임의 로직을 변경하는 작업을 반드시 해보기 바란다. 이 과정에서 동적 디버깅을 활용하여 브레이크포인트를 걸고 내부 변수나 스택을 살펴보자. 비주얼 스튜디오의 단축키는 부록 A에 간략히 정리했으니 비주얼 스튜디오 사용법 역시 이번 기회에 꼭 학습하자.

4

진짜 MSX의 세계

4부에서는 MSX 플랫폼을 한층 더 깊이 파헤친다.

먼저 11장에서는 MSX 플랫폼의 전성기 시절에, MSX 플랫폼 자체에서 C 프로그램을 개발했던 환경을 재현한다. 이를 통해 그 당시의 프로그래밍 느낌을 간접적으로 체험해볼 것이다.

12장에서는 MSX 핵심 주제의 마지막 내용으로, 다양한 컴파일러와 라이브러리를 활용해서 MSX 게임을 개발하는 방법을 살펴볼 것이다. 지금까지는 MSX1용 게임 개발을 목표로 내용을 설명해왔지만, 12장을 학습하고 나면 MSX1 플랫폼의 제약 조건을 넘어서는 게임을 개발할 수 있는 기반을 마련하게 될 것이다.

13장에서는 C 언어 외에 MSX 베이직, Z80 어셈블리, 자바 언어로 MSX 프로그램을 작성하는 방법을 살펴본다.

11

MSX-C

우리가 특정 플랫폼에서 응용프로그램을 개발할 때는 해당 플랫폼에서 제공하는 프로그래밍 툴을 사용해서 응용프로그램을 개발한다. MS-DOS 시절에는 도스 플랫폼에서 실행되는 볼랜드 C 컴파일러나 터보 C를 사용했으며 윈도우 운영체제에는 마이크로소프트 비주얼 스튜디오를 사용해서 응용프로그램을 개발한다. 이러한 사실로 유추해볼 때, MSX 플랫폼에서도 자체적으로 응용프로그램 개발이 가능한 환경이 구축되어 있었을 것이다. 초창기 MSX1 플랫폼에서는 MSX-BASIC이나 Z80 어셈블리 코드를 통해 프로그램을 개발하고 테이프 등의 저장매체에 결과물을 저장하는 것이 가능했다. 하지만 C로 프로그래밍을 하는 것은 쉽지 않았다.

MSX 기기의 성능이 발전하면서 아스키사와 마이크로소프트가 합작하여 MSX에서 도스를 실행할 수 있는 환경을 구축했다. 이 **MSX-DOS**는 MSX-DOS1, MSX-DOS2와 같이 넘버링하면서 점점 기능을 확장했으며 하드 디스크나 디스켓을 통해서 부팅이 가능했다. MSX에서 도스 운영체제를 지원하고 외부 저장매체를 활용할 수 있게 되면서 응용프로그램은 외부에서 파일 데이터를 읽는 것이 가능해졌으며 고용량의 게임을 제작하는 것이 가능해졌다. 또한 이에 수반하여 아스키사와 마이크로소프트는 MSX-DOS 플랫폼에서 C로 응용프로그램을 제작할 수 있도록 C 라이브러리 및 컴파일러를 제공했다. 이 라이브러리 툴을 **MSX-C**라고 한다.

즉 MSX-C는 MSX 플랫폼상에서 C 소스 코드를 컴파일하는 데 필요한 라이브러리 및 컴파일러를 제공하는 툴이라 할 수 있다. ubox MSX 라이브러리는 SDCC 컴파일러와 조합하여 윈도우 운영체제, 또는 리눅스 운영체제에서 MSX 응용프로그램을 제작하는 데 사용하기 때문에 MSX-C와는 그 성격이 다르다.

11장에서는 MSX 플랫폼의 MSX-DOS 환경하에서 C로 프로그램을 작성하고 빌드한 다음, 응용프로그램이 정상적으로 실행되는지 확인한다. 이를 통해 얻을 수 있는 이점은 다음과 같다.

- MSX-C를 활용해서 작성된 소스 코드를 재활용
- 프로그램 빌드 과정 이해
- MSX 플랫폼 활성화 당시의 프로그램 개발 환경을 간접적으로 체험

실제 MSX 플랫폼 개발 환경을 테스트해보니 처음에는 속도가 느려서 실용성이 없겠다고 생각했지만 이후 개발 환경을 최적화하니 나름 쓸 만하다는 생각이 들었다. 11장을 통해 MSX 플랫폼 자체를 활용하는 것도 게임 개발 환경 선택의 한 가지 옵션이 되길 기대해본다.

11.1 개발 환경 구축

먼저 플로피 디스크를 활용하는 개발 환경을 구축해보자. 공유 폴더에서 msxdos_boot_floppy.rar 파일을 다운로드한다. 압축을 푼 다음 루트 폴더에서 run.bat 파일을 실행해서 먼저 MSX 시스템이 정상 가동하는지 확인한다.

MSX 에뮬레이터로는 **openMSX**를 사용하겠다. 그리고 에뮬레이터를 실행할 때 MSX1 등의 초창기 모델은 MSX-DOS를 부팅하는 것이 불가능하므로 머신은 성능이 좋은 후기 MSX 모델을 선택해야 한다.

구축한 시스템은 플로피 디스크 두 대를 사용하며, A 드라이브는 운영체제 부팅용으로, B 드라이브는 소스 코드를 빌드하고 결과물을 저장하는 프로젝트용으로 활용한다. 디스크 용량은 일반적으로 720 KB다. I/O 속도를 높이기 위해 램디스크를 활용하는 방법도 고려 가능하다.

openMSX 에뮬레이터는 가상 플로피 디스크 사용을 지원하지만, 파일 복사 및 삭제 작업은 가상 플로피 이미지를 사용하는 것보다 특정 폴더를 디스크로 인식하게 해서 사용하는 것이 편하다. 대부분의 에뮬레이터가 특정 폴더를 디스크로 인식하는 기능을 지원한다. 단, 실제 폴더에는 공간 제한 없이 파일을 복사할 수는 있지만 에뮬레이터에서 작동을 시키면 720 KB 이상의 데이터는 인식하지 못한다는 점에 주의한다. 예를 들어 공간이 10 KB밖에 남지 않은 상황에서 파일을 복사하여 720 KB를 초과했다면 그 초과분에 대해서는 에뮬레이터가 정상적으로 인식하지 못한다.

openMSX는 실행 파일에 파라미터로 스크립트 파일을 전달해서 기본 환경 설정을 할 수 있다. 콘솔

창이나 셸을 실행하고 openMSX가 설치된 폴더로 이동한 다음 명령을 입력하면(또는 run.bat 파일을 실행해도 된다) openMSX는 emul_start_config.txt에 정의된 내용을 기반으로 MSX 머신을 작동시킨다.

```
openmsx.exe -script emul_start_config.txt
```

환경 설정 스크립트의 내용은 다음과 같다.

emul_start_config.txt

```
machine Philips_NMS_8255
ext msxdos2
ext gfx9000
bind F12 cycle videosource
plug joyporta mouse
plug printerport simpl
diska dsk_a/
diskb dsk_b/
```

머신으로는 Philips_NMS_8255 모델을 지정했으며, 드라이브 A는 폴더 dsk_a, 드라이브 B는 폴더 dsk_b로 지정했다. dsk_a에는 MSX-DOS 운영체제, MSX-C 라이브러리와 툴이 들어 있다. 시스템이 시작하면 MSX-DOS가 초기화되고 AUTOEXEC.BAT 파일이 실행되어 경로 환경 변수 등을 초기화한다.

AUTOEXEC.BAT

```
SET PROMPT ON
SET PATH=A:\UTILS;A:\KIDS;A:\
SET SHELL=A:\COMMAND2.COM
SET INCLUDE=A:\INCLUDE
```

A 드라이브의 INCLUDE 폴더에는 MSX-C 라이브러리 API가 정의된 헤더 파일이 들어 있다. 어떤 위치에서도 이 폴더에 들어 있는 파일을 인식 가능하도록 SET INCLUDE 매크로에 A:\INCLUDE를 지정해야 한다. B 드라이브에는 C 샘플 코드 파일이 있다. HELLO 폴더에 hello.c라는 파일이 있는데 먼저 hello.c 파일을 빌드해보자. HELLO.C의 코드 내용은 다음과 같다.

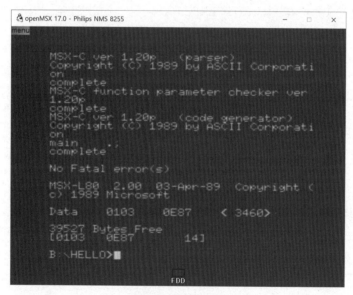

TYPE 명령어를 사용해서 HELLO.C 파일 내용을 출력한 화면

이제 B 드라이브의 HELLO 폴더로 이동하고 나서 C HELLO를 입력하면 프로젝트를 빌드할 수 있다. 빌드하는 데는 시간이 걸리므로 인내심을 가지고 기다린다.

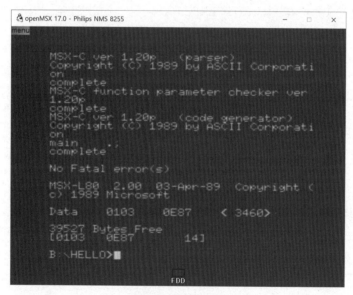

HELLO.C 파일 빌드

생성한 프로그램의 실행 결과는 다음과 같다.

HELLO.COM 파일 실행 결과

hello.c를 빌드할 때 C HELLO 명령을 입력했는데, 이때 C는 C.BAT 파일을 가리킨다. 이 C.BAT 파일은 A 드라이브의 루트 폴더에 있으며 컴파일을 자동화하기 위해 필자가 작성한 배치 파일이다.

C.BAT

```
CF %2 %1
FPC %1 MLIB LIB
CG -K %3 %1
M80 =%1/Z
L80 A:\LIB\CK,%1,A:\LIB\MLIB/S,A:\LIB\CLIB/S,A:\LIB\CRUN/S,A:\LIB\CEND,%1/N/Y/E:xmain
```

일반적으로 소스 코드를 바이너리로 생성하려면 소스 코드를 어셈블리 언어로 변환하고 어셈블리 언어를 바이너리로 변환하는 과정이 필요하다. 또한 여기서 얻은 바이너리는 자신만의 코드로는 실행이 불가능하므로 외부 오브젝트와 결합하는 과정이 필요하다. 예를 들면 모듈의 진입점에 대한 함수는 반드시 필요하며 이런 최초 진입점은 CRTc runtime library에 존재하므로 우리가 작성한 코드와 이런 외부 오브젝트를 연결하는 작업이 필요한 것이다.

이 배치 파일을 통해 성공적으로 실행 파일을 생성하면 앞의 그림에서 확인할 수 있듯이 확장자가 COM인 파일이 생성된다. 이 실행 파일은 MSX-DOS 운영체제에서만 실행이 가능하다.

TIP MSX-C 컴파일러는 1.1과 1.2 두 가지 버전이 존재한다. 1.1 버전으로 개발한 응용프로그램은 MSX-DOS, MSX-DOS2에서 정상 작동하지만 1.2 버전으로 생성한 응용프로그램은 MSX-DOS2에서만 작동한다는 데 주의한다.

11.2 컴파일 이해하기

앞에서 C.BAT 파일이 빌드 과정을 자동화해준다고 언급했었다. 이 배치 파일에서 사용한 유틸리티를 간단히 설명해보겠다. hello.c 파일을 빌드해서 hello.com 파일을 생성하려면 다음 표에서 언급한 다양한 툴을 거쳐야 한다. 대부분의 빌드 시스템에서도 큰 맥락에서는 이와 같은 빌드 과정을 거치지만 겉으로 드러나지 않을 뿐이다.

빌드에 참여하는 유틸

유틸	내용
CF	구문 파서
FPC	함수 파라미터 검사기
CG	코드 생성기
M80	어셈블러
L80	링커

CF.COM은 소스 코드를 파싱해서 구문에 문제가 없는지 분석한다. 그리고 중간 생성물인 TCO 파일을 생성한다. 이 TCO 파일은 컴파일러에 해당하는 CG.COM이 사용한다. TCO 파일은 T-code라고도 하며 C 프로그램의 중간 생성물에 해당한다. CG.COM이 컴파일을 쉽게 할 수 있도록 변환하며 가독성은 없는 중간 생성물이다.

FPC.COM은 함수 파라미터를 체크하는 유틸이다. 이 유틸은 프로그래머가 함수에 잘못된 파라미터를 전달하지는 않았는지를 검증한다.

CF.COM과 FPC.COM 유틸을 통해 정상적으로 TCO 파일이 생성되었다면 CG.COM 코드 생성기를 사용해서 컴파일을 진행한다. 이를 통해 HELLO.MAC 파일이 생성된다. HELLO.MAC 파일은 HELLO.C 파일의 Z80 어셈블리 버전이다.

이제 어셈블리 언어로 생성된 HELLO.MAC 파일을 어셈블링해야 한다. 이때 사용하는 유틸이 M80.COM이다. 이 유틸을 통해 HELLO.MAC 파일은 HELLO.REL로 변환된다. REL 파일은 최신 컴파일러가 생성하는 OBJ 파일에 해당한다고 생각하면 된다(그러나 구조는 다르다).

지금은 HELLO.C 파일 하나밖에 없으므로 오브젝트에 해당하는 REL이 하나밖에 없지만 실제적으로 실행 파일을 생성하기 위해서는 다양한 REL 파일이 필요할 것이다. 이 과정을 링킹이라고 부르며 이 링킹 작업을 수행하는 것이 L80.COM이다. C.BAT 배치 파일의 L80 호출 시 파라미터가 상당히

긴데 이 파라미터에서 언급된 REL 파일이 모두 결합되어 HELLO.COM을 생성한다.

11.3 편집기

실기에서 직접 프로그래밍을 한다면 실기에서 사용할 수 있는 편집기가 필요할 것이다. MSX-DOS에서 활용할 수 있는 편집기로는 **AKID**가 있다. 이 편집기를 사용해서 HELLO.C 파일을 열어보자.

```
AKID HELLO.C
```

AKID 편집기 실행 화면

F1키를 눌러 메뉴를 불러올 수 있으며 프로그램 종료, 파일 저장 및 불러오기가 가능하다.

여기서는 그 당시 에디터 프로그램으로 AKID가 있었다는 것만 소개한다. 만약 MSX-C를 활용해서 응용프로그램을 제작하고 싶다면 소스 코드 편집은 비주얼 스튜디오 코드 같은 IDE로 작업하면 되므로 AKID 에디터 프로그램을 사용할 일은 없을 것이다.

11.4 컴파일 속도 높이기

HELLO.C를 빌드했을 때 빌드 속도가 굉장히 느렸었다. 에뮬레이터에서 소스 코드 빌드 속도를 높이려면 다음 작업이 필요하다.

- 성능이 개선된 MSX-C 라이브러리를 사용한다.
- 가장 성능이 높은 MSX 플랫폼을 선택한다.
- 플로피 디스크 대신 하드 디스크를 활용한다.

11.4.1 MSX-C 툴 성능 개선

컴파일 성능을 높이기 위해 MSX-C 툴을 개선하는 프로젝트가 존재한다.

```
https://github.com/fr3nd/msx-c-compiler
```

이 수정된 MSX-C 컴파일러의 목적은 빌드할 프로그램의 컴파일 속도를 높이는 데 있다. 해당 프로젝트의 컴파일러 도구 및 라이브러리를 사용하면 소스 코드 빌드 시간을 단축할 수 있다.

11.4.2 하드웨어 교체

기존 Philips_NMS_8255 머신을 Panasonic_FS-A1GT 머신으로 대체해보자. Panasonic_FS-A1GT는 MSX 플랫폼의 황혼기에 출시된 MSXturboR 모델이다. 이 모델 이후 후속 모델은 더 이상 출시되지 않았기 때문에 Panasonic_FS-A1GT이 MSX 머신 중 가장 고성능이라고 생각하면 된다.

11.4.3 플로피에서 하드 디스크로 전환

플로피 디스크보다는 하드 디스크가 읽기 및 쓰기 속도가 빠르므로 컴파일 성능을 대폭 향상시킬 수 있다. 하드 디스크를 활용한 개발 환경은 공유 폴더에서 다음 파일을 다운로드한다.

```
msxdos_boot_harddisk.rar
```

미리 만들어둔 개발 환경에는 이미 하드 디스크 이미지를 준비해두었으므로 독자가 만들 필요는 없다.

MSX용 하드 디스크 만들기

openMSX 실행 중에 F10키를 눌러 openMSX 콘솔창을 띄운다. 그리고 다음 명령을 입력한다.

```
set power off
diskmanipulator create MSXC12HD.dsk 32m 32m 32m 32m
```

이 명령을 통해 4개의 파티션을 가진 MSXC12HD.dsk 하드 디스크가 생성된다.

미리 제작해둔 MSXC12HD.dsk 디스크에는 MSX-DOS와 MSX-C 및 유틸리티도 설치되어 있다. 부팅 디스크는 A 드라이브로 인식되며 플로피 디스크는 F 드라이브로 설정했다. F 플로피 디스크는 폴더를 마운트했으며 여기에 외부 파일을 카피하는 등의 작업을 하면 된다. 일반적인 가상 이미지 조작 프로그램으로 MSX 하드 디스크를 수정하면 파일 할당 시스템이 깨지므로 주의한다.

이후 설명하는 샘플 프로젝트는 이 하드 디스크 기반 부팅 플랫폼에서 진행하는 것을 전제한다.

11.5 샘플 프로젝트

지금부터는 MSX-C 라이브러리를 활용한 몇 가지 샘플 예제를 살펴본다. 샘플 프로젝트 중 슈터와 Tiny Shell 프로젝트의 출처는 다음과 같다.

```
https://github.com/sndpl/msx-c-examples
```

샘플 프로젝트는 B 드라이브에 존재한다. 먼저 run.bat를 실행해서 MSX-DOS를 실행하자.

11.5.1 슈터

슈터는 종스크롤 비행 슈팅 게임 샘플 예제다. 배경 스크롤이 가능하므로 충분히 살펴볼 가치가 있다. SHOOTER 폴더로 이동한 다음 MAKE.BAT를 실행해서 빌드한다.

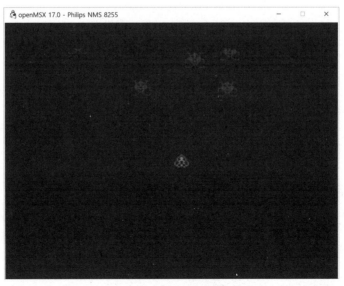

슈터 프로젝트 실행 화면

다만 슈터 프로젝트를 원본 소스 그대로 빌드하면 심벌 테이블 오버플로 에러가 출력되며 컴파일되지 않는다.

심벌 테이블 오버플로

따라서 MAKE.BAT 배치 파일을 연 다음 CF SHOOTER 부분을 다음과 같이 수정해야 한다.

```
CF -r3:2:1 SHOOTER
```

이 문제는 소스 코드상에 식별자가 너무 많아서 기본 심벌 테이블 크기로 모든 식별자를 담을 수 없어서 발생한 것이다. 그러므로 심벌 테이블 크기를 늘려야 하고, 해당 옵션이 -r이다. 파라미터는 각각 풀pool, 심벌 테이블symbol table, 해시hash 순이다. 적절하게 조정해야 하며, 조정하는 과정에서 심벌 테이블이 해결되더라도 풀이나 해시에서 또 문제가 발생할 수 있으니 적절하게 대응한다.

또한 링크 관련 오류가 있는데 이건 MLIB를 추가하면 된다.

11.5.2 틱택토

틱택토 게임은 두 명이 3 × 3 판에 O와 X를 번갈아 놓아가며 진행하는 게임이다. 한쪽이 자신의 글자를 가로나 세로 또는 대각선으로 전부 채우면 승리한다. 다음 주소에 MSX 틱택토 게임이 있다.

```
https://github.com/ocitygate/TicTacToe
```

처음 소스 코드를 파싱할 때 줄번호 203에서 에러가 발생한다. 다음과 같이 수정한다.

```
printf("Computer %c thinking...\n", player);
```

틱택토 게임 실행 화면

플랫폼의 성능 한계 때문에 컴퓨터 AI가 연산하는 데 시간이 꽤 걸린다.

틱택토 프로젝트의 소스 코드를 살펴보면 기존의 C 언어 문법과는 조금 차이가 있음을 알 수 있다.

```
int is_valid_move(board, move)
char board[];
int move;
{
    ......
}
```

함수 선언 부분이 조금 어색할 것이다. 일반적으로는 C 함수는 다음과 같이 선언한다.

```
int is_valid_move(char board[], int move);
```

이런 오래된 C 버전의 구문은 최신 컴파일러에서 빌드되지 않는 경우가 많다. 이 틱택토 소스 코드의 경우 이후(12.5절) 소개할 Z88DK 빌드 시스템에서는 정상 빌드되지 않으므로 위와 같이 수정을 해야 한다.

11.5.3 Tiny Shell

Tiny Shell은 폴더의 실행 가능한 COM 파일들을 출력하는 셸 프로그램이다. 빌드하는 데 시간이 조금 걸린다.

먼저 B 드라이브로 이동한 후 tinysh 폴더로 이동한다. 그다음 mktinysh을 입력해서 빌드한다.

빌드에 성공하면 TINYSH.COM 파일이 생성된다.

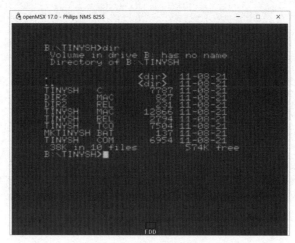

TINYSH.COM 생성 결과

프로그램을 실행한 결과는 다음과 같다.

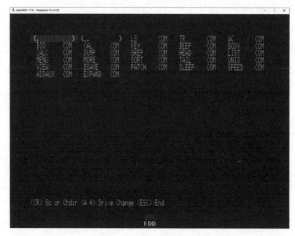

TINY SHELL 실행 결과

Tiny Shell을 개량한다면 MS-DOS의 MDir 같은 프로그램을 제작하는 것도 가능할 것이다.

마치며

11장은 MSX 플랫폼 자체에서 C 프로그래밍이 가능한지 확인하는 자리였다. 1980년대 후반에는 이미 C 언어 프로그래밍이 기본으로 자리 잡은 상태였으며, 실제로 MSX 플랫폼에서도 C 언어로 프로그래밍이 가능함을 11장을 통해서 확인했다. 다만 현시점에서 실제 MSX 기기를 활용해서 프로그램을 개발하는 것이 효율성이 있는지는 생각해볼 문제다.

MSX 플랫폼에서 AKID 같은 코드 에디터를 사용해서 프로그램을 개발한다면 코드 작성이 매우 불편한 건 부인할 수 없다. 또한 간단한 HELLO WORLD 문자열을 출력하려 해도 빌드하는 데 시간이 걸리므로 현세대 개발자 입장에서 보면 너무나 불편한 개발 플랫폼이다. 그럼에도 우리는 MSX-C 라이브러리를 활용해보면서 다양한 키포인트를 획득할 수 있었다.

- MSX 플랫폼 활성화 당시의 프로그램 개발 환경을 간접적으로 체험
- 롬 파일에서는 구현할 수 없었던 외부 파일의 로드 및 저장 기능 확인
- 실행 파일을 빌드하기 위한 세부적인 단계 확인
- C 언어의 버전별 차이
- MSX1 플랫폼에서는 제작할 수 없었던 게임의 구현 가능성

특히 슈터 프로젝트는 픽셀 단위의 배경 스크롤링이 가능하므로 종스크롤 비행 슈팅 게임을 제작하고 싶다면 좋은 레퍼런스가 될 것이다.

추가 실습

생각보다 MSX-C 라이브러리를 활용하는 샘플 코드를 찾기는 쉽지 않다. 아래 링크는 MSX-C 라이브러리를 활용한 cowsay라는 프로젝트다.

```
https://github.com/sndpl/cowsay
```

이 프로젝트를 MSX 플랫폼에서 빌드한 다음 실행이 되는지 확인한다. 빌드 절차는 아래 순서를 따른다.

1. dsk_f 폴더에 cowsay 폴더를 만들고 소스 코드를 복사한다.
2. ccfull.bat 파일을 텍스트 에디터로 열고 echo Linking... 부분을 찾은 다음 l80의 파라미터에 B 드라이브로 되어 있는 부분을 전부 A로 변경한다.
3. openMSX를 실행한 다음 F 드라이브의 cowsay 폴더로 이동한다.
4. ccfull을 입력해서 빌드한다.

빌드는 플로피 디스크인 F 드라이브에 진행해도 되지만, 필자는 B 드라이브로 소스 코드를 복사해서 빌드했다.

SymbOS

SymbOS는 암스트래드 CPC, MSX 등의 8비트 시스템을 위한 멀티태스킹 운영체제다.

```
http://www.symbos.de/
```

이 운영체제는 MSX-DOS로 먼저 부팅한 다음 자체 프로그램을 실행해서 데스크톱 환경을 구축한다. MS-DOS의 WIN3.1, WIN95, WIN98과 동일한 원리로 작동한다고 보면 된다.

공유 폴더에서 msxdos_boot_floppy_symbos.rar 파일을 다운로드해서 실행해보면 SymbOS를 간접 체험할 수 있다.

MSX 개발을 위한 레퍼런스

이번 장에서는 다양한 컴파일러와 라이브러리를 활용해서 MSX 게임을 개발하는 방법을 살펴본다. ubox MSX 라이브러리는 MSX1용 2D 플랫포머 게임을 제작하는 데 훌륭한 인터페이스를 제공하지만 플랫폼이 MSX1에 한정되어 있고 롬의 최대 크기는 32 KB라는 제약 사항을 가지고 있다. 또한 배경을 픽셀 단위로 스크롤하는 데 어려움이 있다.

조사한 바에 따르면 MSX1에서도 픽셀 기반의 배경 스크롤이 가능하다.[1] 다만 MSX1에서 픽셀 기반 스크롤을 구현하려면 다음과 같은 문제가 발생한다.

1. C 언어로는 구현하기 어렵고 어셈블리 언어가 동원되야 한다.

2. 롬의 크기가 32 KB를 초과할 확률이 높다.

이 같은 문제 때문에 ubox MSX 라이브러리에서는 픽셀 기반 스크롤을 지원하지 않는다. 다만 MSX1 게임들을 살펴보면, 픽셀 단위 스크롤을 지원한 게임은 찾아보기 어렵기 때문에 크게 신경 쓸 문제는 아닌 것 같다. 즉 ubox MSX 라이브러리를 활용하면 여러 유형의 MSX1 게임을 대부분 만들 수 있다.

필자 개인적인 입장에서는 비행 슈팅 게임 제작에 관심이 많으며 픽셀 기반 스크롤은 비행 슈팅 게임

---

1   참조 페이지 에서 MSX1용으로 제작된 픽셀 기반 배경 스크롤 영상을 확인해본다.

에서 중요한 요소 중 하나다. 그래서 필자는 픽셀 기반 스크롤이 가능한 환경에 대해 리서치를 진행했다. 이를 통해 괜찮은 MSX 개발 환경과 MSX 라이브러리를 확인할 수 있었다. 단 이를 위해서는 MSX1 상위 플랫폼이 요구된다. 12장에서는 MSX1 플랫폼 이상에서 작동하는 프로그램이 많으므로 여기서 간략히 MSX2, MSX2+, MSXturboR의 스펙을 간단히 살펴보겠다. 다음 표는 각 MSX 플랫폼 간 스펙의 차이를 보여준다.

MSX 플랫폼 성능 비교

	MSX	MSX2	MSX2+	MSX TURBO-R
출시연도	1983년	1985년	1988년	1990년
CPU	Z80A, 3.58 MHz	Z80A, 3.58 MHz	Z80A 3.58 MHz	Z80, 3.58 MHz R800, 28.64 MHz
램	64 KB	64 KB, 128 KB	64 KB, 128 KB	256 KB, 512 KB
VDP 비디오램	TMS9918 16 KB	V9938 64 KB / 128 KB	V9958 128 KB	V9958 128 KB
사운드	AY-3-8910(PSG)	AY-3-8910(PSG)	AY-3-8910(PSG)	AY-3-8910(PSG) MSX-MUSIC 8비트 PCM
그래픽	40 x 24, 텍스트 모드 256 x 192, 16색	80 x 24, 텍스트 모드 256 x 192, 16색 256 x 212, 16색 512 x 212, 16색 256 x 212, 256색 종스크롤 지원	80 x 24, 텍스트 모드 256 x 192, 16색 256 x 212, 16색 512 x 212, 16색 256 x 212, 256색 256 x 212, 19768색 종/횡 스크롤 지원	MSX2+와 동일

MSX TURBO-R 기종은 일본에서만 출시되었으며 FS-A1ST, FS-A1GT 두 기종이 유일하다.

12장에서는 프로젝트의 코드에 대해서는 자세히 설명하지 않는다. 소스 코드에 대한 설명보다는 MSX 라이브러리를 사용하는 환경 구축에 집중해서 설명한다. 독자는 MSX1 이상의 고스펙(?) 게임을 개발하고 싶을 때 12장을 적극적으로 활용하면 될 것이다.

당연한 이야기이지만 C 언어를 MSX 게임 개발에 활용하려면 C 언어를 Z80 기계어로 변환할 수 있는 컴파일러가 필요하다. Z80 머신 코드를 생성할 수 있는 대표적인 크로스 플랫폼 C 컴파일러[2] 또는

---

2   Z80 기계어를 생성할 수 있는 C 컴파일러 종류에 대해서는 다음(일본어 문서임)을 참고. https://www.nabeta.tk/msx/crosscc.html

툴킷은 다음과 같다.

- SDCC
- Z88DK
- CC80
- HI-TECH C 컴파일러

SDCC 컴파일러는 이미 ubox MSX 라이브러리 및 샘플 프로젝트를 빌드하는 데 활용한 바 있다.

또한 게임 개발을 지원하기 위한 프레임워크가 필요하다. 잠재적으로 유용할 것으로 판단하는 MSX 게임 라이브러리에는 Fusion-C, RetroDeluxe 게임 엔진 등이 있다.

12장에서는 내용을 전개할 때 컴파일러를 기준으로 내용을 진행하지만, 볼륨이 큰 MSX 게임 라이브러리의 경우에는 컴파일러와는 별도로 내용을 설명한다.

12.1 SDCC

SDCCSmall Device C Compiler는 인텔 8051, 자일로그 Z80 아키텍처를 지원하는 C 컴파일러다. 일반적으로 패키지 형태로서 배포되며 패키지에는 링커, 어셈블러, 디버거 등이 포함된다. Z80 아키텍처를 지원하므로 MSX용 게임을 개발하는 데 자주 활용된다. ubox MSX 라이브러리도 SDCC 컴파일러를 사용한다.

12.1.1 환경 구축

이미 우분투 시스템에는 SDCC를 설치했으므로 별도로 설치를 할 필요가 없다. 지금부터는 윈도우용 버전이 필요한 경우도 많으므로 윈도우용 SDCC를 설치한다. 이 책은 SDCC 4.0.0 버전을 기준으로 설명한다(상위 버전에서는 경고가 출력되거나 외부 글로벌 함수나 변수를 찾지 못하는 경우가 종종 있었다).

또한 우분투가 아닌 윈도우 환경에서 Makefile 스크립트를 실행하기 위해 참조 페이지를 확인해서 **GNUWin32** 유틸 중 하나인 Make 4.3 버전을 설치한다.

GNUWin32용 Make가 제대로 설치되었는지의 여부는 콘솔창에서 make 명령을 입력하면 확인할 수 있다. 실행이 되지 않으면 PATH 환경 변수에 Make 유틸이 설치된 경로를 추가한다.

```
make --version
GNU Make 4.3
```

12.1.2 스타트업 코드

ubox MSX 라이브러리를 설명하면서 crt0 스타트업 코드를 설명했었다(3.2.3절 참고). C 언어로 MSX 게임을 개발하기 위해서는 Z80 기계어를 생성할 수 있는 적절한 C 컴파일러를 선택하는 것 외에도 프로그램의 최초 진입점인 main 함수를 호출하기 전 스타트업 코드의 구축이 필요하다. 이번 예제는 스타트업 코드를 통해 main 함수가 호출되는 원리를 보여준다. 이후 자신만의 MSX 게임 프레임워크를 제작하고 싶다면 좋은 시작점이 될 것이다.

```
https://github.com/mvac7/SDCC_startup_MSX32kROM4000
```

콘솔창을 실행해서 프로젝트 폴더의 test 폴더로 이동한다. test 폴더에는 "Hello World!"를 출력하는 샘플 프로젝트가 존재한다. makefile32k.bat 파일을 실행하면 bin 폴더에 HELLOW32.rom 파일이 생성된다.

실행 결과

12.1.3 Skeleton C project for MSX

Skeleton C project for MSX 프로젝트도 MSX 게임 제작을 위한 기본 C 뼈대 코드를 제공한다. 프로젝트 빌드를 위해 SDCC와 hex2bin 유틸이 필요하다.

```
https://github.com/sndpl/skeleton-sdcc-msx
```

콘솔창을 실행하고 프로젝트 폴더로 이동한 다음 bin 폴더를 만든다. 그다음 make 명령을 입력하면 bin 폴더에 main.com 파일이 생성된다. src 폴더의 main.c 파일을 빌드한 것이다.

```c
#include "conio.h"
#include "dos.h"

void main(void) {
    puts("Hello, world :-)\r\n");
    exit(0);
}
```

생성한 파일을 MSX-DOS에서 직접 실행해보자. MSX-DOS에서 COM 파일을 실행하는 방법은 11장을 참고한다.

12.1.4 libMSX

libMSX는 다양한 MSX 기종에서 작동하는 프로그램을 제작하는 데 도움을 주기 위한, C 프로그래밍을 지원하는 라이브러리다.

```
https://github.com/mori0091/libmsx
```

libMSX를 사용하면 MSX, MSX2, MSX2+, MSXturboR 등 MSX 머신에서 작동하는 롬을 제작할 수 있다. 즉 대부분의 머신에서 작동하는 롬을 제작할 수 있다. 우분투 20.04에서 빌드 가능하므로 WSL2 환경에서도 빌드 가능하다. 여기서는 WSL2로 빌드하는 절차를 알아본다. 개발은 C:\dev 폴더에서 진행한다고 가정한다.

1. WSL2를 실행하고 C:\dev 폴더로 이동한다.

```
cd /mnt/c/dev
```

2. libMSX를 다운로드한다.

```
git clone https://github.com/mori0091/libmsx.git libmsx
```

3. 프로젝트 폴더를 만든 다음 이동한다.

```
mkdir hello
cd hello
```

4. Makefile 파일과 hello.c 파일을 복사한다.

```
cp /mnt/c/dev/libmsx/mk/Makfile /mnt/c/dev/hello
cp /mnt/c/dev/libmsx/sample/hello/hello.c /mnt/c/dev/hello
```

5. Makefile을 열고[3] LIBMSX_HOME 필드와 NAME 필드를 다음과 같이 수정한다.

```
LIBMSX_HOME = /mnt/c/dev/libmsx/libmsx
```

---

[3]   WSL상에서 직접 편집하고 싶다면 nano 편집기를 추천한다.

```
......
NAME = hello
```

6. make 명령을 입력해서 빌드한다. 빌드 결과 bin 폴더에 hello.rom 파일이 생성된다.

실행 결과는 다음과 같다.

libMSX 실행 결과

12.1.5 MSX SDCC Boilerplate

MSX SDCC Boilerplate는 MSX 게임을 제작하기 위한 프로젝트 템플릿을 제공한다. 40 KB 롬 형식으로 게임을 빌드할 수 있다. BIOS 및 VDP 리소스에 액세스하기 위한 간단한 라이브러리가 포함되어 있다. 또한 템플릿은 간단한 게임 루프 코드를 포함한다.

```
https://github.com/jannone/msx-sdcc-boilerplate
```

소스 코드를 다운로드하고 압축을 푼 다음 콘솔창을 실행해서 압축을 푼 폴더로 이동한다. make 명령을 입력하면 src 폴더에 program.rom 파일이 생성된다. 예제는 별들이 있는 우주 배경이 가로 방향으로 스크롤되는 화면을 보여준다.

횡스크롤하는 우주 배경

src 폴더에서 프로젝트를 확인할 수 있으며 game.c 파일에 게임 루프가 구현되어 있으니 참고한다.

12.1.6 I.N.E.R.T.I.A.

〈I.N.E.R.T.I.A.〉는 2006년에 MSX 게임 콘테스트 MSXdev에 출품된 작품이다.

```
http://andrear.altervista.org/home/inertia.php
```

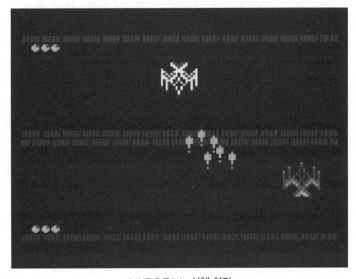

I.N.E.R.T.I.A. 타이틀 화면

I.N.E.R.T.I.A. 실행 화면

홈페이지에서 소스 코드를 다운로드하고 압축을 푼 다음 콘솔창을 실행해서 루트 폴더로 이동한다.

```
make clean
make
```

빌드 결과 inertia.rom 파일이 생성된다.

12.1.7 MSX Fighter

MSX Fighter 프로젝트를 참고하면 대전 격투 게임을 제작할 수 있다.

```
https://github.com/arcadenea/msxfighter
```

콘솔창을 실행하고 프로젝트 폴더로 이동한 다음 make 명령을 입력하면 정상 빌드된다. 개발 중인 버전이라 완벽하지는 않다.

MSX Fighter 실행 화면

12.1.8 azombie

azombie 프로젝트는 캐릭터와 적의 이동을 실시간이 아닌 턴 형식으로 보여주는 예제다.

```
https://github.com/samsaga2/azombie
```

WSL2를 사용해서 빌드한다. 프로젝트 루트 폴더로 이동한 다음 make를 입력하면 out.rom 파일이 생성된다.

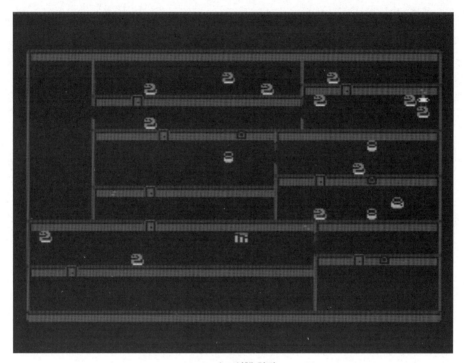

azombe 실행 화면

12.2 HI-TECH C 컴파일러

HI-TECH C 컴파일러는 임베디드 시스템 개발 도구 전문인 HI-Tech Software가 개발한 컴파일러다. 이 C 언어 임베디드 소프트웨어 개발 시스템은 기존 어셈블리 언어 프로그래밍에 비해 다음과 같은 실질적인 이점을 제공한다. ANSI/ISO 표준 컴파일러를 사용하여 복잡한 임베디드 시스템의 개발을 짧은 시간 안에 완료할 수 있으며 유지 관리가 쉽다. 또한 어셈블러나 C 컴파일러에서 사용할 수 없는 부동소수점 연산과 같은 기능도 지원하므로 이전에 '너무 어려운' 것으로 간주되었던 기능을 제품

에 쉽게 추가할 수 있다.[4]

HI-TECH C 컴파일러는 크로스 플랫폼 컴파일러이므로 MSX 플랫폼이 아닌 호스트 플랫폼에서 Z80 계열, 즉 MSX 플랫폼이나 CP/M[5] 플랫폼용 응용프로그램을 만들 수 있다. 여기서는 MS-DOS 플랫폼과 CP/M 환경에서 MSX용 응용프로그램을 생성하는 방법을 소개한다.

12.2.1 HelloWorld

먼저 CP/M을 에뮬레이트하는 환경에서 HI-TECH C 컴파일러로 소스 코드를 빌드해본다. 참조 페이지 또는 공유 폴더에서 CP/M program EXEcutor 0.4 버전을 다운로드한다. C:\cpm32_04 폴더에 프로그램을 설치했다고 가정하고, 다음과 같이 빌드 환경을 구축한다.

먼저 환경 변수에 CPMPATH를 추가한다.

사용자 변수 편집	×
변수 이름(N):	CPMPATH
변수 값(V):	C:\cpm32_04\cpm\hitech
디렉터리 찾아보기(D)... 파일 찾아보기(F)...	확인 취소

CPMPATH 설정

그다음에는 cpm이 어디서든지 실행될 수 있도록 환경 변수 PATH에도 경로를 추가한다.

이제 다음과 같이 코드를 입력해서 hello.c 파일을 만든다.

```c
#include <stdio.h>

void main()
    printf("hello world!!");
}
```

파일을 생성했다면 콘솔창을 열고 다음 명령을 입력해서 바이너리를 생성한다.

```
cpm c hello.c
```

---

4   당연하지만 이 설명은 1980년대 시점에서 봤을 때 유효한 내용이다.

5   CP/M은 인텔 8080/85 마이크로프로세서 기반에서 작동하도록 제작된 운영체제이다. 디지털 리서치의 게리 킬달(Gary Kildall)이 만들었다.

실행 결과 hello.com 파일이 생성된다. MSX-DOS에서 정상 실행되는지 확인해본다.

12.2.2 C experiments for msx

CP/M에 이어 MS-DOS 플랫폼에서 HITECH-C를 활용하는 법을 살펴보자. 다음 링크에서 MS-DOS에서 작동하는 HI-TECH C 컴파일러를 다운로드할 수 있다.

```
https://github.com/agn453/HI-TECH-Z80-C-Cross-Compiler
```

다만 확인해본 결과 이 버전의 컴파일러를 사용하는 예제를 찾을 수 없어서 이 컴파일러 대신 Hitech C cross compiler v7.8pl2라는 버전을 사용하겠다. 도스박스[6]에 이 컴파일러를 설치한 도구를 공유 폴더에서 다운로드한다(dosbox_msx.rar).

샘플 프로젝트는 아래 링크에서 확인할 수 있다. 도스박스에 미리 해당 프로젝트를 설치해뒀다.

```
https://github.com/artrag/C-experiments-for-msx
```

도스에서 빌드 가능한 MSX 샘플 코드

---

6   도스박스에 대해서는 5부에서 자세히 설명한다.

이 예제는 스크린 모드 5를 사용하며 결과물은 MSX-DOS에서 실행할 수 있다. 먼저 도스박스를 실행하고 MSX 폴더로 이동한 다음 아래 빌드 스크립트를 입력한다. 또는 미리 만들어둔 run.bat 배치 파일을 실행한다.

```
asz80 BMOVE.ASM
asz80 SC5.ASM
ZC.EXE DEMOFSM.C VDPIO.C DSKIO.C BMOVE.OBJ SC5.OBJ -ASMLIST -PSECTMAP -Bc -P8 -O -Zg-HSTART.
SYM -OSTART.COM -MSTART.MAP
```

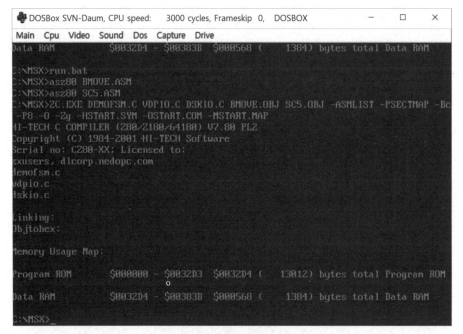

도스박스에서 MSX 샘플 예제 빌드

빌드한 결과물을 11장에서 소개한 MSX-DOS 시스템에서 실행해보자.

- START.COM, tesy.cpy, bg1.pl5 파일을 MSX-DOS 시스템의 DSK_F 폴더에 복사를 한다.
- openMSX를 실행한 다음 F 드라이브로 이동한다. 그다음 START를 입력해서 예제를 실행한다.

12.2.3 CR3

〈CR3〉는 MSX2 머신에서 작동하는 미니 게임이다. 마사키 오바Masaki Oba가 제작했으며 2017년에 1.1 버전이 나왔다. BDS C로 먼저 작성되었으나 HI-TECH C 버전 3.90 CP/M 환경에서도 빌드 가능하도록 포팅되었다. BDS C로 MSX 게임을 제작한다면 마사키 오바가 자체 제작한 asu-MSX 라이브러리를 활용할 수 있으니 참고한다.

```
https://www.nabeta.tk/en/msx/cr3develop.html
```

소스를 다운로드하고 압축을 푼 다음 cr3_c_source\hitechc 폴더로 이동한다. 그다음 makecr3ht.bat 배치 파일을 실행하면 CR3.COM 파일이 생성된다. MSX-DOS에서 실행해본다. WebMSX로도 플레이 가능하니 참조 페이지를 확인한다.

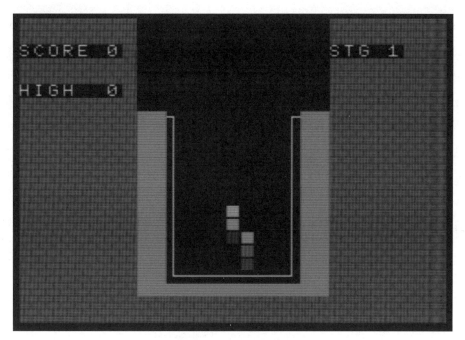

샘플 프로젝트 실행 화면

HI-TECH C 기반으로 빌드하면 타깃 플랫폼은 MSX-DOS만 가능하다. 하지만 BDS C로 빌드하면 롬 파일로도 빌드 가능하니 참고한다.

12.3 Fusion-C

Fusion-C는 MSX-DOS에서 실행 가능한 COM 파일을 제작하는 데 도움을 주는 C 라이브러리다. MSX 게임 및 기타 소프트웨어를 C 언어를 활용해서 제작할 수 있으며 다양한 MSX 하드웨어에 대응한다. MSX의 복잡한 스프라이트 시스템이나 비디오 처리, 인터럽트 등을 C 레벨에서 편하게 처리할 수 있으며 메모리 매퍼에 대한 처리도 라이브러리 단에서 제공하므로 고용량의 게임 제작이 가능

하다.[7]

12.3.1 환경 설정

먼저 라이브러리가 제공하는 테스트 프로젝트를 빌드해보겠다(윈도우 운영체제 기준, SDCC 4.0). 아래 링크에서 Fusion-C-v1.2를 다운로드하고 압축을 푼다.

```
https://github.com/ericb59/Fusion-C-v1.2
```

그다음 공유 폴더에서 Fusion-C_ToolsChain.zip 파일을 다운받는다. 이 툴체인에서 openMSX와 hex2bin 유틸을 확인할 수 있다. openmsx-0.15.0-windows-vc-x64-bin.zip 파일을 찾아 압축을 푼 다음 Fusion-C가 설치된 폴더의 Working Folder/openMSX로 이동시킨다. 그리고 OpenMSX ROMS 폴더의 내용을 Working Folder/openMSX/share로 이동시킨다. hextobin 유틸도 Working Folder 폴더로 복사한다. 마지막으로 fusion.lib를 공유 폴더에서 다운받고 Working Folder/fusion/lib 폴더에 복사한다.[8] 이걸로 빌드 시스템 구축은 완료다.

이제 콘솔창을 실행하고 Working Folder로 이동한 다음 아래 명령을 입력한다.

```
compil.bat test
```

이 배치 파일의 명령은 test.c 소스 코드를 빌드해서 test.com 파일을 생성하고 dsk 폴더로 복사한다. 그다음 openMSX 폴더의 openMSX를 실행시킨다. openMSX는 dsk 폴더를 플로피 디스크로 마운트 하며 MSX-DOS를 실행시킨다. dir 명령을 입력해서 파일을 확인한 다음 test.com을 입력해서 프로그램을 실행하자. openMSX의 MSX 구동 환경은 emul_start_config.txt 파일을 참조한다.

계속해서 소개하는 Fusion-C 프로젝트들의 빌드는 지금 구축한 개발 환경의 복사본을 만들어 진행한다.

---

7   Fusion-C 라이브러리를 활용한 게임 개발을 설명하는 서적도 존재하니 확인해보기 바란다.

8   이 라이브러리를 교체해주지 않으면 일부 프로젝트에서 사운드 함수 관련 링크 오류가 발생한다.

Fusion-C 라이브러리를 활용한 테스트 프로젝트 실행 결과

find 유틸 실행에 문제가 발생한다면

compil.bat 배치 파일을 실행하면 COM 파일을 생성한 다음 자동으로 openMSX를 찾아서 실행한다. 이때 파일을 찾는 프로그램이 find.exe다. 그런데 find라는 이름의 실행 프로그램이 다수 존재하고 시스템 환경 변수의 PATH에 복수로 등록이 되어 있다면, 기본 find.exe의 실행이 후순위로 밀려날 수 있다. 콘솔창에서 find 관련 경고 메시지가 발생하면 이 문제가 아닌지 확인하고 기본 find.exe가 실행될 수 있게 조치하자.

12.3.2 bncball

이 예제는 화면상에서 공을 스프라이트하는 방법을 보여준다.

추가 리소스는 필요하지 않다. Working Folder 폴더로 bncball.c 파일을 복사한 다음 콘솔창에서 다음 명령을 입력한다. bncball.c 파일은 공유 폴더에서 확인한다.

```
compil bncball
```

bncball 실행 결과

소스 코드를 살펴보면 참고할 내용이 많으니 꼭 살펴본다. 예를 들어 공을 표현하는 데 사용한 패턴은 다음과 같다.

```
unsigned char ball_pattern[]={
    0b00111100,
    0b01111110,
    0b11111111,
    0b11111111,
    0b11111111,
    0b11111111,
    0b01111110,
    0b00111100
};
```

볼의 패턴을 비트 단위로 표현한 배열이며 1로 표현한 부분이 공을 나타낸다는 것을 쉽게 알 수 있다. 또한 16 × 16 패턴이 아닌 8 × 8 패턴을 사용했다는 걸 알 수 있다.

12.3.3 Brick Breaker Santa Demo

Fusion-C 1.2 버전에서 제공하는 공식 데모 프로젝트다. 이 예제는 브레이크아웃 예제와 동일하지만 매우 완성도가 높다. 다음 링크에서 소스를 다운로드한다.

https://github.com/ericb59/Brick-Breaker-Santa-Demo

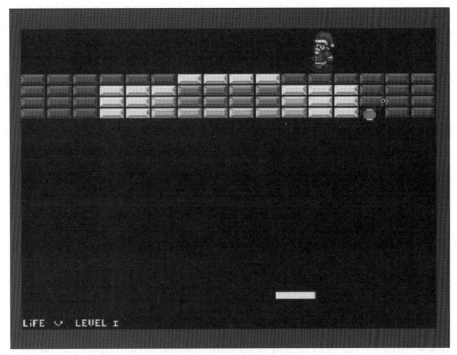

Brick Breaker Santa Demo

그다음 Working Folder/dsk 폴더로 프로젝트의 source 폴더 내용을 전부 복사하고(png 파일 제외) bbreaker.c 파일을 Working Folder 폴더로 이동시킨다. 그런 다음 콘솔창을 실행하고 Working Folder 폴더로 이동해서 아래 명령을 입력한다.

```
compil.bat bbreaker
```

빌드 시 75행에서 에러가 발생할 것이다. 아래와 같이 수정해주자.

```
FT_Load Image => FT_Load_Image
```

openMSX가 실행되어 MSX-DOS가 구동되었으면 BBREAKER를 입력해서 게임을 실행한다.

12.3.4 Captain kik

Captain kik 예제는 횡스크롤 방향으로 이동하면서 적과 싸우는 플랫포머 게임이다. 참조 페이지를 확인해서 프로젝트를 다운로드하고 압축을 푼다. 프로젝트의 MSX2/C 폴더 전체 내용을 Working Folder로 복사한 다음 콘솔창을 실행하고 Working Folder 폴더로 이동해서 아래 명령을 입력한다.

```
compil.bat captain
```

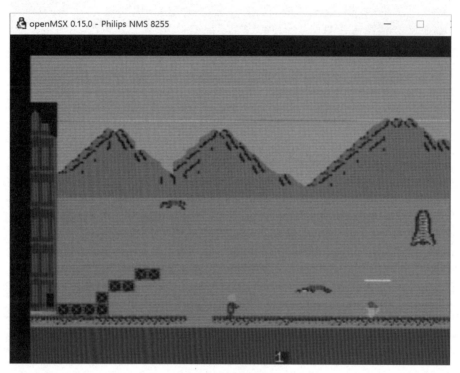

Captain kik 실행 화면

12.3.5 Atlanta

텍스트 어드벤처 게임 제작 시 도움이 되는 샘플 예제다.

```
https://github.com/sfranck72/Atalanta
```

Atlanta 메인 화면

프로젝트를 다운받고 압축을 푼 다음 전체 내용을 Working Folder로 복사한다.

빌드 명령은 다음과 같은데, 처음 받아서 빌드를 시도하면 Procedure.h 파일이 없다는 에러 메시지가 발생할 것이다. Procedure.h 파일을 공유 폴더에서 다운받아 다시 빌드한다.

```
compile.bat main
```

게임에 쓰이는 명령어는 main.c 파일의 liste_verbe 배열을 참고한다. 예를 들어 see 명령을 입력하면 주변을 둘러볼 수 있다.

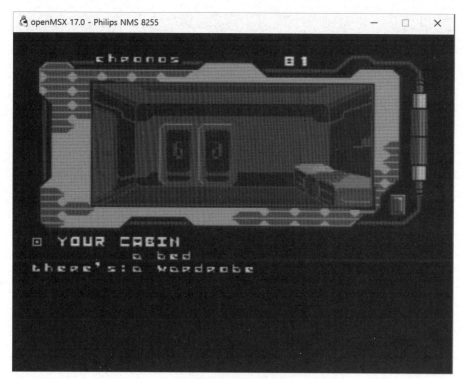

Atlanta 실행 화면

12.3.6 Star Rangers

이 게임은 던전 탐험 형식의 게임이다. 자세한 스펙은 아래 링크를 확인한다.

```
https://github.com/SaffronCR/msx-rpg
```

이 프로젝트는 계속 작업 중이라서 안정화된 이후 버전이 나올 때까지는 98 커밋 버전을 참고하는 것이 좋다. 98 버전은 던전의 이동이 가능한 버전이다. 공유 폴더의 Star Ranger.rar 파일이 98 커밋 버전에 해당하니 다운받는다. 프로젝트를 빌드하려면 다음과 같은 준비가 필요하다.

먼저 컴파일러 문제로 이 프로젝트는 SDCC 버전을 4.1로 변경해야 한다. 그다음 SDCC 자체를 수정해야 한다. 관리자 권한으로 콘솔창을 실행해서 SDCC가 설치된 경로의 lib\z80 폴더로 이동한 다음, 아래 명령을 순차적으로 입력한다.

```
copy z80.lib z80.save
sdar -d z80.lib printf.rel
sdar -d z80.lib sprintf.rel
```

```
sdar -d z80.lib vprintf.rel
sdar -d z80.lib putchar.rel
sdar -d z80.lib getchar.rel
```

Star Rangers 프로젝트는 비쥬얼 스튜디오 코드를 활용해서 빌드할 수 있다. File → Open Folder를 선택해서 프로젝트 폴더를 연다. 그다음 메뉴의 Terminal → Run Build Task를 실행하면 프로젝트가 빌드된다.

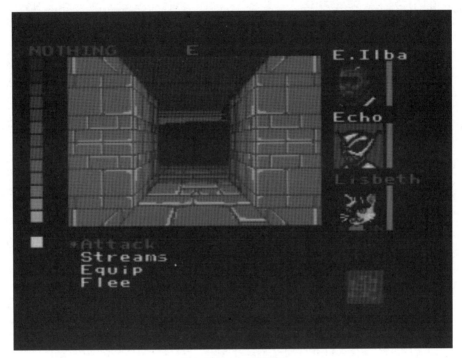

Star Rangers 실행 화면

12.3.7 레퍼런스

Fusion-C 라이브러리를 활용한 추가적인 샘플 예제는 Working Folder/fusion-c/examples 폴더를 참고한다.

12.4 비주얼 스튜디오

비주얼 스튜디오 Visual Studio는 현존하는 프로그램 개발 IDE 중에서 가장 강력한 도구다. 비주얼 스튜디오를 활용하면 훌륭한 GUI 인터페이스와 다양한 디버깅 기능을 활용해서 생산성을 높일 수 있다. 단점으로 지적되었던 C++ 패키지 관리 시스템도 대폭 강화되었으며 마켓 시스템을 통해 다양한 확장 기능도 쉽게 추가할 수 있다.

이번 절에서는 비주얼 스튜디오 템플릿을 활용해서 MSX 프로젝트를 빌드하는 법을 살펴볼 것이다. 여기서 소개할 비주얼 스튜디오 템플릿은 메이크파일 프로젝트에 기반하므로 먼저 간단하게 메이크 파일 프로젝트를 만드는 법을 살펴본다.

12.4.1 메이크파일 프로젝트

프로그래밍 세계에서는 오픈소스를 추구하는 경향이 강하다 보니 유닉스나 리눅스 계열에서 프로그램을 제작하는 개발자가 대부분을 차지한다. 그리고 유닉스나 리눅스 계열에 익숙한 개발자들은 GUI 빌드 시스템보다 콘솔 빌드 시스템을 선호하는 편이다. **Makefile** 스크립트를 통한 프로젝트 컴파일이 대표적인 예다. Makefile을 사용하면 프로젝트의 세부 빌드 사항을 지정하는 것이 가능하기 때문에 복잡한 빌드 처리 작업이 필요한 경우 make 시스템은 이상적일 수 있다.

한편 비주얼 스튜디오는 기본적으로 GUI 기반 개발 시스템이며 기본적인 빌드 관련 옵션은 자동으로 설정된다. 단순한 빌드 옵션만을 사용한다면 디폴트 그대로 사용해도 빌드하는 데 크게 어려움이 없다. 하지만 ubox MSX 라이브러리의 경우에는 빌드 시 다양한 커스텀 빌드 설정이 필요함을 확인한 바 있다. 이런 복잡한 커스텀 빌드 설정을 비쥬얼 스튜디오에서도 사용하고 싶다면 Makefile 스크립트를 활용하는 것이 좋다.

비주얼 스튜디오에서는 nmake.exe라는 make 유틸을 통해서 Makefile을 해석하여 프로젝트를 빌드할 수 있다. 다만 nmake가 사용하는 Makefile은 리눅스 계열에서 사용하는 Makefile과는 완벽하게 호환되지 않기 때문에 상황에 따라 수정할 필요가 있다. 그래서 여기서는 nmake.exe를 사용하지 않고 GNUWin32 Make 유틸리티를 사용하겠다. Make의 설치는 12.1.1절을 참고한다.

이제 간단한 메이크파일 프로젝트를 생성해서 커스텀 빌드 환경을 구축하는 방법을 살펴보자.

앞에서 살펴본 바 있는 Skeleton C project for MSX 프로젝트를 비쥬얼 스튜디오를 사용해서 빌드해보겠다. SDCC 4.0 버전이 설치되어 있다고 가정한다.

먼저 '새 프로젝트 만들기'에서 메이크파일 프로젝트 파일을 생성한다.

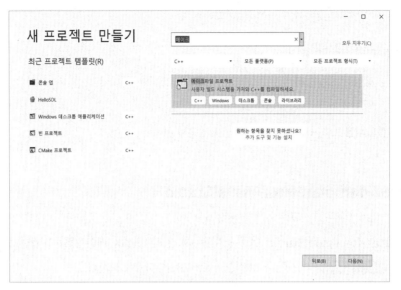

메이크 프로젝트 생성

프로젝트 이름은 helloworld로 입력하고 설정 다이얼로그에서 다음과 같이 입력한다.

메이크파일 프로젝트
디버그 구성 설정

디버그 설정

릴리스 설정

빌드 명령줄(U)

```
make
```

정리 명령줄(C)

```
make clean
```

다시 빌드 명령줄(R)

```
make clean all
```

출력(디버깅용)(O)

```
helloworld.exe
```

프로젝트를 생성했으면 Skeleton C project for MSX 프로젝트의 내용을 helloproject/helloproject 폴
더로 복사한다. 그리고 helloproject/helloproject 폴더에 bin 폴더를 만든다. 마지막으로 소스 필터에
main.c 파일을 추가한다.

이제 프로젝트를 빌드해보자. 결과는 다음과 같아야 한다.

```
1>Allocate_Memory_and_Rewind:
.....
1>Overlapped record detected
......
1>Done.
========== 빌드: 성공 1, 실패 0, 최신 0, 생략 0 ==========
```

12.4.2 MSX-Templates-for-VisualStudio

앞에서는 간단하게 비주얼 스튜디오를 활용해서 메이크파일 프로젝트를 구축했다. 여기서 소개할
MSX-Templates-for-VisualStudio 템플릿은 좀 더 진보된 MSX 게임 개발을 위한 템플릿을 제공
한다. 주소는 참조 페이지를 확인한다. 버전은 v00.05.01을 다운로드한다.

template이라는 이름이 들어 있는 파일 세 개를 C:\Users\Documents\Visual Studio 2019\Templates\
ProjectTemplates 경로에 복사한다(경로는 독자의 컴퓨터 환경에 따라 다를 수 있다).

그다음 비주얼 스튜디오를 실행하고 새 프로젝트를 만들면 다음 그림처럼 MSX 개발 템플릿 세 개를
확인할 수 있다.

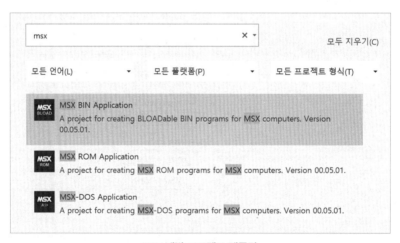

MSX 개발 프로젝트 템플릿

MSX ROM Application 템플릿을 선택하면 기본 프로젝트가 생성된다. 프로젝트를 빌드해서 생성한
롬 파일이 정상 작동하는지 확인해본다. 계속해서 이 MSX 프로젝트 템플릿을 기반으로 작성한 프로
젝트를 소개한다.

12.4.3 Arya

MSX 템플릿을 사용해서 개발한 게임으로 Arya가 있다. Arya 게임의 목표는 가로, 세로, 또는 대각선 방향으로 같은 색상의 블록을 연속해서 나열해서 조각을 제거하는 것이다.

아래 링크에서 소스 코드를 확인할 수 있다.

https://github.com/albs-br/arya

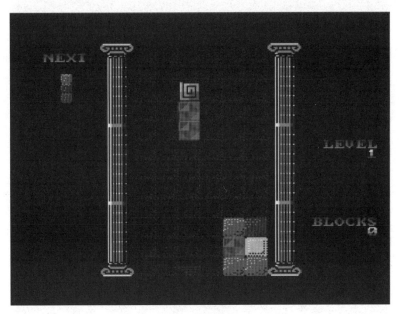

Arya 실행 화면

비주얼 스튜디오로 솔루션 파일을 열고 프로젝트를 빌드해서 롬을 생성한 다음 게임이 정상 작동하는지 확인한다.

12.4.4 테트리스

이 테트리스 프로젝트는 Arya 프로젝트를 참고해서 필자가 제작 중인 게임이다. 메인 로직은 4.3절의 테트리스와 동일하지만 MSX API가 달라서 어느 정도 수정이 되었다. Arya의 리소스를 최대한 활용했다.

https://github.com/pdpdds/MSXTetris

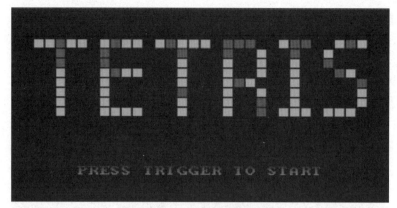

테트리스 메인 화면

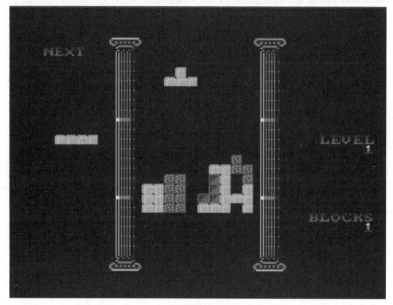

메인 화면

특별히 어려운 부분은 없으므로 지금까지 책의 내용을 잘 따라왔다면 Arya 및 테트리스 프로젝트를 쉽게 분석할 수 있을 것이다.

12.5 Z88DK

Z88DK는 8080 및 Z80 머신에서 작동하는 프로그램을 개발하기 위한 소프트웨어 개발 도구 모음이다. Z88DK 개발 프로젝트는 Cambridge Z88용 TCP 스택을 쉽게 구현하기 위해 1998년에 시작한 프

로젝트다. Z88DK는 계속해서 라이브러리 기능이 개선되고 있으며 툴체인 구축이 용이한 점이 큰 장점이다.

Z88DK를 사용하면 C와 어셈블리 언어 또는 두 가지를 섞어서 프로그램을 개발할 수 있다. Z88DK는 Z80 어셈블리 언어로 구현한 다양한 C 표준 및 확장을 제공하므로 사용하기가 편하다.

12.5.1 환경 구축

다음 깃허브 저장소의 Release 메뉴에서 z88dk-win32-2.1.zip 파일을 다운로드한다.

```
https://github.com/z88dk/z88dk
```

툴은 C:\z88dk 폴더에 설치했다고 가정한다. 빌드 툴과 라이브러리 경로를 환경 변수에 등록해서 빌드할 수도 있지만 일단은 z88dk 폴더의 z88dk_prompt.bat 배치 파일을 실행해서 환경 변수를 추가하지 않고 사용한다.

컴파일은 zcc 프로그램으로 실행한다. zcc 명령의 파라미터로 -subtype=msxdos를 지정하면 MSX-DOS 실행 파일 형식인 COM 파일이 생성되며 -subtype=rom을 지정하면 롬 파일이 생성된다.

MSX-DOS COM 파일 생성 예
```
zcc +msx -DNODELAY -lm -subtype=msxdos test.c -o test.com
```

롬 파일 생성 예
```
zcc +msx -DNODELAY -lm -subtype=rom test.c -o test.rom
```

이어서 샘플 프로젝트들을 소개할 텐데, 빌드는 z88dk_prompt.bat 배치 파일을 실행해서 띄운 콘솔창에서 진행한다. 샘플 프로젝트는 모두 공유 폴더의 Z88DK 폴더 중 sample 폴더에서 확인할 수 있다.

12.5.2 plot

plot 샘플은 점을 찍어 사인파 곡선을 그리는 프로그램이다. 콘솔창에서 다음과 같이 입력한다.

```
zcc +msx -lndos -create-app -subtype=rom plot.c -o plot.rom
```

실행 결과는 다음과 같다.

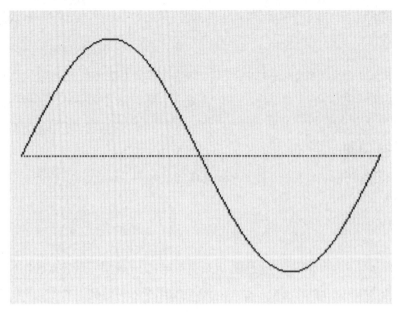

사인 곡선

12.5.3 틱택토

11.5.2절에서 소개한 틱택토의 소스 코드와 동일한 틱택토다.

```
zcc +msx -lndos -create-app -subtype=rom tictacto.c -o tictacto.rom
```

12.5.4 balloons

이 샘플 코드는 수많은 풍선이 종스크롤하는 모습을 보여준다.

```
zcc +msx -lndos -create-app -subtype=rom -bn balloons balloons.c -o balloons.rom
```

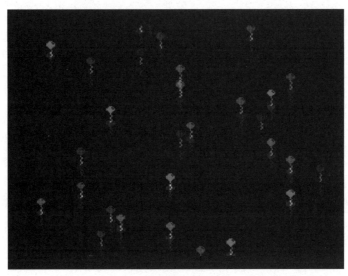

종스크롤하는 풍선

12.5.5 Death Star

Z88DK에서 제공하는 샘플 게임이다. 공유 폴더가 아니라 examples 폴더에서 확인할 수 있다.

```
zcc +msx -lndos -create-app -subtype=rom dstar.c -o dstar.rom
```

Q, A, O, P키를 사용해서 오브젝트를 모두 먹어야 다음 단계로 게임이 진행된다.

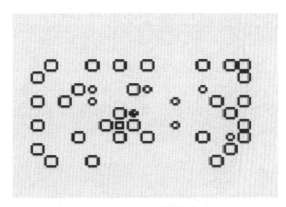

Death Star 실행 화면

12.6 RetroDeluxe 게임 엔진

RetroDeluxe 게임 엔진은 C로 작성되었으며 MSX 게임을 가능한 한 손쉽게 제작할 수 있도록 도움을 주는 것을 목표로 한다.

빌드 환경은 WSL2, 우분투 20.04 LTS이며 프로젝트는 아래 링크에서 확인할 수 있다.

```
https://github.com/retrodeluxe/rlengine-msx
```

우분투(또는 WSL)를 실행하고 적당한 폴더에서 소스 코드를 다운로드하자. git 명령을 사용해서 다운로드하거나 직접 깃허브로부터 코드를 다운로드한다. 그다음 소스 폴더로 이동해서 다음 명령을 입력하면, 전체 테스트 프로젝트가 빌드된다.

```
make test
```

RetroDeluxe 게임 엔진은 다양한 데모 프로그램을 제공한다. 다음 그림은 물리 처리를 보여주는 phys_test 예제다.

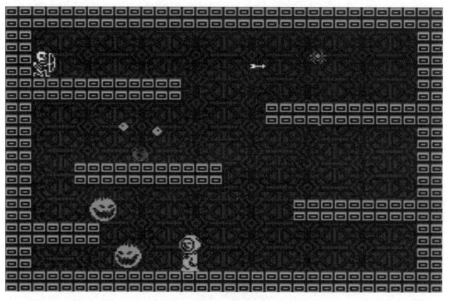

phys_test 예제

map_test 예제는 배경 맵을 출력하는 방법을 보여준다.

map_test 배경 맵 출력 예제

RetroDeluxe 게임 엔진을 활용한 게임 〈l'Abbaye des Morts〉가 2020년 MSXdev에 출시되었다. 다음 그림을 보면 알 수 있겠지만 데모 프로젝트를 기반으로 개발된 게임임을 알 수 있다.

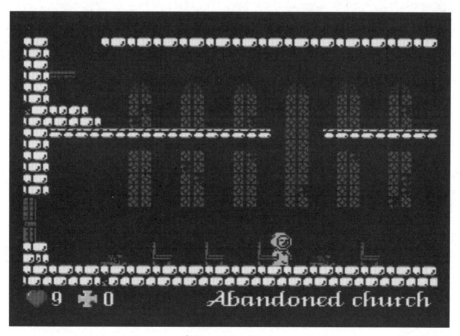

l'Abbaye des Morts

12.7 MSX2DAAD

이번 절에서는 C 언어로 게임을 개발하시 않고 스크립트 언어로 MSX 게임을 개발할 수 있는 **MSX2DAAD**를 소개한다. 먼저 DAAD를 알아둘 필요가 있다.

DADD는 여러 플랫폼에서 작동할 수 있는 어드벤처 게임 작성 시스템이며 8비트 및 16비트 머신에서 사용할 수 있다. 시나리오를 단일 소스로 작성해서 컴파일한 다음 타깃 머신의 DAAD 인터프리터를 사용하면 타깃 머신에서 게임을 작동시킬 수 있다. MSX2DAAD는 이 DAAD 인터프리터를 기반으로 해서 MSX 그래픽 텍스트 어드벤처 게임을 작성 가능하게 해주는 프로젝트다. 자세한 내용은 깃허브 저장소를 참조한다.

```
https://github.com/nataliapc/msx2daad
```

MSX2DAAD는 우분투 20.04 LTS에서 빌드 가능하다. 위 깃허브 저장소에서 소스 코드를 다운로드하고 압축을 푼 다음 WSL을 실행한다. 그런 다음 프로젝트 폴더로 이동해서 make 명령을 입력하면 dsk 폴더에 msx2daad.com 파일이 생성된다.

dsk 폴더에 있는 파일들은 DAAD 인터프리터를 위해 필요한 기본적인 파일들이다. 게임 스크립트인 DAAD.DDB 파일은 개발자가 작성해야 한다. MSX2DAAD의 샘플 프로그램을 확인하려면 먼저 깃허브 저장소의 Release 메뉴에서 버전 1.5을 다운로드하고 test_disks 폴더에 있는 TEST_EN.DSK를 MSX-C 개발 시스템의 루트 폴더로 복사한다. 그다음 emul_start_config.txt 파일에서 diska dsk_f를 다음과 같이 수정한다.

```
diska TEST_EN.DSK
```

플로피 디스크 마운트를 폴더에서 가상 플로피 디스크로 변경한 것이다. 이제 run.bat 파일을 실행해서 게임이 실행되는지 확인해본다.

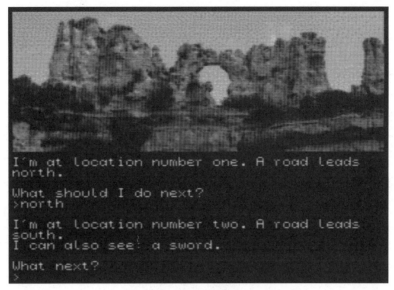

msx2daad 실행 화면

DAAD 인터프리터는 수정할 일이 없으므로 게임을 개발하는 입장에서는 게임 스크립트만 작성하면 된다. 스크립트 파일인 DAAD.DDB은 DSF 파일을 DRC 컴파일러로 컴파일한 것이다. 그러므로 DSF 파일을 먼저 작성해야 한다. 공유 폴더에서 DSF 파일을 컴파일하기 위한 DRC 컴파일러를 다운로드한다(DAADRebornCompiler_20210430.zip).

루트 폴더에는 BLANK_EN.DSF 파일이 있는데 이 파일이 DSF 기본 템플릿 파일이다. 이 파일을 windows 폴더로 복사한 다음 콘솔창을 실행하고 windows 폴더로 이동한 뒤 다음 명령을 실행한다. 이 명령은 MSX2 머신을 타깃으로 하며 스크린 모드 8을 사용하겠다는 의미다. 폰트는 6픽셀 너비로 지정한다.

```
drf MSX2 8_6 BLANK_EN.DSF
```

그러면 BLANK_EN.json 파일이 생성된다. 이 파일을 DDB 파일로 변환해야 하는데 PHP가 필요하다. 공유 폴더의 php-8.1.1-nts-Win32-vs16-x64.zip 파일을 다운로드해 PHP를 설치한다. 그다음 BLANK_EN.json 파일을 PHP 설치 폴더로 복사하고 PHP 폴더로 이동해서 아래 명령을 입력해서 DDB 파일을 생성한다.

```
php drb.php msx2 8_6 en blank_en.json daad.ddb
```

생성된 DAAD.DDB이 정상 작동하는지 MSX-C 시스템에서 실행해보자. 가상 플로피 디스크에 DAAD.DDB를 복사하거나 폴더로 DAAD.DDB 파일 및 리소스를 복사해서 테스트해본다.

MSX2DAAD로 제작된 게임으로 〈Zakil Wood〉라는 게임이 있으니 플레이해보자.

```
https://nataliapc.itch.io/zakilwoodmsx2
```

마치며

12장에서는 다양한 컴파일러와 라이브러리로 MSX 게임을 제작하는 방법을 살펴봤다. 윈도우 운영체제에서 개발 환경을 손쉽게 구축하고 바로 코딩 작업에 들어갈 수 있도록 도움을 주는 것을 주요 목표로 집필했다.

ubox MSX 라이브러리를 활용하면 2D 플랫포머 게임을 손쉽게 만들 수 있지만 MSX1 스펙에 한정된 게임밖에는 만들 수 없다. 12장에서 소개한 다양한 컴파일러와 라이브러리를 활용해서 게임을 제작한다면 MSX2 이상의 플랫폼에서 MSX 기기의 성능을 최대한 끌어낸 게임을 제작할 수 있을 것이다.

12장에서는 MSX 게임을 개발하는 데 사용하는 컴파일러 및 툴킷으로 SDCC, HI-TECH C, Z88DK, BDS C 등을 소개했다. 이 밖에도 MSX 프로그램 개발을 지원하는 컴파일러는 다수 존재하니 리서치를 해서 MSX 게임 제작 방법을 연구해보면, 게임 개발과는 또 다른 재미를 맛볼 수 있을 것이다.

또한 12장에서는 각각의 컴파일러마다 MSX 게임 개발에 도움을 주는 라이브러리를 확인할 수 있었다. 그중에서 SDCC를 사용하는 대표적인 라이브러리는 다음과 같았다.

- ubox MSX 라이브러리
- Fusion-C 라이브러리
- RetroDeluxe 게임 엔진

MSX1을 타깃으로 한다면 ubox MSX 라이브러리를 활용해서 게임을 개발하는 것이 적절한 선택이다. 만약 MSX2 이상의 스펙에서 작동하는 게임을 제작하고 싶다면 Fusion-C와 RetroDeluxe가 좋은 대안이 될 것이다. Fusion-C의 경우에는 관련 서적도 존재하니 진입 장벽이 낮을 것이며 Brick Breaker와 같은 좋은 샘플이 있으니 관심을 가져보기 바란다.

그리고 12장에서는 몇 가지 샘플 게임 프로젝트를 소개해서 다양한 장르의 게임 제작 가능성을 확인했다. 2D 플랫포머 게임뿐만 아니라 퍼즐 게임, 격투 게임, 슈팅 게임, 그리고 어드벤처 게임을 제작하는 방법을 제시했다. 샘플 소스 코드는 특정 장르의 게임을 제작할 때 좋은 길잡이가 될 것이며 주의해야 될 사항을 알려주는 좋은 레퍼런스가 될 것이다.

12장은 다음과 같은 절차로 활용할 수 있을 것이다.

1. MSX 게임 개발에 앞서 어느 정도의 스펙을 가진 게임을 개발할 것인지에 대해 결정을 내린다.

2. 어떤 장르의 게임을 개발할 것인지도 결정한다.

3. 자신이 익숙하다고 판단하는 플랫폼을 최종 개발 환경으로 선택한다.

예를 들어 어드벤처 게임을 개발하고 싶다면 MSX2DAAD가 이상적인 선택이 될 것이다. 단 이 어드벤처 게임 시스템으로 게임을 만들면 MSX1에서는 작동하지 않는다는 것을 유념하자.

13 CHAPTER

기타 언어 MSX 프로그래밍

본서는 C 언어로 중심으로 MSX 게임 개발 방법을 설명했지만 다른 언어로도 충분히 비슷한 품질의 MSX 게임을 개발하는 것이 가능하다. 여기서는 MSX 베이직, Z80 어셈블리, 자바 언어로 MSX 프로그램을 작성하는 방법을 살펴본다.

> **TIP** 파스칼로도 MSX 게임 개발이 가능하니 리서치해보기 바란다.

13.1 MSX 베이직

MSX 베이직은 베이직BASIC 프로그래밍 언어 중 하나다. 마이크로소프트 표준 베이직 버전 4.5를 기반으로 유연성과 확장성에 중점을 두고 설계되었다. 여러 MSX 개인용 컴퓨터의 기능에 맞게 작동되도록 만들어졌으며, 기존 표준 베이직 4.5에 비해 그래픽 기능과 음악 기능 등이 추가된 베이직 언어이다.

MSX 베이직 언어로 프로그래밍을 하려면 MSX 실기가 필요하며, 작성한 코드는 카세트 테이프 등에 저장해서 향후 다시 로드할 수 있다. 하지만 MSX 실기나 카세트 테이프 등을 준비하는 데는 큰 어려움이 따르므로 여기서는 소프트웨어 도구를 통해서 간단하게 MSX 베이직 프로그래밍을 하는 방법을 살펴보겠다.

13.1.1 가상 플로피 디스크 준비

작성한 베이직 프로그램을 저장하고 로드하기 위해서는 가상 플로피 디스크가 필요하다. **MSX 플로**

피 디스크 매니저MSX Floppy Disk Manager를 설치해서 공디스크 이미지를 만들어보자. <mark>참조 페이지</mark>에서 MSX 플로피 디스크 매니저를 다운로드한다.

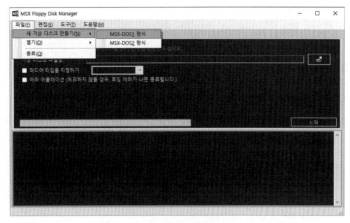

가상 플로피 이미지 만들기

메뉴의 파일 → 새 가상 디스크 만들기 → MSX-DOS1 형식을 선택하면 다이얼로그 창이 뜬다. 파일 이름을 basic으로 지정해서 공디스크를 생성하자. 저장 경로는 프로그램 화면에서 확인할 수 있다.

그런 다음 blueMSX를 실행해서 A 드라이브로 이 가상 디스크를 마운트한다. 필자는 basic.dsk로 만든 공디스크를 A 드라이브에 마운트시켰다.

가상 디스크 마운트

이제 blueMSX를 실행하면 플로피 디스크 드라이브에 공디스크가 삽입되어 있으므로 작성한 베이직 프로그램을 저장하는 것이 가능하다. 다음 절에서 샘플 베이직 프로그램을 작성한 다음 플로피 디스크에 저장하고 복원하는 과정을 확인해보겠다.

TIP 또 다른 가상 플로피 프로그램으로는 **Disk-Manager**를 추천한다. 13.3절에서는 이 프로그램을 사용한다.

13.1.2 스피드 게임

베이직으로 작성된 이 스피드 게임은 별표가 가장자리에 도달할 때까지 스페이스 바를 최대한 많이 눌러서 고득점을 얻는 것을 목표로 하는 게임이다. 참조 페이지 에서 스피드 게임 플레이 영상을 확인한다.

```
10 CLS
20 LOCATE 6,10,0
30 PRINT "Hit Space Key to Start"
40 K$ = INKEY$
50 IF K$<>" " THEN GOTO 40
60 C=0
65 SC=0
70 K$ = INKEY$
80 IF K$=" " THEN SC=SC+1
85 C=C+1
90 LOCATE 6,10,0
100 PRINT "      Score: ";SC;"          "
110 LOCATE C,12,0
120 PRINT " *"
130 IF C<35 THEN GOTO 70
```

게임의 로직은 다음과 같다.

- 먼저 CLS 명령으로 화면을 클리어하고 LOCATE 명령으로 커서를 (6, 10) 위치로 이동한다.

- "Hit Space Key to Start" 문자열을 출력하고 키 입력을 대기한다.

- 스페이스 바가 입력되면 점수를 1점 증가시킨다. 별표는 C 값이 35에 도달하기 전까지 오른쪽으로 이동하며 C가 35에 도달하면 게임이 종료된다. 35에 도달하기 전까지 스페이스 바를 최대한 빠르게 쳐야 고득점을 얻을 수 있다.

C 언어를 알고 있다면 위의 소스 코드를 이해하는 데 무리가 없을 것이다.

13.1.3 베이직 명령어

베이직 입출력을 다루기 위한 몇 가지 기본 명령을 소개한다.

MSX 베이직 명령어

명령어	설명
FILES	저장매체에 존재하는 파일 목록을 보여준다.
LIST	소스 코드를 출력한다.
RUN	프로그램을 실행한다.
SAVE	프로그램을 저장한다.
LOAD	베이직 프로그램을 불러온다.

예를 들어 소스 코드를 작성하고 나서 해당 소스 코드를 저장하고 싶다면 다음 명령을 입력한다.

```
SAVE "SPEED.BAS"
```

저장매체에 저장된 파일 목록을 보려면 다음 명령을 입력한다.

```
FILES
```

파일 리스트를 확인 후 베이직 프로그램을 로드하려면 LOAD 명령을 사용한다.

```
LOAD "SPEED.BAS"
```

일반적으로 파일 저장 및 로드 시에는 드라이브를 지정해야 하지만, 지정하지 않으면 기본으로 A 드라이브가 지정된다. 베이직으로 부팅한 다음 직접 스피드 게임의 소스 코드를 입력하고 저장을 해본다. 그다음 제대로 로드가 되는지 확인해본다.

13.1.4 PAPPLE

PAPPLE은 주인공이 적을 피해 과일을 먹는 게임으로 100% MSX 베이직으로 작성된 게임이다. 공유폴더에서 파일을 다운로드하고(PAPPLE1.BAS) 베이직에서 해당 파일을 로드해서 직접 실행해보자.

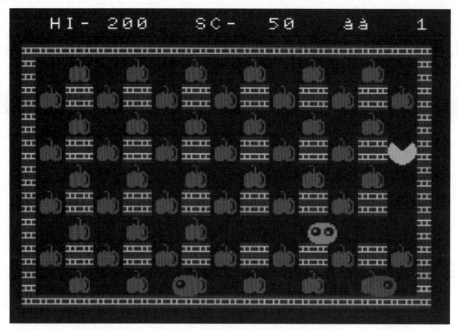

PAPPLE 게임

13.1.5 MSXPen

최근에는 클라우드 컴파일러가 대세다. 로컬 컴퓨터에 컴파일러가 없어도 웹에 접속 가능하다면 간단한 프로그램을 작성하고 컴파일 및 그 실행 결과를 확인할 수 있는 시대가 되었다. 예를 들어 C++과 파이썬도 온라인 컴파일러가 존재한다.

MSX도 **MSXPen**이라는 온라인 코드 에디터가 있어 웹상에서 코드를 작성하고 그 결과를 확인하는 것이 가능하다. MSXPen은 MSX 베이직 언어와 Z80 어셈블리 언어 컴파일을 지원한다.

https://msxpen.com

MSXPen 실행 화면

왼쪽 패널에는 소스 코드를 입력할 수 있으며 오른쪽 패널에는 WebMSX가 실행된다. 소스 코드 작성 후 WebMSX의 Run 버튼을 누르면 그 결과를 확인할 수 있다.

스피드 게임의 소스 코드를 복사하거나 직접 입력하여 게임이 제대로 실행되는지 확인해보자.

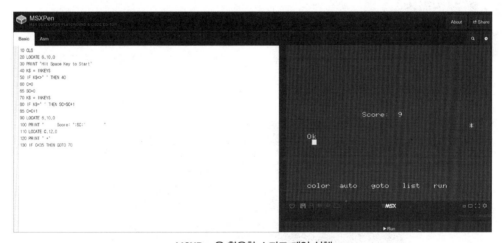

MSXPen을 활용한 스피드 게임 실행

참고로 MSXPen 이외에 **Tabmegx**라는 MSX 베이직 에디터도 살펴볼 만한 가치가 있다(13.3절에서 이에디터를 사용한다).

```
http://ni.x0.com/msx/tabmegx
```

MSX 베이직 에디터

13.1.6 레퍼런스

MSX에서 베이직으로 프로그래밍하는 방법에 대해서는 인터넷 검색을 통해 여러 좋은 자료를 찾을 수 있다. 미국에서는 MSX에서 베이직으로 게임 개발을 설명하는 서적 《Modern MSX BASIC Game Development》(Raul Portales, 2021)가 출간되기도 했다.

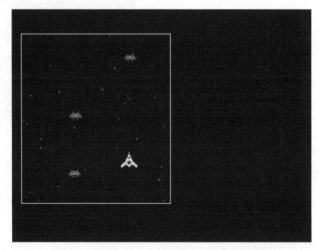

Modern MSX BASIC Game Development 예제

또한 다음 저장소에 있는 벽돌 깨기 게임 등의 자료는 베이직으로 게임을 작성하는 데 좋은 레퍼런스가
될 것이다.

https://github.com/aburi6800/msx-blockbreaker

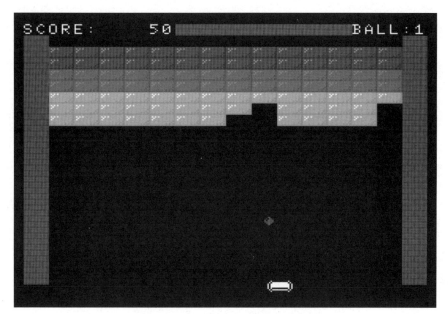

베이직으로 구현한 msx-blockbreaker

특히 이 저장소는 베이직으로 게임을 개발하는 내용뿐만 아니라 MSX 관련 툴이나 컴파일러도 잘 정
리되어 있어 참고할 가치가 있다. 베이직 게임 개발에 관심 있다면 방문해서 꼭 확인해보기 바란다.

13.2 Z80 어셈블리

인텔 계열 컴퓨터는 인텔 CPU를 제어하기 위해 x86 또는 x86-64 머신 코드를 사용한다. 한편 MSX
용 컴퓨터는 Z80이라는 CPU를 사용하며, 이 Z80 CPU를 제어하려면 Z80 CPU를 제어하기 위한 머
신 코드가 필요하다.

이 책은 C 언어로 MSX 게임 프로그래밍을 하는 방법을 보여주는 책이다. 그래서 Z80 어셈블리 언어
의 문법에 대해서는 자세히 설명하지 않았다. 또한 이 책을 읽는 데 필수적인 언어도 아니므로 필요
에 따라 학습하는 것이 좋다. 그리고 어셈블리 언어 자체는 어려운 언어도 아니다. 특히 Z80 어셈블

리 언어의 경우 명령어는 확장 명령어를 제외하면 256개[1]밖에 되지 않는다. 간단한 어셈블리 코드를 살펴보자.

```
ld a, '7'
out (1), a
```

위 코드는 7이라는 문자를 a 레지스터에 로드한 다음 화면상으로 출력하는 코드다.

```
in a, (1)
```

위 코드는 입력 장치로부터 1바이트를 읽어 a 레지스터에 저장하는 코드다. 두 샘플을 통해서 Z80 어셈블리 언어 문법이 x86 어셈블리 언어 문법과 크게 다르지 않음을 알 수 있다. 레지스터의 종류와 이름은 다르지만 이런 부분은 중요하지 않다.

지금부터는 Z80 어셈블리 언어로 작성한 코드를 바이너리 프로그램으로 컴파일해보고 MSX에서 제대로 작동하는지 확인해보겠다.

13.2.1 HelloWorld

문자열을 화면에 출력하는 프로그램을 Z80 어셈블리 언어를 사용해서 구현해볼 것이다. Z80 어셈블리 언어를 빌드하기 위해 **glass** 자바 라이브러리를 활용한다. glass 자바 라이브러리는 Z80 어셈블리 언어로 작성한 코드를 컴파일해서 MSX에서 작동 가능한 롬 파일로 변환한다. Z80 어셈블러라고 보면 된다.

Z80 어셈블리 코드를 빌드하기 위해 참조 페이지를 확인해서 프로그램을 다운로드한다.

- 자바 SDK
- glass 자바 라이브러리 0.5 버전

자바 SDK를 설치하고 난 다음 제대로 설치되었는지 유무를 콘솔창을 실행해서 확인해본다.

```
java -version
```

---

1   https://clrhome.org/table에서 Z80 명령어 세트를 확인할 수 있다.

이제 HelloWorld 문자열을 출력하는 Z80 어셈블리 코드를 작성한다. 이미 우리는 HelloWorld 문자열을 출력하는 유사한 코드를 앞에서 살펴본 적이 있다.

```
CHPUT: equ 00a2h
    org 04000H
;------------------------------------------------
    db "AB" ;   ROM 시그너처
    dw Execute  ; start address
    db 0,0,0,0,0,0,0,0,0,0,0,0
;------------------------------------------------
Execute:
    ld hl,helloWorld
Loop:
    ld a,(hl)
    and a
    jr z,Done
    call CHPUT ; 화면상에 문자를 출력하기 위해 MSX BIOS 서비스 호출
    inc hl
    jr Loop
Done:
    di
    halt

helloWorld:
    db "Hello world!",0
    ds 8000h - $
```

이 코드를 helloworld.asm 파일로 저장한 다음 glass 라이브러리가 있는 폴더로 복사한다. 그다음 콘솔창을 실행하고 glass-0.5.jar 자바 파일과 어셈블리 소스 파일이 있는 폴더로 이동한 뒤 다음 명령을 입력한다.

```
java -jar glass-0.5.jar helloworld.asm hello-rom.rom
```

실행 결과 hello-rom.rom 파일이 생성된다. 이 롬 파일을 blueMSX에 마운트하고 실행한 결과는 다음과 같다.

Z80으로 작성한 HelloWorld 실행 결과

소스 코드에 사용된 어셈블리 명령어의 의미는 다음과 같다. 명령어 대부분은 이미 앞에서 확인한 바 있다.

Z80 명령어

명령어	설명
JR	상태가 설정되었으면 해당 주소로 점프한다.
LD	값을 복사한다.
INC	값을 증가시킨다.
CALL	MSX의 BIOS 서비스나 함수를 호출한다.
DB	바이트 배열을 정의한다.
DW	2바이트 워드 배열을 정의한다.
ORG	기준 주소를 설정한다.
HALT	프로그램 실행을 멈춘다.
DI	인터럽트를 끈다.

13.2.2 트랜스볼

glass 라이브러리를 활용해서 제작된 게임으로 〈트랜스볼Transball〉이라는 게임이 있다. 이 게임을 컴파일해보자. 먼저 아래 링크에서 소스를 다운로드한다.

```
https://github.com/santiontanon/transballmsx
```

소스 코드를 다운로드하고 나서 루트 폴더로 이동한 뒤, 다음 명령을 입력한다.

```
java -jar javatools/lib/glass.jar src/transball-main-en.asm transball-en.rom
```

실행 결과 transball-en.rom 롬 파일이 생성된다. 이 롬 파일을 blueMSX나 WebMSX의 카트리지에 마운트시켜 게임을 실행해보자.

트랜스볼 타이틀 화면

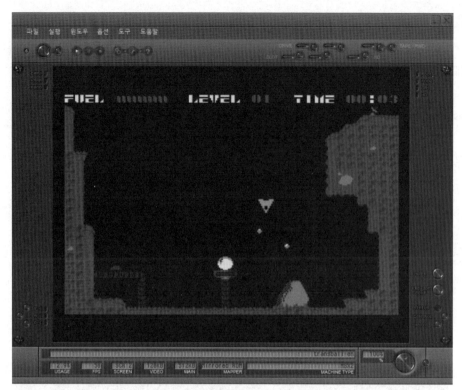

트랜스볼 메인 화면

Z80 어셈블리 언어에 능숙해진다면 MSX 플랫폼 전성기 시절에 출시된 상용 게임 수준의 게임을 제작하는 것도 가능할 것이다. 다만 Z80 어셈블리 언어는 현세대에서 주류인 언어도 아니며 게임을 작성하는 데 어셈블리 언어를 사용하는 것은 다소 시대착오적인 면이 있다. MSX 베이직 언어와 마찬가지로 Z80 언어를 현세대에서 활용하는 것은 학습 비용 대비 효율성 관점에서 볼 때 큰 의미를 가지지못한다. 다만 MSX 플랫폼에 가장 최적화된 게임을 만들고 싶다면 Z80 어셈블리 언어는 하나의 선택지가 될 수 있다.

2018년 MSXDev 출품작 중 하나인 〈Xracing〉도 Z80으로 게임 개발을 하는 데 좋은 레퍼런스가 된다.

```
https://github.com/santiontanon/xracing
```

13.2.3 MSXPen

이번에는 MSXPen을 사용해서 Z80 어셈블리 코드로 작성한 프로그램의 작동을 확인해본다.

MSXPen에 접속하고 나서 베이직 코드 영역에 아래 코드를 입력한다.

```
10 BLOAD"PROGRAM.BIN",R
```

위 코드는 바이너리 파일인 PROGRAM.BIN을 읽어서 실행한다. 이 파일은 어셈블리 코드를 작성하면 자동 생성되며 이름은 오른쪽 상단부의 톱니바퀴를 눌러서 변경하는 것이 가능하다.

PROGRAM.BIN 파일 이름 변경하기

ASM 코드 영역에는 "Hello World!" 문자열을 출력하는 코드를 입력한다.

```
; 화면에 문자를 출력하는 바이오스 서비스 번호
CHPUT:      equ 0x00a2

            ;생성된 바이너리의 시작 주소
            org 0xD000
;start 함수 시작부
start:
            ld hl, message
mainLoop:   ld a, (hl)
            cp 0
            ret z
            call CHPUT
            inc hl
            jr mainLoop
```

```
message:
          db "Hello world!",0

          ;start 함수 마지막
          end start
```

glass 라이브러리를 사용해서 롬 파일을 생성했을 때 사용한 HelloWorld 문자열 출력 소스와는 약간 다르다. MSX 시스템이 코드를 직접 실행하는 것이 아니라 베이직이 작성한 코드를 실행시키기 때문이다.

1. org 명령어를 사용할 때의 기준 주소가 0x4000에서 0xD000으로 변경되었다.

2. 롬 시그너처 등이 제거되었다.

롬팩으로 시작할 때는 MSX 시스템이 롬 데이터를 0x4000 주소에 매핑시킨다. 그리고 롬 파일이 유효한지를 검증하기 위해 0x4000 주소의 시작 데이터가 AB인지를 확인한다. 이는 데스크톱 PC가 부팅할 때 하드 디스크가 부팅 가능한지를 확인하기 위해 마스터 부트 레코드의 마지막 2바이트가 부팅 시그너처인지를 확인하는 것과 동일한 케이스라고 보면 되겠다.

MSX 시스템을 통해 롬을 실행할때는 0x4000 주소의 데이터가 AB였으면 그다음 2바이트를 읽는다. 이 2바이트는 롬의 메인 엔트리 주소다. 앞의 glass 라이브러리를 활용해서 빌드한 HelloWorld 코드에서는 2바이트로 정의된 Execute 변수에 메인 엔트리 함수 주소가 기록되어 있다. MSX 시스템은 이 메인 엔트리 함수를 호출해서 프로그램을 시작한다.

하지만 베이직이 먼저 실행되고 나서 바이너리 파일을 로드하는 경우, 베이직은 바이너리의 코드가 0xD000 주소를 기준으로 작성되었다고 가정한다. 그래서 이번 코드에서는 시작 기준 주소가 0xD000이 되어야 한다. 그리고 이 경우는 0xD000 주소의 코드를 바로 실행하므로 부팅과 관련된 시그너처나 메인 엔트리 함수 주소는 필요없다.

MSXPen에서 베이직을 경유하여 Z80 코드를 실행한 결과 화면

MSXPen에서 마우스 커서를 어셈블리 명령어로 이동시키면 해당 명령어에 대한 설명이 나오므로 손쉽게 Z80 어셈블리 언어를 학습하는 것이 가능하다.

13.2.4 8bitworkshop IDE

8bitworkshop IDE는 MSXPen과 마찬가지로 고전 하드웨어가 작동하는 원리를 배우는 데 도움을 주는 온라인 IDE다. 다양한 고전 하드웨어를 지원하며 MSX도 지원한다. 웹상에서 직접 코딩을 해서 그 결과를 확인할 수 있다.

```
https://8bitworkshop.com
```

"Hello, world!" 문자열을 무한히 출력하는 프로그램을 8bitworkshop IDE로 실행해보자. 홈페이지에 접속해서 온라인 IDE를 열면 샘플 코드가 자동으로 작성이 되어 프로그램이 실행된다. 코드는 온라인 IDE 에디터에서 확인할 수 있으므로 생략한다.

실행 결과는 다음과 같다.

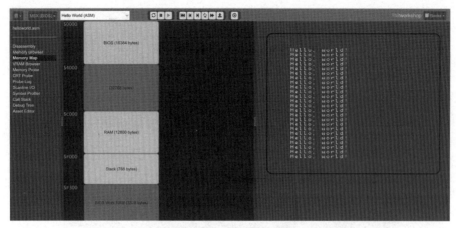

8bitworkshop IDE 실행 화면

그림에서 왼쪽 메뉴의 Memory Map 항목을 선택하면 MSX 프로그램이 실행할 때의 메모리 레이아웃을 확인할 수 있다. IDE의 자세한 사용법은 해당 홈페이지에서 매뉴얼을 참고한다.

13.2.5 펭귄 플랫포머 게임

펭귄이 나오는 플랫포머 게임 go-penguin은 MSX1 플랫폼에서 픽셀 기반 스크롤을 보여준다.

```
https://github.com/albs-br/penguin-platformer
```

빌드를 위해 먼저 다음 링크에서 **tniasm** 어셈블러를 다운로드한다.

```
http://www.tni.nl/products/tniasm.html
```

그다음 tniasm.exe 파일을 소스 폴더에 복사하고 콘솔창을 연 다음 루트 폴더로 이동해서 다음 명령을 입력한다.

```
tniasm main.s
```

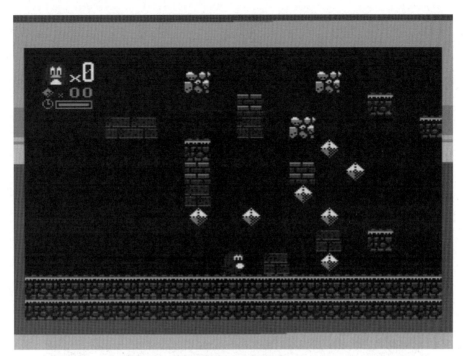

펭귄 플랫포머 실행 결과

13.2.6 퐁

〈퐁〉 스타일의 게임을 MSX-DOS에서 실행해보자. 다음 사이트에서 'Pong512 v1.34f'을 선택해서 소스 코드를 다운로드한다.

```
http://www.z80st.es/downloads/code
```

이 어셈블리 코드를 빌드하려면 **asMSX**가 필요하다. 다음 저장소에서 윈도우 버전을 다운로드한다.

```
https://github.com/Fubukimaru/asMSX
```

퐁 소스 파일을 asMSX를 설치한 폴더에 넣고 아래 명령을 입력해서 빌드한다.

```
asMSX PONG512.ASM
```

소스 코드를 빌드하면 485행에서 에러가 발생하는데 해당 부분을 주석 처리하면 정상 빌드된다. 이 행에는 RANDOM이라는 레이블이 존재하는데 이 RANDOM은 이미 정의된 심벌이라서 심벌 충돌로 인해 문제가 발생하는 것이다. RANDOM 레이블을 참조하는 곳이 없으므로, 레이블의 이름을 다른 이름으로 수정해도 되고 아니면 주석으로 처리해도 무방하다.

빌드 결과물은 바이너리 BIN 파일이므로 별도의 바이너리 로더 프로그램이 필요하다(BINLDR.COM).

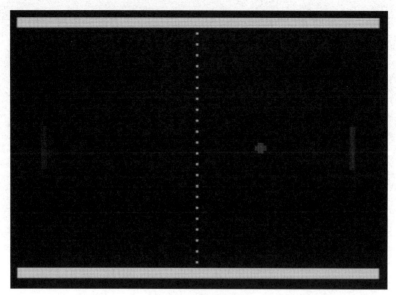

풍 게임 실행 결과

MSX-C 시스템에 풍 바이너리와 바이너리 로더를 복사해서 정상 실행되는지 확인해보자. 공유 폴더 에서 BINLDR.zip를 다운받아 압축을 풀고 BINLDR.COM 파일과 PONG512.bin 파일을 MSX-C 시스템의 디스크 폴더에 복사한다. 그다음 MSX-DOS를 실행하고 해당 디스크로 이동해서 다음과 같이 입력한다.

```
BINLDR PONG512
```

13.2.7 메탈기어

1987년 MSX2용으로 출시된 〈메탈기어〉 게임을 리버스 엔지니어링을 통해 재구성한 프로젝트다.

```
https://github.com/theNestruo/MetalGear
```

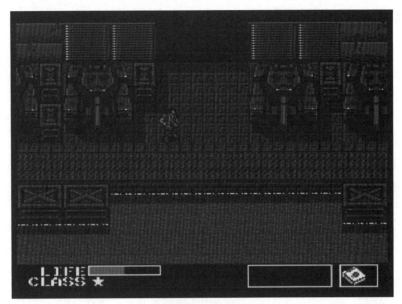

메탈기어 실행 화면

게임 코드를 빌드하기 위해서는 어셈블러 **Sjasm** 0.39h 버전이 필요하다. Sjasm을 다운로드하고 게임 파일을 복사한 다음 콘솔창에서 다음과 같이 입력한다.

```
Sjasm MetalGear.asm metalgear.rom
```

콘솔창이 아니라 비주얼 스튜디오 코드를 활용해서 빌드하고 싶다면 파일 메뉴의 Open Folder 항목을 선택해서 소스 폴더를 지정한 다음 task.json을 아래와 같이 수정한다.

```
"command": "./sjasm.static_link.exe MetalGear.asm metalgear.rom",
```

또는 Sjasm 설치 경로를 PATH 경로에 추가하면 task.json을 수정하지 않고 빌드할 수 있다.

13.3 자바

필자 개인적으로는 C++로 게임을 MSX 게임을 작성할 수 있다면 금상첨화일 것으로 생각했지만 안 타깝게도 MSX 플랫폼에서는 가능하지 않았다. 다만 객체 지향 언어인 자바 언어로 간단하게 MSX 프로그램을 작성할 수 있는 것은 확인했다. 자바 언어를 사용해서 MSX 프로그램을 작성해보자. blueMSX는 이미 설치되어 있다고 가정한다.

우선 참조 페이지를 확인해서 다음 네 가지 도구와 컴파일러를 다운로드하고 설치 또는 압축 해제한다.

1. 가상 플로피 디스크 프로그램인 **Disk-Manager**

2. MSX-BASIC 에디터 **Tabmegx**

3. **ccZ80++** 컴파일러

4. **ccZ80** 컴파일러

이제 Tabmegx를 처음 실행하면 설정 화면이 나온다. 이때 환경을 제대로 설정하지 않았다면 메뉴의 View → MSX, CPC Setting 항목을 선택해서 다시 환경 설정을 해주면 된다.

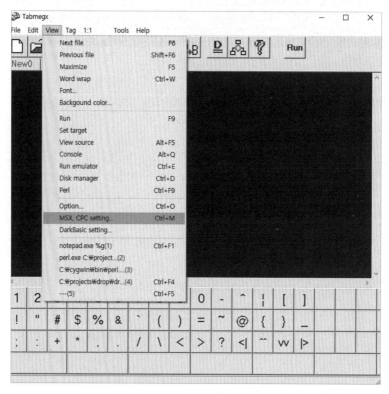

Tabmegx 실행 화면

환경 설정 화면에서는 Disk-Manager, Emulator, ccz80, ccz80++ 항목에 해당 바이너리 프로그램을 지정한다(에뮬레이터로는 blueMSX를 지정).

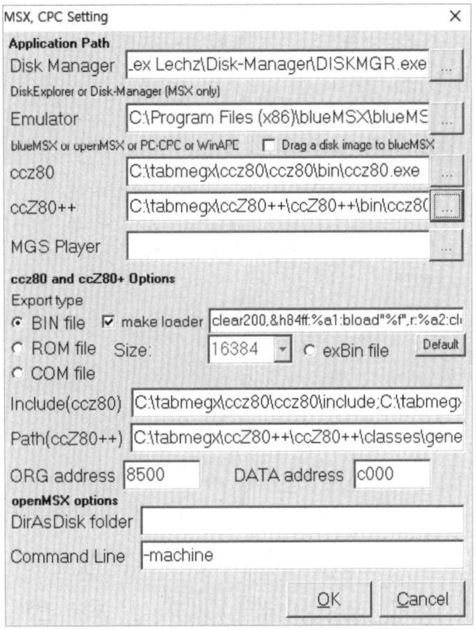

Tapmegx 환경 설정

이제 Tabmegx 메인 화면으로 돌아와서 아래 코드를 입력한다. 공의 좌표를 변경하고 나서 그 결과를 출력하는 간단한 코드다.

```
include Text.ccz80++

class Ball {
  const minX = 1, maxX = 32;
  const minY = 1, maxY = 24;
  public short coordX, coordY;

  public void SetPosition(short newX, short newY) {
    if (newX >= minX && newX <= maxX) coordX = newX;
    if (newY >= minY && newY <= maxY) coordY = newY;
  }

  public void MoveLeft() {
    MoveLeft(1);
  }

  public void MoveLeft(short positions) {
    if (coordX - positions >= minX) coordX -= positions;
    else coordX = minX;
  }
}
```

```
class Main {
  static void main() {
    Ball ball;  // 볼 객체 생성
    ball.SetPosition(10, 12);  // 볼의 위치 지정
    ball.MoveLeft();  // 볼을 왼쪽으로 이동
    ball.MoveLeft(3);  // 볼을 왼쪽으로 3만큼 이동

    Text.PrintString("ball X : ");  // 볼의 좌표 출력
    Text.PrintShort(ball.coordX);
    Text.PrintString(" Y : ");
    Text.PrintShort(ball.coordY);
  }
}
```

Main 클래스를 살펴보자. BALL 객체를 생성한 다음 객체의 위치를 (10, 12)로 지정한다. 그다음 ball
을 왼쪽으로 한 번 이동시키고 다시 3만큼 더 이동시킨다. 그럼 현재 공의 위치는 (6,12)가 된다. RUN
버튼을 눌러 프로그램을 실행해보자. 정상적으로 설정했다면 빌드 결과물이 임시 디스크 파일에 기
록된 다음 blueMSX가 실행될 것이다.

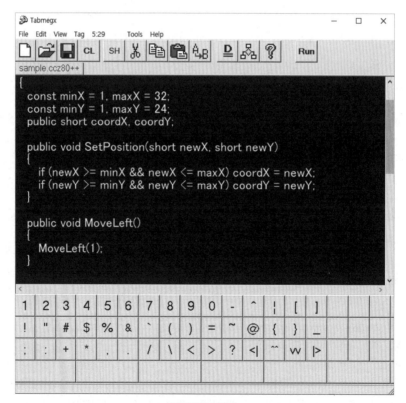

자바 코드 입력

실행 결과

현재 MSX를 지원하는 자바 클래스 라이브러리는 ccZ80++/classes/msx 폴더에서 확인할 수 있다. 예를 들어 문자열 출력 관련 클래스는 Text.ccz80++ 파일에서 확인할 수 있다.

메서드	내용
PrintString	문자열을 출력한다.
PrintInt	int형을 문자열로 출력한다.
PrintChar	char형을 문자로 출력한다.
PrintShort	short형을 문자열로 출력한다.
Locate	커서를 해당 좌표로 이동한다.

MSX 편 마무리

길고 긴 여정 끝에 MSX 게임 개발의 종착지에 도착한 것을 축하한다. 여기까지 책을 읽었다면 이제 독자는 자신만의 MSX 게임을 제작할 수 있는 능력을 갖췄을 것으로 확신한다. 이제 다른 게임 플랫폼을 살펴보기 전에 지금까지 학습한 내용을 되짚어보자.

- MSX 플랫폼 이해
- ubox MSX 라이브러리 사용법
- GREEN 프로젝트, 피라미드 퀘스트 프로젝트 분석
- 게임 리소스 제작 툴 작성
- 로깅, 디버거, 듀얼 시스템 프로그래밍
- 크로스 플랫폼 프로그래밍
- MSX1 플랫폼을 넘어서는 게임 개발
- C 이외의 언어로 MSX 프로그램 개발

레트로 게임은 게임 스펙이 그렇게 높지 않고 게임 구조가 단순하다. 그러므로 디자인 패턴 등을 활용해서 게임 구조를 복잡하게 만들 필요는 없다. 또한 플랫폼의 성능에 따른 제약 조건에 주의한다면 C 언어로도 무난하게 MSX 게임 제작이 가능한 것을 확인할 수 있었다.

MSX의 성능은 현시점에서 본다면 끔찍한 수준이지만 그런 제약 조건 속에서 작동하는 게임을 개발하는 것은 또 다른 재미를 선사한다. 그뿐만 아니라 처음부터 레트로 플랫폼의 제약 조건은 신경 쓰지 않고 게임을 개발할 수 있는 가능성도 확인했다. 듀얼 시스템 프로그래밍이 이를 가능하게 해준다.

예를 들어 GREEN 프로젝트는 MSX뿐만 아니라 Win32에서도 작동 가능한 바이너리를 생성할 수 있었는데, 이 사실을 이용해서 처음에는 MSX를 타깃으로 하지 않고 고성능(?)의 Win32용 게임을 개발한다. 즉 고해상도의 타일셋과 퀄리티 높은 음원으로 먼저 게임을 제작하는 것이다. ubox MSX API 라이브러리 인터페이스만 준수하면 MSX 플랫폼용으로도 정상 빌드가 보장되므로 일단은 성능은 고려하지 않고 게임을 개발한다. 그다음 Win32용으로 만족할 만큼 게임을 개발했다면 그때부터 MSX 플랫폼에서 작동 가능하도록 마이그레이션을 시

작하는 것이다. 이때는 게임 스펙을 낮추는 작업이 필요하다. 사운드의 음질을 떨어뜨려야 함은 물론 타일셋에 사용된 색상을 16가지 색상으로 줄여서 MSX에 어울리는 화면으로 변경해야 한다. 또한 게임 프레임이 제대로 나오지 않는다면 코드 최적화를 통해 성능을 향상시키는 작업도 필요하고 롬 크기가 32 K를 초과하면 이 크기에 맞추기 위해 중복 코드 등을 줄이는 리팩터링 작업도 필요하다. 최종 MSX 게임 결과물은 Win32용보다는 화려함이 떨어지겠지만 MSX 플랫폼에서 작동하는 과거 소프트웨어와 견주어본다면 충분히 경쟁력이 있을 것이다.

하고 싶은 말은, 제대로 된 MSX 게임을 만들고 싶다면 듀얼 시스템 프로그래밍을 적극 활용하라는 것이다. 듀얼 시스템 프로그래밍을 활용하면 디버깅도 용이해져서 게임 콘텐츠를 손쉽게 추가하고 수정할 수 있다.

현재 본서에서 소개하는 '듀얼 시스템' 프로그래밍이 가능한 플랫폼은 MSX, MS-DOS, 코모도어 64 세 가지다. 듀얼 시스템 프로그래밍을 계속 강조하는 이유는 게임 콘텐츠 개발 측면 외에 디버깅 시스템의 중요성을 알리기 위한 목적도 있다. 디버깅 시스템은 아무리 강조해도 지나치지 않은, 중요한 프로그래밍 영역 중 하나다.

다만 MSX 게임 프로그래밍에 한해서는 군이 정교한 시스템을 구축할 필요가 있을까 하는 의문이 들기는 한다. 실제로, 피라미드 퀘스트는 특별한 디버깅 작업 없이 순수 사고만으로 작성한 결과물이다. 프로젝트 규모가 천 줄 정도밖에 되지 않는다면 디버깅 시스템의 구축은 닭 잡는 데 소 잡는 칼을 쓰는 격일 수 있다. 그러므로 게임 개발 시 크리티컬한 문제가 발생할 가능성이 낮다면 게임 로직 개발에만 집중하는 것이 오히려 생산성을 높이는 방법이 될 수 있다. 다양한 플랫폼의 게임 프로그래밍을 리서치했으나 대부분의 프로젝트가 디버깅 방법에 대해서는 언급하지 않는 걸 발견했는데, 아마 디버깅 시스템을 활용하지 않아도 원하는 게임을 개발할 수 있었기 때문이 아닐까 하고 추측해본다. 그렇지만 필자의 경험상 정교한 게임을 만들고 싶다면 강력한 디버깅 시스템이 필수라는 것을 다시 한번 강조하고 싶다.

또한 MSX 편에서는 MSX1 플랫폼 이상의 게임을 제작하는 데 필요한 개발 환경을 구축하고 게임을 제작하는 방법을 12장에서 소개했다. 이제 MSX 플랫폼은 더 이상 발전의 여지는 없는 플랫폼이며 이전 세대가 수많은 연구를 통해서 MSX 게임을 손쉽게 개발할 수 있는 프레임워크 및 라이브러리를 구축했기 때문에 현시점에서는 이러한 라이브러리를 활용해서 MSX 게임을 개발하는 것이 현명한 선택이다. 그러므로 MSX 게임을 제작할 시에는 ubox MSX 라이브러리를 포함해서 12장에서 소개한 다양한 프레임워크 중 하나를 선택해서 게임을 개발하자.

만약 MSX 플랫폼을 너무 좋아해서 자신만의 MSX용 게임 개발을 위한 프레임워크 및 라이브러리를 제작하고 싶다면, 12장에서 소개한 프레임워크나 라이브러리 및 ubox MSX 라이브러리의 세부 내용을 파고들어 참고한다면 도움이 될 것이다. 다만 이 경우에는 Z80 어셈블리 언어를 더 전문적으로 파고 들어야 할 필요가 있을 것이다.[2]

궁극적으로 MSX 편을 통해서 달성하고자 하는 것은 자신만의 MSX용 게임을 제작하는 것이다. 좋은 게임을 창작하기 위해서는 우선 게임 기획이 필요하며 좋은 게임 기획을 위한 지름길은 MSX 플랫폼으로 출시된 수많은 게임을 플레이해보는 것이다. 다양한 MSX용 게임의 플레이를 통해서 게임에 반영된 괜찮은 아이디어를 손쉽게 획득할 수 있기 때문이다. 또한 MSX 게임은 시스템 구조상 '2D 타일 기반 게임' 제작에 특화된 플랫폼이다. 그러므로 2D 타일 기반으로 제작된 C 나 C++ 오픈소스 프로젝트를 분석해서 해당 프로젝트의 구조를 MSX 게임 개발에 적용한다면 여러모로 도움이 될 것이다. 본서에서 소개한 GREEN 프로젝트나 피라미드 퀘스트도 2D 타일 기반 프로그래밍의 좋은 예이지만 반드시 이 구조를 따를 필요는 없으므로 더 좋은 2D 타일 기반 프로그래밍에 대한 아이디어가 있다면 그 구조를 활용해서 MSX 게임 제작에 도전하는 것도 고려해보자.

훌륭한 게임 기획과 그 기획을 게임상에 표현할 수 있는 프레임워크가 준비되었다면 남은 것은 MSX 게임을 반드시 제작해보겠다는 독자의 의지뿐이다.

---

2 필자의 경우에는 본서를 집필하면서 프레임워크 제작에 도전해볼까 생각은 했었지만 ubox MSX 라이브러리 같은 훌륭한 라이브러리가 존재하므로 굳이 프레임워크를 제작하는 것은 큰 의의가 없을 것 같아 포기했다.

5

MS-DOS용 게임 만들기

지금부터는 MSX 이외의 레트로 플랫폼에서 게임을 개발하는 방법을 살펴볼 것이다. MSX 내용을 제대로 소화했다면 다른 플랫폼에서의 게임 프로그래밍도 쉽게 적응할 수 있으리라 판단한다.

여러 레트로 플랫폼을 살펴보기 전에, 우리에게 가장 익숙한 MS-DOS 플랫폼은 별도 파트로 자세히 살펴볼 것이다. 사실상 이제 MS-DOS는 그 누구도 기억하지 않는 플랫폼이 되었다. 하지만 MSX와 마찬가지로, MS-DOS 플랫폼을 이해한다면 컴퓨터의 발전 역사를 알 수 있고 당시 개발자가 열악한 개발 환경을 극복하기 위해 고민한 흔적도 찾아볼 수 있다. 따라서 오늘날 개발자들이 충분히 들여다볼 가치가 있다.

CHAPTER 14

MS-DOS 살펴보기

MS-DOS Microsoft Disk Operating System는 마이크로소프트가 IBM의 의뢰를 받아 개발한 IBM PC용 운영체제다. 1981년에 처음으로 제공되었으며 독립 제품으로서의 최종 버전은 6.22다. 1995년에 공식적으로 개발이 중단되었으나 윈도우 95나 윈도우 98, ME 버전의 기반이 되었다. 이후 마이크로소프트가 NT 계열 기반으로 운영체제를 개발하면서 MS-DOS는 점차 그 자취를 감추게 된다.

사실 MS-DOS는 운영체제이므로 플랫폼이라 지칭하기에는 무리가 있다. MSX나 안드로이드가 머신을 지칭하는 것과는 대비된다. 다만 프로그래밍 측면에서 보면 MS-DOS가 주류였던 시대에 개발된 게임들의 프로그래밍 방식은 어느 정도 유사성이 있으므로, 이 책에서는 MS-DOS에 한해서는 머신 기준이 아니라 운영체제를 기준으로 플랫폼을 나눠 내용을 작성했다.

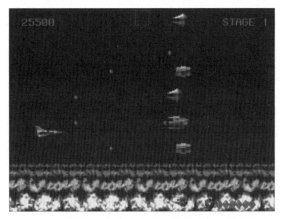

IBM-PC 최초 국산 상용 게임으로 평가받는 폭스레인저 1

MS-DOS의 최초 등장은 1981년이었지만 그 전성기는 운영체제가 어느 정도 안정화되었던 1988년 ~1995년으로 압축할 수 있다. 이 기간에 출시된 인텔 x86 계열 PC는 확실히 MSX보다는 하드웨어 성능이 뛰어났으므로 MS-DOS 플랫폼상에서의 게임 개발은 MSX에 비해 좀 더 개선된 환경에서 할 수 있었던 것으로 보인다. 하지만 이 시기는 여전히 프로그래밍 측면에서나 하드웨어 측면에서 볼 때 과도기적인 상황이어서 현세대 개발자는 신경 쓸 필요가 없는 부분에 당시 개발자는 크게 주의를 기울여야 했다. 또한 게임 개발 언어로 C나 C++가 일반적으로 사용되기 시작했지만 성능을 요구하는 부분에 대해서는 여전히 어셈블리 언어를 활용했다.

MS-DOS는 16비트 운영체제이며 리얼 모드에서 작동하는 운영체제다. 이 때문에 MS-DOS는 다음 과 같은 특성을 지닌다.

- 16비트 컴퓨터에서 작동하는 것을 전제한다. 16비트 컴퓨터는 CPU의 레지스터 크기가 16비트이 므로 기본적으로는 16비트가 표현할 수 있는 64 KB 크기의 메모리에만 접근할 수 있다고 생각할 수 있다. 하지만 메모리 주소 지정 방식인 세그먼트 + 오프셋 방식을 사용하면 최대 1 MB까지 접근 가능하다.
- XT의 경우 메모리 주소 라인은 20비트다. 그리고 메모리 주소 지정 방식인 세그먼트 + 오프셋 방 식을 사용하면 CPU의 레지스터 크기가 16비트이지만 20비트 주소를 메모리 주소 라인에 전달할 수 있다. 그래서 XT 컴퓨터는 기본적으로 1 MB 메모리 영역에 접근할 수 있다.

이후 x86 계열의 메모리 주소 라인은 20비트에서 24비트, 32비트로 확장된다. 메모리 주소 라인이 24 비트인 컴퓨터는 80286~80386 SX 버전이 해당하며 24비트로 표현 가능한 최대 크기는 16 MB이므 로 이론적으로 80286~80386 SX 버전은 16 MB 물리 메모리에 접근할 수 있다.

위에서 MS-DOS 플랫폼의 전성기는 1988년~1995년이라고 했다. 이 기간에 대중적으로 보급되었던 CPU를 다음 표에 정리했다. 표를 통해 CPU의 개발 시기와 대중적으로 보급되었던 시기에는 시차가 있음을 알 수 있다.

---

1   본서에서는 MS-DOS 플랫폼에 속하는 머신을 XT에서 486 DX4, 펜티엄 초기 제품군의 스펙으로 한정한다.

인텔 CPU 발전 역사

아키텍처	개발 연도	내용
8086	1979년	16비트 마이크로프로세서. FPU 없음. 클록 속도는 4.77~10 MHz까지 다양함
8088	1979년	8086의 개량형. IBM PC/XT
80286	1982년	16비트 마이크로 프로세서. IBM PC/AT 기종에 적용. 주기억장치를 16 MB까지 지원
80386	1985년	최초의 32비트 프로세서. 수치 연산을 위해 전용 보조 프로세서 80387이 필요하다. DX/SX 모델 존재
80486	1989년	DX/DX2/DX4 모델의 경우에는 수치연산 보조 프로세서를 기본으로 탑재

80386 프로세서는 SX와 DX 버전으로 나뉘는데 DX 버전부터 32비트 보호 모드를 지원했다. 80286~80386 SX 모델에서도 보호 모드를 지원했지만 32비트가 아니라 16비트 보호 모드라는 데 주목한다.

인텔 CPU 프로세서 모드

프로세서 모드	설명
리얼 모드real mode	프로그램에서 직접 메모리를 읽고 쓰는 방식. 프로그램이 메모리에 접근하는 데 하드웨어적으로 제한하는 방법이 존재하지 않는다.
16비트 보호 모드	최초의 보호 모드. 최대 16 MB의 메모리에 접근 가능하다.
32비트 보호 모드	32비트가 기본 연산 크기라서 메모리 주소를 최대 4 GB까지 지정할 수 있다. 그래서 일반 앱은 자신의 논리 메모리 주소 공간을 4 GB까지 활용 가능하다.
롱 모드long mode	64비트 보호 모드. 프로그램에서 사용할 수 있는 논리 메모리 주소 공간은 무제한에 가깝다.

리얼 모드는 이미 MSX 프로그래밍을 하면서 경험을 했다. 즉 프로그램에서 특정 메모리 주소를 지정하면 그 주소가 실제 하드웨어의 메모리 주소에 대응한다고 이해하면 된다. 단 리얼 모드란 용어는 인텔 아키텍처에서 사용하는 용어이므로 유의한다.

MS-DOS는 프로그램을 실행하기 위해 상황에 따라 리얼 모드, 16비트 보호 모드, 32비트 보호 모드를 활용한다. 보호 모드를 활용하면, 특정 메모리의 구역에 접근 권한이 없는 응용프로그램이 읽기나 쓰기를 시도하는 경우 예외를 일으켜 메모리가 손상되는 것을 막을 수 있다. 소프트웨어로는 이런 기능을 구현하는 것이 불가능하므로 하드웨어가 보호 모드를 지원해야 한다. MS-DOS는 프로그램의 보호보다는 1 MB 이상의 물리 메모리 공간을 활용하기 위해 보호 모드를 활용한다.

여기서 기억해야 할 점은 MS-DOS는 16비트 리얼 모드에서 작동하는 운영체제란 점이다. 그래서 MS-DOS는 기본적으로 1 MB의 메모리에만 접근할 수 있다. 이후 아키텍처가 발전하면서 1 MB 이상의 메모리에 접근할 수 있게 되었지만 MS-DOS에서 이 새로운 아키텍처의 기능을 사용하는 것은 쉽지 않았다. 그래서 MS-DOS에서는 1 MB 이상의 메모리를 사용하기 위해 여러 가지 편법을 동원하게 되었다.

지금부터는 하드웨어의 발전과 더불어 MS-DOS에서 어떤 방식으로 메모리를 확장해서 사용할 수 있게 되었는지를 살펴보겠다. 당연한 이야기지만 가용 메모리가 많을수록 볼륨이 큰 게임을 제작할 수 있었기 때문에 시스템에서 가용 메모리를 최대한 확보하는 것은 매우 중요한 문제였다.

14.1 XT

XTeXtended Technolgy는 IBM-PC[2]의 마이너 업그레이드 버전에 해당한다. 내부에 하드 디스크를 장착할 수 있었으며 램 용량이 IBM-PC에 비해 증가되었다.

XT 스펙

항목	내용
CPU 클록	4.77 MHz
CPU 레지스터	16비트
메모리 어드레스 라인	20비트

당시 XT 컴퓨터가 주류를 이루었을 때 마이크로소프트는 640 KB 크기면 충분하다고 판단한 듯 보인다. 이 때문에 MS-DOS가 단종될 때까지 메인 메모리 640 KB 제약 사항은 프로그램을 실행시키는 데 큰 애로사항이 되었다.

레지스터가 16비트 크기라서 지정할 수 있는 최대 값은 64 KB이지만 메모리 어드레스 라인은 20비트이므로 세그먼트 + 오프셋 방식의 메모리 주소 지정 방식을 사용하면 최대 1 MB까지 메모리 주소 지정이 가능하다.

14.2 286

정식 명칭은 인텔 80286이다. 8086/8088 후속 모델이며 인텔 x86 계열 아키텍처 역사에서 가장 과도기에 속하는 제품이라 할 수 있다.

---

2   XT나 286, 386, 486 제품 광고에서 언급된 IBM-PC를 의미한다. 정확한 명칭은 IBM Personal Computer 5150이다.

항목	내용
CPU 클록	4~25 MHz
CPU 레지스터	16비트
메모리 어드레스 라인	24비트
보호 모드	16비트 보호 모드 지원

메모리 어드레스 라인이 24비트이므로 최대 16 MB의 메모리에 접근이 가능하다. 하지만 CPU 레지스터가 16비트이므로 세그먼트 + 오프셋 주소 지정을 한다 하더라도 1 MB만 접근이 가능하다. 그래서 별도의 방법을 사용해야 16 MB의 메모리 영역에 접근할 수 있다. 이 때문에 보호 모드Protected Mode가 등장하게 되었다.

보호 모드는 멀티태스킹을 지원하는 과정에서 다양한 태스크가 서로 간의 메모리 공간을 침범하는 것을 막기 위해 고안된 아키텍처로서 하드웨어가 보호 모드를 지원해야 한다. 보호 모드 지원은 80286이 최초라고 보면 된다.

보호 모드 개념을 처음 만들었을 때 인텔 아키텍처 개발자들은 응용프로그램 개발자들이 보호 모드를 활용할 것이라 생각하지 않았던 것으로 보인다. 그러나 80286에서 16비트 보호 모드로 작동하는 응용프로그램[3]도 존재한다.

한편 80286에서는 8088/8086에서 작동하는 응용프로그램과의 호환성을 고려해야 했다. 예를 들어 다시 XT를 살펴보자. XT는 메모리 주소 라인이 20비트이므로 1 MB 주소 공간만 접근 가능하다. 그런데 80286에서는 주소 접근 방식인 세그먼트 + 오프셋 방식을 사용하면 1 MB 이상의 주소 공간값을 지정할 수 있다. 다음 세그먼트 + 오프셋 예를 살펴보자.

```
0xFFFF : 0xFFFF
```

첫 번째 값이 세그먼트, 두 번째 값이 오프셋이다. CPU는 이 값을 메모리 주소로 변환하기 위해 먼저 세그먼트를 4비트 왼쪽으로 이동한다.

```
0x0FFFF0
```

---

3 단 16비트 보호 모드에서는 보호 모드에서 리얼 모드로 돌아오는 공식적인 방법이 존재하지 않았다. 그래서 응용프로그램을 종료할 시 편법을 사용해서 리얼 모드로 복귀했다. 예를 들어 CTRL + ALT + DEL키를 누르면 시스템이 재부팅되는데 이를 이용해서 시스템은 재부팅시키지 않고 CPU만 초기화시키는 방법을 사용해서 리얼 모드로 복귀했다.

그리고 이 값과 오프셋을 더해서 최종 주소를 완성한다.

```
0x0FFFF0 + 0XFFFF = 0x10FFEF
```

이 최종 메모리 주소는 1 MB보다 크다. 그리고 이 값은 24비트 메모리 주소 라인에는 담을 수 있지만 20비트 메모리 주소 라인에는 담을 수 없다. 그래서 20비트 메모리 주소 라인을 가진 XT는 앞의 4비트를 담을 수 없으므로 예로 든 주소는 최종 주소가 0x0FFEF가 된다. 이 주소는 메모리의 바닥 부분을 가리킨다.

XT가 주류였던 시절에는 MSX 시절과 마찬가지로 소프트웨어가 요구하는 성능을 하드웨어가 충족시켜주지 못했다. 그래서 소프트웨어 입장에서는 어떻게 해서든지 최대한 가용 자원을 확충할 필요가 있었으며 메모리도 예외가 아니다. 그래서 이번에 예를 든 주소처럼 1 MB 이상을 넘어서는 주소를 일부러 지정해서 메모리 하위 영역을 활용하는 프로그램[4]도 존재했다. 그리고 이런 예외적인 프로그램의 존재가 새로운 아키텍처를 구현하는 데 발목을 잡았다.

XT에서 작동하는 프로그램이 286 컴퓨터에서는 작동하지 않는다면 286 컴퓨터의 제품 판매에 좋지 않은 영향을 끼칠 것이다. 그러므로 80286 아키텍처를 구현했을 때 XT와의 호환성을 고려한 것은 지극히 타당했다. 이 호환성을 위한 대표적인 예가 A20 게이트다.

286 컴퓨터는 메모리 주소 라인의 크기가 24비트다. 그러므로 1 MB 이상의 주소 번지를 지정할 수 있다. 그런데 만약 앞에서 언급한 XT 프로그램을 실행한다면 1 MB 이상의 주소는 메모리 하위 영역을 지정할 것을 기대하지만 286의 메모리 주소 라인은 24비트이므로 실제로는 1 MB 이상의 주소 공간[5]을 지정하게 되어 예상과는 다르게 프로그램이 오작동할 것이다. 그래서 286 아키텍처 설계자는 XT와의 호환성을 위해 최초 부팅 시에는 1 MB 이상의 주소를 지정할 수 없게 구현했으며, 부팅한 이후에 시스템에 특별한 명령을 내려 1 MB 이상의 메모리 주소 접근이 가능하도록 설계했다. A20 게이트를 통해 이 목표를 달성할 수 있었다.

A20 게이트는 21번째 어드레스 버스 라인과 AND 게이트로 연결된 부분이다. A20 게이트가 비활성화되어 있다면 21번째 어드레스 버스 라인은 항상 0이 된다. 그러므로 XT 프로그램에서 1 MB 이상의 주소를 지정했다면 의도했던 대로 1 MB 이상의 주소가 아니라 바닥 주소를 가리키게 해서 정상

---

4 메모리 하위 영역에는 시스템을 가동시키기 위한 초기화 코드가 존재했으며 한번 쓰고 나서는 다시 사용되는 경우가 없으므로 이 부분을 재활용해서 메모리 사용률을 극대화한 것이다.

5 정확하게는 1 MB + 64 KB - 16 B

작동이 가능했다. 즉 세그먼트 + 오프셋을 통해 최대 주소인 0x10FFEF를 만들었다고 해도 A20 라인의 AND 연산을 통해 21번째 비트는 항상 0이 될 수밖에 없으므로 결국 0x00FFEF가 되어 XT 프로그램과의 호환성을 유지하게 된 것이다.

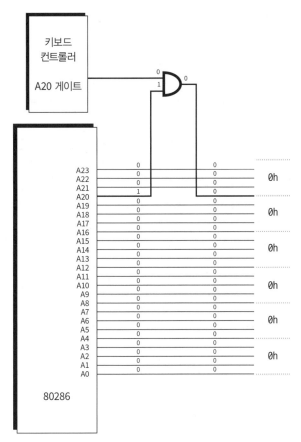

키보드 컨트롤러에 존재하는 A20 게이트

A20 게이트의 구현으로 XT 프로그램의 호환성 문제는 해결했지만 이에 따라 새로운 문제가 발생했다. 예를 들어 제대로 된 1 MB 상위 주소를 사용할 필요가 있는 프로그램의 경우 정상적인 주소 지정이 어려운 것을 들 수 있다. 메모리 주소 21번째 비트 값이 1이라도 A20 게이트와 AND 연산에 의해 최종적으로 21번째 비트는 0이 되기 때문이다. 그래서 일반적인 프로그램은 1 MB 이상의 주소 공간을 제대로 사용하기 위해 프로그램 초기화 시 A20 라인을 활성화해야 한다. A20 게이트는 바이오스 서비스를 호출하거나 키보드 컨트롤러 초기화 시에 활성화 가능하다.

호환성을 고려했지만 XT 프로그램은 문제를 일으킬 수 있다

예를 들어 80286 컴퓨터에서 1 MB 이상을 사용하는 프로그램을 구동했다고 가정하자. 1 MB 이상의 메모리를 정상적으로 사용하려면 A20 게이트 라인을 활성화해야 한다. 그런데 프로그램이 종료할 때는 굳이 A20 게이트 라인을 비활성화할 필요가 없다. 이런 경우 A20 게이트 라인은 계속 활성화되어 있을 것이다. 이후 1 MB 상위 주소를 지정하는 XT 프로그램을 실행했다고 가정해보자. 이 경우 1 MB 이상의 메모리 번지를 지정하면 프로그램은 하위 메모리 영역에 접근할 것을 기대하지만 실제로는 1 MB 이상의 물리 메모리에 접근하게 되므로 문제를 일으킬 것이다.

하위 호환성을 고려하는 것은 매우 중요하지만 예외적인 처리는 또 다른 예외적인 문제를 발생시킬 우려가 있다는 것을 기억하자. 다행히도 집필 시점에서는 과거와의 유산을 점점 끊는 형태로 컴퓨터가 진화하고 있다. 그 대표적인 예가 UEFI다.

UEFIUnified Extensible Firmware Interface는 기존 IBM 바이오스의 확장판으로서 OS 없이도 원격 관리와 진단이 가능한 펌웨어 인터페이스다. UEFI가 점차 기존 바이오스를 대체함에 따라 현재는 기존 레거시 아키텍처와의 호환성을 대부분 고려하지 않고 하드웨어를 개발한다.

80286~80386 SX 아키텍처는 데이터 버스가 16비트이며 24비트 메모리 어드레스 라인을 사용했다. 80386 SX는 32비트 CPU를 사용하지만 시중에 저가형으로 보급하기 위해 출시된 제품이다. 그래서 진정한 32비트 컴퓨터의 시작은 80386 DX 버전부터 시작했다고 보면 되겠다.

24비트 메모리 어드레스 라인을 사용하므로 이론적으로는 16 MB 메모리에 접근 가능하지만 16비트 리얼 모드에서는 접근이 불가능하다. 그래서 1 MB + 64 KB 영역을 넘어서는 메모리를 사용하기 위해서는 리얼 모드에서 보호 모드로 전환한 다음 보호 모드의 세그멘테이션segmentation 기법을 사용해야 한다. 80286에서 1 MB + 64 KB를 초과하는 메모리를 활용하는 방법을 이해하기 위해서는 MS-DOS의 기본 메모리 레이아웃을 이해하는 것이 필요하므로 80386 아키텍처를 살펴보기 전에 먼저 MS-DOS의 메모리 전반을 살펴보겠다.

14.3 메모리 관리

다음 그림은 도스가 처음 부팅할 시 메모리 레이아웃을 보여준다.

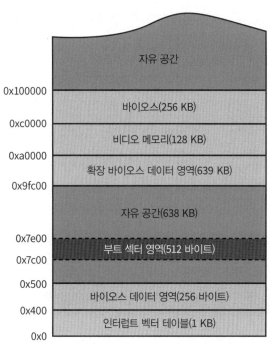

x86 아키텍처 부팅 시의 기본 메모리 레이아웃

x86 아키텍처에서는 부팅 시 바이오스가 부트섹터 코드를 읽어서 0x7c00 주소에 적재한다. 그다음 0x7c00 주소로 실행 제어권을 이양한다. 0x7c00의 512바이트에서는 MS-DOS 운영체제를 메모리로 로드한 다음, 제어권을 MS-DOS 실행 코드로 넘긴다. 이후 0x7c00 영역의 512바이트는 불필요하므로 다른 데이터로 덮어써도 상관없다.

다음 그림은 로드된 MS-DOS의 핵심 메모리 레이아웃을 보여준다.

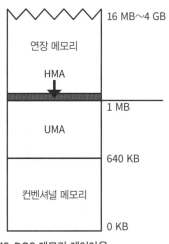

MS-DOS 메모리 레이아웃

컨벤셔널 메모리 Conventional Memory는 주 메모리에 해당하며 여기에는 MS-DOS 커널, 디바이스 드라이버, 램 상주 프로그램, 응용프로그램이 로드된다.

UMAUpper Memory Area는 640 KB~1 MB에 해당하는 영역이며 **UMB**Upper Memory Block라 불리기도한다. 여기에는 기본 입출력 장치나 비디오 메모리가 매핑된다. 일부 메모리 공간은 예약 공간이라 이 공간에 읽고 쓰는 것이 가능하지만 EMM386 드라이버의 도움을 받아야 한다.

고위 메모리 영역 **HMA**High Memory Area는 1 MB 상위 첫 64 KB 지역[6]이다. 주 메모리의 크기가 640 KB인데 여기에 비교적 덩치가 큰 응용프로그램을 적재하려면 기존에 존재하는 데이터 때문에 적재가 불가능할 수 있다. 그래서 조금이라도 주 메모리 공간을 확보하기에 MS-DOS의 커널 일부를 HMA 영역에 복사해서 사용하기도 한다. 비록 64 KB가 작게 보일지라도 640 KB 안에서는 절대 작은 값이 아니다.

HMA에 옮길 수 있는 MS-DOS 커널은 코드가 아니다

프로그램은 기본적으로 점프 등의 명령으로 분기할 주소를 지정한다. 그래서 프로그램이 선호되는 기준 주소에 로드할 수 없다면 문제가 발생한다. 예를 들어 다음 코드처럼 절대 주소로 점프하는 코드가 있다고 가정해보자.

```
JMP 0x8000
```

이 경우 0x08000번지로 점프를 하면 의도했던 코드가 반드시 존재해야 한다. 그러므로 MS-DOS를 의도한 기준 주소에 로드하지 못했다면 08000번지에는 전혀 다른 코드가 존재할 것이다. 요컨대 프로그램의 코드는 일반적인 데이터와는 달리 메모리의 다른 지역으로 이동해서는 안 된다는 것이다.

그러므로 주 메모리의 공간 확보를 위해 HMA 영역으로 커널 일부를 옮길 수는 있겠지만 커널 코드를 옮기는 것이 아닌, 커널에서 사용하는 데이터를 이동한다고 볼 수 있다. 물론 현대 운영체제에서는 주소 재배치address relocation 기법을 통해 기준 주소가 아닌 곳에 로드하더라도 코드를 실행하는 것이 가능하다.

예를 들어 Win32 응용프로그램을 실행할 때 다양한 DLL이 로드되는데 이 DLL이 로드되는 기준 주소는 대부분 동일하다. 그러므로 충돌을 피하기 위해 기준 주소를 변경해야 하는데 기준 주소가 변경되면 코드에 사용된 절대 주소를 수정해야 한다. 이 절대 주소를 수정하는 기법을 주소 재배치라 한다.

여기서 말하는 **연장 메모리**Extended Memory는 물리적으로 증설 가능한 메모리 영역이라고 생각하면 된다. 286과 386 SX는 메모리 주소 라인이 24비트이므로 최대 16 MB까지 증설이 가능하다. 만약 아키텍처가 32비트 메모리 주소 라인을 가졌다면 최대 4 GB까지 메모리를 증설할 수 있다. 연장 메모리는 XMS라는 규격(곧이어 살펴본다)으로 관리했으므로 XMS 메모리로 불리기도 했다. 연장 메모리가

---

6   정확한 영역은 1 MB~(1 MB + 64 KB - 16 B)다. 세그먼트 + 오프셋 방식에 의해 탄생한, 예외적이고 아름답지 못한 공간이다.

있으면 커널의 일부를 HMA로 옮길 수 있다. 커널의 일부를 HMA로 옮기려면 HIMEM.SYS 드라이버를 OS 부팅 시에 같이 로드해야 한다.

MS-DOS가 부팅할 때는 CONFIG.SYS에 기술된 내용을 토대로 드라이버를 로드한다. 다음 그림은 HIMEM.SYS 드라이버만 로드된 상태다.

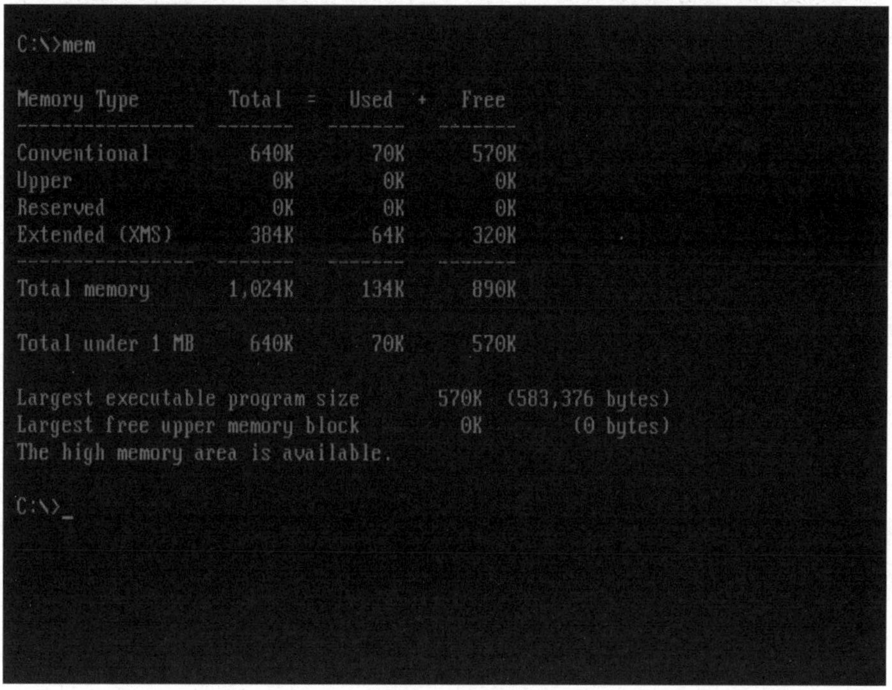

```
C:\>mem

Memory Type        Total  =   Used  +    Free
-------------------------------------------------
Conventional        640K       70K       570K
Upper                 0K        0K         0K
Reserved              0K        0K         0K
Extended (XMS)      384K       64K       320K
-------------------------------------------------
Total memory      1,024K      134K       890K

Total under 1 MB    640K       70K       570K

Largest executable program size      570K  (583,376 bytes)
Largest free upper memory block        0K       (0 bytes)
The high memory area is available.

C:\>_
```

HIMEM.SYS 로드

CONFIG.SYS를 다음과 같이 수정하면 커널의 일부를 HMA로 이동할 수 있다.

```
DEVICE=C:\DOS\HIMEM.SYS
DOS=HIGH
```

다음 그림은 커널의 일부가 HMA로 이동한 결과를 보여준다. 위의 그림에서는 Conventional 항목의 Free 부분이 570 KB였지만 CONFIG.SYS를 수정한 다음 그림에서는 Free가 620 KB임을 확인할 수 있다.

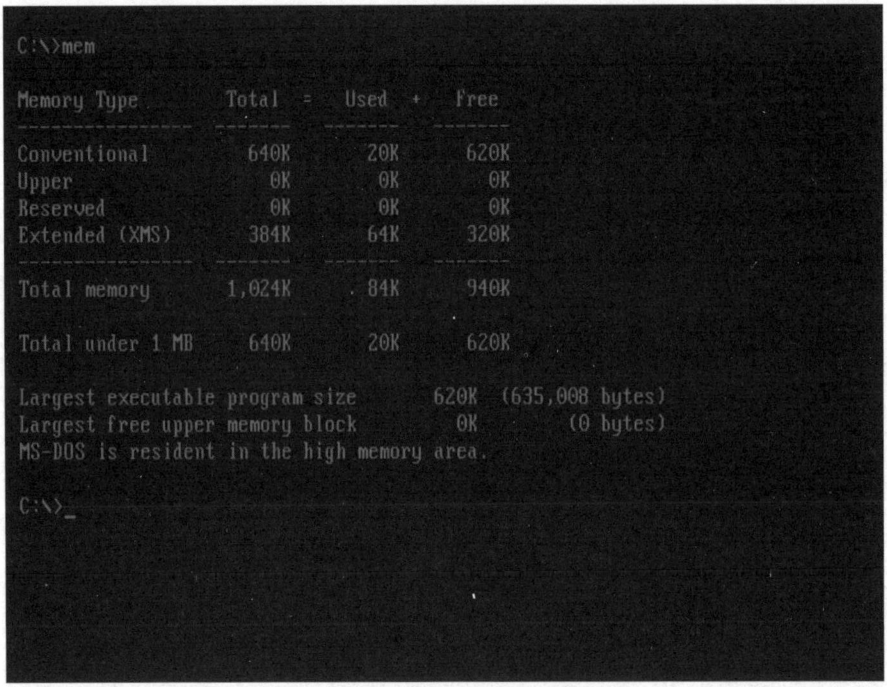

```
C:\>mem

Memory Type       Total  =  Used  +   Free
----------------------------------------------
Conventional       640K       20K      620K
Upper                0K        0K        0K
Reserved             0K        0K        0K
Extended (XMS)     384K       64K      320K
----------------------------------------------
Total memory     1,024K       84K      940K

Total under 1 MB   640K       20K      620K

Largest executable program size       620K   (635,008 bytes)
Largest free upper memory block         0K        (0 bytes)
MS-DOS is resident in the high memory area.

C:\>_
```

HMA를 활용한 주 메모리 공간 확보

메인 메모리를 600 KB 이상 요구하는 도스 프로그램이 많았기 때문에 커널 일부를 HMA 영역으로
이동시키는 작업은 도스 사용자에게 필수적인 작업 중 하나였다. 그리고 추가 메모리를 활용하기 위
해 HIMEM.SYS 드라이버 같은 메모리 관리 시스템이 필요했다.

리얼 모드에서는 1 MB 이상의 메모리를 사용하기 위해 두 가지의 대표적인 메모리 관리 시스템이 존
재한다. 첫 번째는 방금 설명한 연장 메모리를 관리하는 XMS와 EMS 메모리 카드를 관리하는 EMS
다.

14.3.1 EMS

중첩 확장 메모리 Expanded Memory Seicification, EMS는 EMS 카드를 사용해서 확장한 메모리를 사용할
수 있게 해주는 규격이다. 기본 아이디어는 MSX의 메모리 매퍼나 메가 롬과 마찬가지로 메모리 뱅
크 스위칭 시스템을 활용한다. 다음 그림은 UMA 영역에 존재하는 페이지와 이 페이지에 매핑하는
EMS 확장 메모리와의 관계를 보여준다.

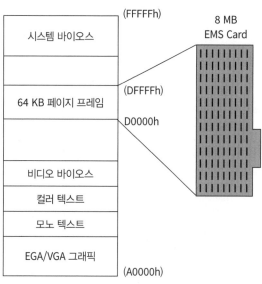

UMA 확장 메모리 사용을 위한 페이지 프레임

EMS 메모리는 UMA 영역의 페이지 프레임값을 통해 접근할 수 있다. 페이지의 프레임값에 따라 EMS 카드는 적절히 뱅크 스위칭을 통해 원하는 데이터를 읽거나 특정 위치에 데이터를 기록한다.

초기 EMS 카드가 보급되었을 때는 EMS 카드에 접근하는 프로그램이 다수 작성되었지만 80286이 활성화된 시기에는 가격상의 이유로 EMS 카드가 크게 보급되지는 않았다. 그래서 80286에서는 EMS를 사용하는 기존 응용프로그램을 실행하는 것이 쉽지 않았다. 하지만 80386 이후 등장한 EMM386.EXE는 EMS 시스템을 에뮬레이션해주었기 때문에 기존 EMS를 활용하는 소프트웨어를 실행 가능하게 해주었을 뿐만 아니라 새로 제작하는 응용프로그램의 경우 EMS 카드가 없어도 EMS 기능을 활용할 수 있게 되었다. EMS를 활용하면 XMS에 비해 메모리 처리 속도가 더 빨랐기 때문에 당시 개발자들은 XMS 메모리 사용에 비해 EMS 메모리 사용을 더 선호한 것으로 보인다.

14.3.2 XMS

연속 확장 메모리 Extended Memory Seicification, XMS는 1 MB 이상의 초과 메모리를 의미하는 연장 메모리를 관리하는 규격이다. 이러한 메모리 자체를 XMS 메모리라 부르기도 한다. XMS 메모리는 결국 일반적으로 램을 꽂을 때 지칭하는 메모리의 주소라고 생각하면 편하다. 이 당시에는 모든 것이 과도기적인 상황이었기 때문에 일반적으로 지칭할 수 있는 부분도 특별한 용어를 사용했다고 생각하자.

XMS 메모리는 결국 시스템에서 제공하는 **선형 주소**linear address이므로 원칙적으로는 일반 프로그램에서 직접 접근 가능한 영역이다. 하지만 안타깝게도 16비트 운영체제에서는 XMS 메모리에 접근하는 것이 불가능하므로 특별한 방법을 사용해야 한다. 이때 사용하는 시스템 드라이버가 HIMEM.SYS였다.

HIMEM.SYS는 A20 라인을 활성화해서 16 MB까지의 XMS 메모리에 접근 가능하게 해주며 커널의 일부를 HMA 영역으로 복사해서 주 메모리 공간을 확보하는 기능을 수행했다. MS-DOS를 경험한 독자라면 아래 코드는 익숙할 것이다. 앞에서 언급했지만 너무나 기념비적인 구문(?)이므로 다시 언급한다.

CONFIG.SYS

```
DEVICE=C:\DOS\HIMEM.SYS
DOS=HIGH
```

설정 파일에 HIMEM.SYS 드라이버를 로드하고 DOS=HIGH 명령을 기술하면 커널의 일부를 HMA 영역으로 이동할 수 있다.

HIMEM.SYS 드라이버를 실행하고 나면 XMS API 호출에 따른 메모리 할당이 가능해진다. 이후 응용프로그램이 XMS API를 사용해서 XMS 메모리에 메모리 할당을 요청하거나 읽기를 실행하면 HIMEM.SYS에서 구현한 XMS API 구현체가 실행된다. 리얼 모드에서는 1 MB 이상의 메모리에 접근하는 것이 불가능하기 때문에 HIMEM.SYS는 먼저 CPU 운영모드를 16비트 보호 모드로 전환한다. 16비트 보호 모드로 전환하고 나서 HIMEM.SYS는 글로벌 디스크립터 테이블Global Descriptor Table, GDT[7]을 참고해서 원하는 메모리 영역에 접근한 다음 데이터를 주 메모리로 읽어 들인다. 작업을 완료하고 나서는 16비트 보호 모드를 종료하고 리얼 모드로 돌아온다. 앞에서 언급했듯이 16비트 보호 모드에서 리얼 모드로 돌아오는 방법은 공식적인 방법이 없다고 했는데 마이크로소프트에서는 내부적으로 특별한 방법을 사용했던 것으로 보인다.

XMS는 당시 개발자가 크게 선호하지 않았다. 속도가 느렸기 때문이다. 예를 들어 XMS 메모리에서 데이터를 읽어 들일 경우 데이터를 직접 읽는 것이 아니라 일단 XMS 메모리에서 주 메모리로 복사하는 과정이 필요했다. 복사를 완료한 다음 응용프로그램에서 다시 주 메모리에 복사한 내용을 읽어야 했던 것이다. 이는 속도 저하를 가져왔고 당시 개발자가 EMS 메모리를 선호하게 되는 계기가 되었다.

---

7 https://en.wikipedia.org/wiki/Global_Descriptor_Table

이후 32비트 프로그래밍이 보편화됨에 따라 EMS나 XMS를 사용하는 프로그램은 자취를 감추게 된다.

14.4 386

32비트 프로그래밍이 가능하려면 CPU가 32비트 명령어를 처리할 수 있어야 한다. 32비트 명령어 처리는 인텔 80386 SX 모델부터 지원하기 시작했다. 단 80386 SX는 32비트 저가형 제품으로서, 데이터 버스가 16비트이고 메모리 주소 라인이 80286과 동일한 24비트다. 그래서 32비트 프로그램이 작동은 할 수 있지만 최대 물리 주소는 16 MB까지만 지원 가능하다. 그래서 80386 SX는 80286을 설명할 때 포함했었다. 그래서 지금부터 설명하는 80386은 DX 버전이 기준임을 밝혀둔다.

항목	내용
CPU 클록	12~40 MHz
CPU 레지스터	32비트
메모리 주소 라인	32비트
보호 모드	32비트 보호 모드

80386 이후부터는 시스템의 메모리 버스나 레지스터가 모두 32비트로 전환됨에 따라 컴퓨터 역사에서 획기적인 전환점을 맞이하게 된다. 메모리 주소 라인이 32비트이므로 응용프로그램은 4 GB 메모리 주소에 접근 가능하게 되었으며 32비트 보호 모드를 통해 진정한 멀티태스킹 운영체제를 개발할 수 있는 환경이 가능해졌다. 또한 페이징 기능을 통해 물리 메모리가 부족하다 하더라도 하드 디스크를 활용해서 메모리를 확충할 수 있었다.[8] 다만 MS-DOS는 리얼 모드에서 작동하는 운영체제다. 그러므로 MS-DOS 자체로는 32비트 보호 모드 CPU 기능을 사용하기가 쉽지 않았다.

MS-DOS에서 32비트 보호 모드 기능을 사용하려는 대표적인 이유는 메모리 한계를 극복하기 위해서다. 하드웨어 발전에 따른 고품질의 게임을 출시하려면 넉넉한 메모리 확보가 필수인데 MS-DOS 자체는 16비트 리얼 모드 기반이라 보호 모드를 지원하지 않는다. 그리고 16비트 보호 모드를 사용하면 16 MB 물리 메모리까지는 접근할 수 있지만 그 이상의 메모리 할당은 불가능하다. 그래서 32비트 보호 모드 기능을 사용할 수 있게 해주는 EMM386과 도스 익스텐더라는 커널 부속 모듈 등이 등장하게 되었다.

---

8   다만 물리 메모리와 하드 디스크가 스왑하는 과정에서 시간이 너무 오래 걸려 프로그램 진행이 거의 멈춘 것과 같은 상황이 발생하는 경우도 종종 있었다.

14.4.1 EMM386

EMM386은 EMS 메모리를 에뮬레이션하는 32비트 보호 모드 프로그램이다. 이 프로그램은 32비트 보호 모드로 진입해서 페이징 기능을 구축하고 가상 8086 모드에서 도스를 실행한다. EMM386 덕분에 EMS 메모리를 할당하는 요청을 소프트웨어적으로 처리할 수 있게 되어 과거 EMS 메모리를 사용하는 응용프로그램들이 실행 가능해졌다. 또한 앞에서 언급했듯이 XMS보다는 EMS를 활용해서 프로그램을 개발하는 것이 성능상의 이점이 컸으므로 개발자들은 80386 이상에서 작동하는 고용량의 게임을 개발할 시 XMS를 사용하기보다는 EMS를 사용해서 응용프로그램을 개발했다.[9]

EMM386을 사용하려면 XMS 메모리를 사용할 수 있어야 한다. 그러므로 XMS 메모리를 제어할 수 있는 HIMEM.SYS 드라이버를 먼저 메모리에 로드해야 한다. 그다음 EMM386을 실행해서 32비트 보호 모드를 초기화한 다음 가상 8086 모드로 전환한다. 이후 응용프로그램에서 EMS 관련 메모리 할당을 요청하면 EMM386은 보호 모드로 전환한 다음 보호 모드의 페이징 시스템을 통해 적절한 가용 메모리 위치를 응용프로그램에 반환한다. 뱅크 스위칭 같은 하드웨어 처리를 EMM386이 소프트웨어적으로 처리를 해주기 때문에 가능하다.

EMM386.EXE는 보호 모드의 페이징 기능을 사용해서 UMA 영역으로 램 상주 프로그램 등을 이동시켜서 주 메모리 공간을 확보한다. EMM386을 로드하려면 CONFIG.SYS를 다음과 같이 작성한다.

```
DEVICE=C:\DOS\HIMEM.SYS
DEVICE=C:\DOS\EMM386.EXE NOEMS
DOS=HIGH,UMB
```

EMM386 다음에 NOEMS 파라미터를 추가하면 UMA(또는 UMB)에 EMS 관련 자료구조를 생성하지 않으므로 주 메모리에 존재하는 램 상주 프로그램이나 기타 데이터를 UMA로 이동시켜서 메모리를 절약할 수 있다. HIGH 키워드는 앞에서 설명했듯이 커널의 일부를 HMA로 이동한다. 비록 간단한 세 줄이지만 이 CONFIG.SYS 구문이 주 메모리를 최대한 절약할 수 있는 최선의 명령이다.

한편 EMS 메모리를 사용하려면 CONFIG.SYS를 다음과 같이 수정해야 한다.

```
DEVICE=C:\DOS\HIMEM.SYS
DEVICE=C:\DOS\EMM386.EXE RAM 1024
DOS=HIGH,UMB
```

---

9 필자의 개인적인 경험으로도 XMS보다는 EMS를 지원하는 게임이 많았던 걸로 기억하고 있다.

이렇게 두 번째 줄을 수정하면 EMM386은 XMS 메모리에 1 MB의 메모리를 할당하고 UMA(또는 UMB)에 페이지 프레임을 위한 64 KB 영역을 마련한다.

EMM386은 결국 리얼 모드 프로그램이 1 MB 이상의 메모리를 사용할 수 있게 해주는 커널 부속 모듈이라고 볼 수 있다. 다만 EMM386은 본질적으로 16비트 프로그램의 실행에 도움을 주는 도스 부속 모듈이지만 이어서 설명할 도스 익스텐더는 32비트 기반 도스 프로그램을 실행하는 데 도움을 준다는 점에서 그 성격이 다르다.

14.4.2 도스 익스텐더

EMM386은 보호 모드로 시스템을 변경하지만 자신의 임무를 수행하고 나서는 다시 리얼 모드로 복귀해서 도스 프로그램이 리얼 모드에서 실행될 수 있게 한다. 한편 **도스 익스텐더**DOS Extender는 DOS 프로그램이 32비트 보호 모드 환경에서 실행할 수 있도록 돕는다는 점에서 EMM386과 그 성격이 다르다. 도스 익스텐더는 32비트 도스 프로그램과 MS-DOS 중간에 위치해서 도스 프로그램이 보호 모드의 기능을 요청하거나 리얼 모드의 바이오스 입출력 서비스 요청에 응답한다.

먼저 16비트 응용프로그램의 작동 방식을 살펴보자. 다음 그림은 일반적인 16비트 응용프로그램과 MS-DOS와의 운영체제와의 협업 관계를 보여준다.

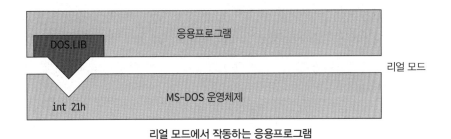

리얼 모드에서 작동하는 응용프로그램

대부분의 MS-DOS 프로그램, 특히 XT나 286 환경을 기본으로 제작된 프로그램은 이 그림과 같은 맥락으로 작동한다.

한편 도스용 32비트 응용프로그램[10]은 도스 익스텐더를 통해 32비트 보호 모드 체제에서 프로그램이 실행된다.

---

10 32비트 프로그램이라 하더라도 리얼 모드에서 실행되기 때문에 최초 시작 부분은 16비트 코드로 구성되어야 한다.

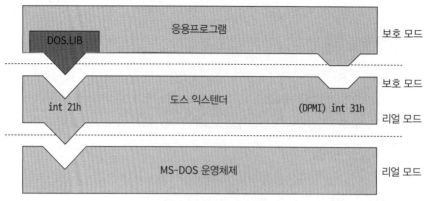

보호 모드에서 작동하는 응용프로그램

이 그림은 32비트 MS-DOS 응용프로그램이 실행되는 원리를 보여준다. 응용프로그램이 실행되는 절차는 다음과 같다.

1. 응용프로그램은 MS-DOS에 자신이 보호 모드로 실행할 것이라는 알린다.
2. MS-DOS는 도스 익스텐더를 실행한다.
3. 도스 익스텐더는 32비트 보호 모드로 전환한 다음 응용프로그램의 32비트 코드 엔트리를 실행한다.
4. 응용프로그램은 자신의 32비트 코드를 실행한다.
5. 도스 익스텐더는 응용프로그램의 바이오스 서비스나 보호 모드용 서비스 요청에 대응한다.
6. 응용프로그램 실행을 종료하면 도스 익스텐더는 보호 모드에서 리얼 모드로 복귀한 다음 제어권을 MS-DOS에 반납한다.

응용프로그램은 보호 모드하에서 실행하면 32비트 명령을 실행할 수 있으므로 그때부터는 메모리 관리에 신경 쓸 필요없이 이론적으로 4 GB 메모리 영역을 사용하는 것이 가능하다. EMS나 XMS 등을 더 이상 신경 쓸 필요가 없는 것이다. 다만 응용프로그램 코드에는 리얼 모드 바이오스 기능을 활용하는 16비트 명령을 포함할 수 있다. 바이오스 명령은 16비트 리얼 모드에서만 호출 가능하므로 도스 익스텐더는 응용프로그램의 리얼 모드 바이오스 관련 명령을 낚아채서 가상 8086 또는 리얼 모드로 전환해서 리얼 모드에 특화된 서비스를 처리한다. 그다음 다시 보호 모드로 전환해서 그 결과를 응용프로그램에게 전달한다.

MS-DOS는 멀티태스킹 운영체제가 아니고 16비트 리얼 모드에서 작동하는 싱글 스레드 운영체제다. 그러므로 어떻게 보면 MS-DOS, 도스 익스텐더, 응용프로그램 세 구성 요소를 합친 전체가 운영체제 완전체라고 볼 수 있겠다. 여기에 멀티태스킹 기능과 데스크톱 기능을 포함시키면 진정한 32비트 운영체제가 되는 것이다.

마지막으로 MS-DOS, 도스 익스텐더, 응용프로그램의 협업 과정을 다음 그림에 정리했다.

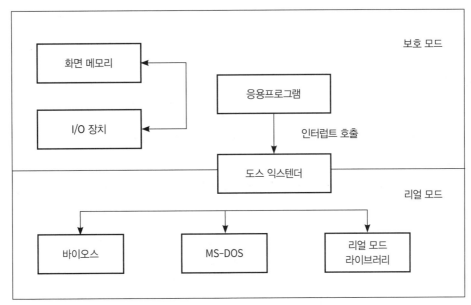

도스 익스텐더, 운영체제, 응용프로그램 간의 상호작용

다양한 종류의 도스 익스텐더가 존재하는데 참조 페이지의 도스 익스텐더 링크를 통해 다양한 도스 익스텐더 프로그램을 확인한다.

HX 도스 익스텐더

도스 익스텐더 중에서 주목할 만한 프로그램은 **HX 도스 익스텐더**HX DOS extender다. 여타의 도스 익스텐더와 마찬가지로 도스 응용프로그램이 보호 모드를 사용하게 해주는 부분은 동일하다. 하지만 여기서 더 나아가 Win32 API 에뮬레이션 레이어 제공을 통해 Win32 콘솔 응용프로그램이나 간단한 Win32 GUI 앱을 도스상에서 작동 가능하게 해주므로 반드시 살펴볼 필요가 있다. 20장에서 더 자세히 다룰 것이다.

14.5 486

인텔 80486은 386 DX 아키텍처보다 성능상에서 큰 발전이 있었지만 구조적으로는 386 DX와 크게 다르지 않다. 그래서 자세한 설명은 생략한다. MSX에서 FS-A1ST와 FS-A1GT 기종이 해당 플랫폼의 끝판왕이었다면 MS-DOS 플랫폼에서는 펜티엄을 제외하면 486 DX4가 최대 성능을 자랑한다 (75~100 MHz).

마치며

지금까지 MS-DOS 운영체제를 탑재한 x86 계열 아키텍처를 소개했으며 아키텍처 발전에 따른 메모리 관리 방식의 변화를 설명했다. 개인적으로 메모리 관리에 대한 설명이 조금 부족하지 않았나 생각하고 있다. 이 부분에 대한 내용을 심화하면 자작 운영체제 개발에 대한 설명으로 넘어갈 수 있기 때문에 더 깊게 파고들지는 않았다. 그래서 다소 내용이 어려울 수 있다고 판단한다. 다만 다음 내용은 꼭 기억하고 넘어가도록 한다.

- XT, 286은 16비트 아키텍처이며 386, 486은 32비트 아키텍처다.
- XT는 20비트 메모리 주소 라인을 사용하지만 640 KB~1 MB 영역은 시스템이 사용하므로 실질적으로 활용 가능한 공간은 640 KB에 불과하다.
- XT는 EMS 메모리 카드를 사용하면 1 MB 이상의 메모리를 사용할 수 있다.
- 286 및 386 SX는 24비트 메모리 주소 라인을 사용하므로 16 MB 물리 메모리 주소에 접근할 수 있다. 다만 선형 주소로는 접근이 불가능하고 HIMEM.SYS 드라이버를 사용해서 XMS 메모리에 접근한다. 또는 EMS 메모리 카드를 사용해서 EMS 메모리에 접근한다.
- 386에서는 EMM386 드라이버를 활용해서 EMM 메모리 카드를 에뮬레이션할 수 있다.
- EMS를 활용하는 것이 XMS를 활용하는 것보다 이점이 크므로 이 당시 게임을 개발할 때는 EMS를 자주 활용했다.
- 16비트 보호 모드는 286과 386 SX에 특화된 과도기적 보호 모드다. 일반적으로 보호 모드라고 하면 32비트 보호 모드를 지칭한다.
- 도스 프로그램도 32비트로 컴파일 가능하다. 단 32비트 도스 프로그램을 실행하려면 도스 익스텐더의 도움을 받아야 한다.
- 도스 익스텐더는 MS-DOS의 부족한 부분인 32비트 보호 모드 기능을 구현했으며 32비트 도스 프로그램을 보호 모드상에서 실행하는 데 도움을 준다.

MS-DOS용 프로그램을 개발하는 것이 이렇게 복잡했던 이유는 두 줄로 요약할 수 있다.

- MS-DOS는 16비트 리얼 모드에서 작동하는 운영체제다.
- MS-DOS가 단종될 때까지 운영체제의 근본 구조는 하위 아키텍처와의 호환성을 위해 변경되지 않았다.

어쨌든 현시점에서 도스 프로그램을 개발하려는 입장에서는 16비트용 프로그램을 개발할 것인지 또는 32비트 프로그램을 개발할 것인지에 대해서만 우선적으로 고민하면 되겠다.

MS-DOS 플랫폼에 대해 전체적으로 살펴봤으므로 이제 MS-DOS 프로그래밍에 대해 본격적으로 파고들어보겠다.

PAE

PAEPhysical Address Extension은 4 GB 이상의 물리 메모리를 32비트 아키텍처에서 사용할 수 있게 해주는 x86 프로세서의 기능이다. 분명 32비트 아키텍처에서 4 GB의 물리 메모리는 굉장히 큰 영역이지만 32비트 아키텍처의 전성기였던 윈도우 XP 시절에도 4 GB를 넘어서는 메모리 공간을 필요로 하는 상황이 존재했을 것이다. 아마 XT 시절 640 KB의 메모리라면 충분하다고 생각했겠지만 덩치가 큰 프로그램을 실행하기 위해 EMS 메모리 카드를 고안했던 것처럼 32비트 아키텍처에서도 동일한 맥락에서 PAE를 구현한 것으로 보인다. PAE는 CPU에서 제공하는 기능이며 펜티엄 프로 아키텍처 이후부터 지원했다. 당연한 이야기지만 4 GB 이상의 물리 메모리를 지원한다 하더라도 하나의 응용프로그램은 4 GB 이내의 선형 주소만 지정할 수 있다.

PAE를 통해 최대 64 GB의 메모리 공간에 접근할 수 있으며 64비트 머신에서는 이론적으로 무한대의 메모리에 접근할 수 있으므로 PAE를 굳이 지원하지 않아도 된다. 즉 64비트 머신에서는 PAE 지원이 제거되었다.

15
CHAPTER

개발 도구 살펴보기

현시점에서는 MS-DOS 시스템을 실기에 설치하는 것이 의미도 없을뿐더러 구동하는 것도 불편하므로 MS-DOS 프로그램을 개발하기 위해 에뮬레이터를 활용하겠다. 도스 시스템을 구동시킬 수 있는 대표적인 에뮬레이터는 다음과 같다.

- 도스박스
- 86Box
- PCEM

본서에서는 도스박스를 활용해서 MS-DOS 환경을 구축하고 빌드 시스템으로 활용할 것이다.

도스에 가장 근접한 환경을 구성하려면?

실기를 구비하는 것이 도스 환경을 체험하는 최단 지름길이다. 에뮬레이터로는 표현할 수 없는 미묘한 프로그램 타이밍 문제나 실기 특유의 빈티지 느낌은 에뮬레이터에서는 구현하기 어렵다.

여건상 실기를 갖추는 것이 어렵다면 PCEM 프로그램이 가장 좋은 대안책이다.

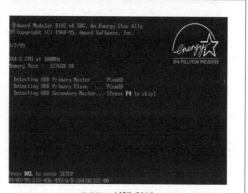

PCEM 실행 화면

15.1 도스박스

도스박스DOSBox는 MS-DOS 프로그램들을 현세대의 여러 플랫폼에서 실행 가능하게 해주는 에뮬레이터다.

https://www.dosbox.com

몇 가지 MS-DOS 에뮬레이터가 존재하지만 게임 실행이나 프로그램 개발을 위한 MS-DOS 에뮬레이터는 편의성 면에서 도스박스가 단연 우수하다. 도스박스는 메모리 관리나 사운드 설정 같은 복잡한 내용을 자동으로 처리해주기 때문에 손쉽게 도스 프로그램을 실행할 수 있다.

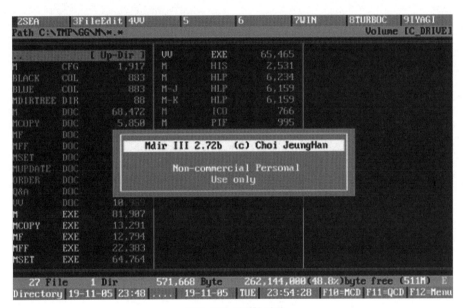

MDir III를 실행한 화면

이 그림은 **MDir**라는 프로그램의 실행 화면이다. Win32에서는 윈도우 탐색기로 파일 처리 및 폴더 이동을 하지만 도스 시절에는 MDir가 대표적인 파일 시스템 매니저였다.

TIP 도스박스는 MS-DOS뿐만 아니라 윈도우 3.1, 윈도우 95, 윈도우 98도 에뮬레이션이 가능하다. 이것이 가능한 이유는 언급된 OS들이 모두 MS-DOS를 기반으로 부팅되는 OS이기 때문이다. 참고로 윈도우 2000부터는 전부 NT 계열의 운영체제라 기반 구조가 완전히 다르다.

여기서는 도스박스의 기본적인 사용법은 알고 있다고 가정[1]하고 가상 하드 드라이브를 설정하는 방법에 대해서만 추가로 설명한다.

도스박스는 폴더를 가상 드라이브로 설정하는 기능을 지원한다. C:\HDD란 폴더가 있다고 가정하자. 우선 도스박스 사이트에서 도스박스를 다운로드한다. 설치 폴더에서 dosbox.conf 파일을 확인할 수 있는데 이 파일을 열어서 제일 마지막 부분에 다음 구문을 추가한다.

```
mount c C:\HDD
C:
```

그다음 도스박스를 실행하면 다음 그림과 같은 결과가 출력된다.

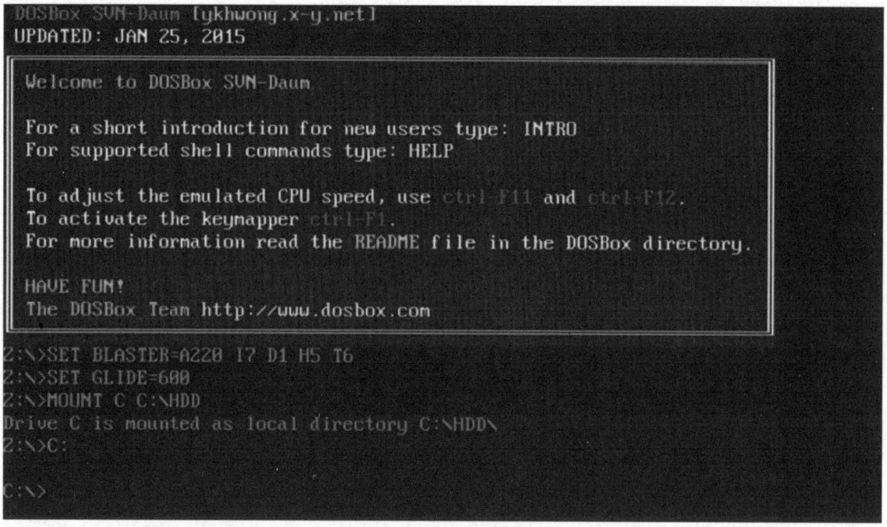

C:\HDD 폴더가 마운트된 결과

C 드라이브 자체를 마운트하는 것은 위험하므로 지금 설명한 대로 별도의 폴더를 만들어 그 폴더를 가상 하드 디스크로 설정해주자. 이후 실행하고 싶은 게임이나 유틸이 있다면 HDD 폴더에 복사해서 실행하면 된다.

---

1 도스박스에 대한 자세한 사용법을 소개하면 지면을 많이 차지할 테니 생략한다. 도스박스에 익숙하지 못하다면 인터넷을 통해 사용법을 확인한다.

일단 MS-DOS를 처음 접하거나 도스박스를 사용해본 적이 없는 독자에게 과제를 내겠다. 도스박스를 사용해서 아래의 게임들을 직접 구동하여 도스박스의 사용법을 학습하도록 한다. 앞에서 설명한 가상 디스크 마운트 기능을 사용해서 특정 폴더를 하드 디스크로 인식하게 한 다음 언급된 게임들을 다운로드해 실행을 해본다.

먼저 <그날이 오면 3>는 <폭스레인저>와 더불어 국내 대표적인 초기 2D 횡스크롤 비행 슈팅 게임이다. 외계인의 침공을 드래곤 포스 팀이 막아낸다는 내용이다. 총 6스테이지로 구성되었다.

그날이 오면 3 플레이 화면

다음으로 <삼국지 무장쟁패 1>은 대만의 판다 엔터테인먼트에서 제작한 격투 게임이다. 당시 대만의 게임 산업은 매우 발전되어 있었으며 수많은 대만산 게임이 한국에 보급되었다. 삼국지 무장쟁패 1에는 삼국지에 등장하는 유명한 장수들이 대거 등장한다.

삼국지 무장쟁패 1 실행 화면

끝으로 <둠>은 이드 소프트웨어가 개발한 1인칭 슈팅 게임이다. 1993년에 출시되었으며 <울펜슈타인 3D>와 더불어 모든 FPS 게임의 효시가 된 작품이다. 둠은 도스 익스텐더를 활용한 32비트 응용프로그램이므로 실행 파일의 크기나 어떤 도스 익스텐더를 사용했는지 등을 살펴볼 가치가 있다.

둠 실행 화면

게임들을 정상적으로 실행했다면 도스박스를 실행하여 커맨드로 폴더를 이동하거나 실행 파일을 구동하는 데 익숙해졌을 것이다. 여건이 허락한다면 여기서 더 나아가서 다양한 MS-DOS 프로그램을 구해서 도스박스상에서 실행해보는 것을 추천한다. 도스박스는 MS-DOS 네이티브 개발 환경으로 사용하므로 다음 내용으로 진행하기 전에 사용법을 반드시 마스터한다.

도스박스 파생버전

도스박스는 오픈소스로 프로젝트가 공개되어 있으며 공식 버전 외에 다양한 파생 버전이 존재한다. 대표적인 파생 버전으로 도스박스 SVN 버전과 도스박스-X가 있다.

도스박스 SVN 버전은 공식 버전에 반영되지 않은 최신 내용을 커밋한 버전이다. 이에 더해 새로운 기능을 추가해서 유저 편의성을 도모하였다. 국내에서는 SVN의 변형으로 DOSBox SVN Daum 버전이 존재한다. SVN 버전은 MS-DOS와의 호환성에 중점을 두기보다는 도스 응용프로그램이 문제없이 실행되는 것에 집중한다.

한편 **도스박스-X**는 도스박스의 포크 버전이며 SVN 버전과는 달리 별도의 방식으로 개발을 진행 중에 있다. MS-DOS와의 완벽한 호환성을 목표로 하고 있으며 괜찮은 GUI 인터페이스를 제공하므로 도스박스 SVN 버전만큼 편하게 사용할 수 있다.

15.2 컴파일러

계속해서 MS-DOS용 프로그램을 생성할 수 있는 컴파일러를 살펴보자. 컴파일러는 크게 16비트 또는 32비트 프로그램을 생성할 수 있는 컴파일러로 나눌 수 있다. 혹은 네이티브 환경에서 작동하는 컴파일러와 그 외 환경에서 작동하는 컴파일러로 분류할 수도 있다. 대표적인 도스용 컴파일러 도구를 다음 표에 정리했다.

도스 앱 생성 컴파일러 리스트

컴파일러	내용
DJGPP	DJGPP는 인텔 80386 이상에서 작동하는 32비트 응용프로그램을 개발하기 위한 컴파일러 툴킷이다.
볼랜드 C++ 컴파일러	MS-DOS와 윈도우 프로그램을 생성하기 위한 C/C++ IDE
터보 C++	1987년 터보 C로 시작했으며 1990년 터보 C++로 대체되었다. 1992년에 터보 C++ 3.0이 발표되었다.
비주얼 스튜디오 1.52	윈도우 3.1에서 작동하는 IDE. 16비트 도스 앱을 생성할 수 있다.
오픈 왓콤 C/C++	C, C++, 포트란 프로그래밍 언어용 IDE. 도스 앱 개발을 위해 1.9 또는 2.0 버전을 사용한다.
Orange C/C++ 컴파일러	컴파일러는 Win32 또는 MS-DOS상에서 실행 가능하며 두 플랫폼 모두 32비트 프로그램을 생성한다.

본서에서는 리얼 도스상의 개발 도구로 볼랜드 C++ 3.1, 터보 C++ 3.0을 사용한다. 그리고 윈도우 환경에서는 오픈 왓콤 C/C++ 1.9와 DJGPP를 사용해서 도스 프로그램을 개발한다. 오픈 왓콤 C/C++ 1.9는 네이티브 도스 버전도 제공하니 참고하자.

15.3 환경 구축

도스 프로그램 개발 환경을 구축하는 것은 생각보다 번거로운 작업이다. 그래서 편의를 위해 도스 프로그램을 개발하기 위한 빌드 시스템을 미리 구축해뒀다. 필자가 구축한 도스 빌드 시스템은 크게 다섯가지로 분류된다.

- 도스박스를 활용한 네이티브 빌드 시스템
- Win32 콘솔창을 활용한 빌드
- 알레그로4 엔진을 활용한 Win32/DOS 컴플리트 시스템
- 윈도우용 오픈 왓콤 C/C++ 1.9 IDE
- HX 도스 익스텐더 + 비주얼 스튜디오 2019 또는 상위 버전

각 시스템은 모두 윈도우 10에서 정상 작동함을 확인하였다(책 집필 시점에서 최신 윈도우 운영체제는 윈도우 11이나 윈도우 11이나 차후 버전의 제품에서도 특별한 문제 없이 작동할 것이다). 각각의 빌드 시스템의 구축 방법은 관련 챕터에서 설명한다.

16

도스 게임 프로젝트

이번 장에서는 다양한 도스 게임 프로젝트를 빌드하는 방법을 설명할 것이다. 먼저 네이티브 환경, 즉 도스박스와 네이티브 컴파일러를 활용해서 16비트/32비트 도스 프로그램을 빌드하는 방법을 살펴본다. 그다음 비주얼 스튜디오 코드와 도스박스를 연동해서 개발 환경의 편의성을 높이는 방법을 설명할 것이다.

16비트 도스 프로그램을 작성하는 경우 MS-DOS의 특유의 메모리 모델 때문에 일반적으로는 사용하지 않는 C 구문을 활용한다. 이를 이해하기 위해 먼저 메모리 모델에 대해 간략히 설명하겠다.

16.1 메모리 모델

리얼 모드에서 작동하는 16비트 프로그램은 연장 메모리를 사용하든 확장 메모리를 사용하든 프로그램 자체가 직접 지정할 수 있는 메모리 주소는 최대 1 MB로 제한된다. 그리고 1 MB 공간의 접근은 세그먼트 + 오프셋 방식을 통해 가능하다고 앞에서 언급했다. 단 세그먼트 + 오프셋 방식을 사용하면 해당 주소에 접근하기 위해 추가 계산이 필요하므로 프로그램 덩치가 커진다.

그런데 프로그램의 크기가 64 KB 이내라면, 레지스터 크기가 16비트이므로 16비트 레지스터 하나만 사용해도 64 KB 이내의 공간에는 전부 접근할 수 있다. 즉 세그먼트 + 오프셋 방식을 명확히 지정하지 않아도 64 KB 이내의 주소에 접근할 수 있기 때문에 주소 지정을 간소화해서 그만큼 코드양을 줄일 수 있다. 이 때문에 리얼 모드 도스 프로그램의 컴파일 옵션에서는 **메모리 모델**memory model 개념을 지원한다. 물론 적절한 메모리 모델을 선택하면 크기가 최적화된 바이너리를 생성할 수 있지만 일반적으로는 1 MB 메모리 공간에 모두 접근 가능한 메모리 모델을 사용한다.

Borland C++ 3.1과 같은 16비트 컴파일러는 컴파일 및 링크 옵션에서 메모리 모델을 선택할 수 있으며, 선택한 메모리 모델에 따라 적절한 포인터 변수를 사용해야 한다. 메모리 모델을 살펴보기 전에 먼저 포인터 타입에 대해 알아보자.

16비트 도스 프로그래밍 포인터 유형

포인터 타입	내용
near 포인터	near 포인터는 16비트 크기이며 오프셋 주소만 가진다. 세그먼트 레지스터는 암묵적인 값으로 고정되며 변경되지 않는다. 따라서 near 포인터는 주어진 세그먼트에서 최대 64 KB만 접근 가능하고 다른 세그먼트에는 접근이 불가능하다
far 포인터	far 포인터는 32비트 크기이며 16비트 세그먼트 및 16비트 오프셋 주소를 모두를 가진다. far 포인터 연산 시 세그먼트 레지스터는 고정되므로 한번 지정된 세그먼트 영역 이외의 공간을 가리킬 수 없다.
huge 포인터	far 포인터와 동일하나 far 포인터의 경우에는 세그먼트가 고정 되어 다른 세그먼트를 가리킬 수 없지만 huge 포인터는 프로그램이 세그먼트를 변경할 수 있으므로 huge로 선언된 포인터는 모든 세그먼트에 접근할 수 있다.

near 포인터는 16비트 크기이고 far 포인터는 32비트 크기이므로 특별히 far 포인터를 쓸 이유가 없다면 near 포인터를 사용해서 공간을 절약하는 것이 좋을 것이다.

각 포인터의 쓰임을 좀 더 정확히 이해해보자. 먼저 near 포인터를 살펴본다.

```
int localVar = 0;
int* pPointer = &localVar;
```

코드상으로 보면 near 포인터의 사용은 일반적인 C 포인터 사용법과 크게 다르지 않다. 세그먼트 레지스터인 코드 세그먼트 레지스터 CS와 데이터 세그먼트 레지스터 DS는 값이 고정되어 있어서 프로그램에서 변경할 수 없다. 그러므로 localVar와 pPointer는 같은 세그먼트 내에 존재한다.

다음으로 far 포인터를 살펴보자.

```
int far* pPointer = (int far *)MK_FP(0xB000, 0);
```

C 구문이긴 하지만 일반적이지 않은 구문을 사용해서 far 포인터를 선언한다. MK_FP는 세그먼트와 오프셋값을 사용해서 far 포인터를 생성하는 컴파일러 매크로이다. make far pointer의 준말임을 알 수 있다.

huge 포인터도 far 포인터와 동일한 기능을 수행한다. 선언하는 구문도 유사하다. 다만 far 포인터를 선언할 때에는 그 시점의 세그먼트 레지스터를 변경할 수 없기 때문에 연산 결과 오프셋이 0xFFFF를 초과해도 세그먼트 레지스터는 변경되지 않아 특정 세그먼트 안에서만 접근이 가능한 반면, huge 포인터는 세그먼트 레지스터를 변경시켜서 모든 세그먼트에 접근할 수 있다는 점이 far 포인터와 차이점이다.

```
char huge* pPointer = (char huge *)MK_FP(0xB000, 0xFFFF);
```

위 코드의 경우 포인터가 far 타입이었다면, 포인터값을 오프셋 1 증가시키면 0xB0000이 되지만 huge 포인터의 경우에는 0xC0000이 된다. 즉 huge 포인터로 선언하면 그 포인터는 선형 어드레스로 사용할 수가 있는 것이다.

일반적인 C 프로그래밍 관점에서는 huge나 far 키워드가 불필요하다. 오로지 16비트 도스 프로그래밍을 위해 컴파일러가 지원하는 키워드이며 32비트 도스 프로그램에서는 일반적인 메모리 접근법을 사용할 수 있으므로 huge나 far 키워드를 사용하지 않아도 된다.

huge 포인터가 자유도 면에서 가장 좋아 보이지만 프로그램 크기나 최적화를 고려한다면 다른 메모리 모델도 고려해볼 필요가 있다. MS-DOS 기반 16비트 컴파일러는 5가지의 메모리 모델을 선택할 수 있다. 다음 표에 메모리 모델을 정리했다.

MS-DOS 16비트 프로그램 메모리 모델

메모리 모델	CS(코드 세그먼트)	DS(데이터 세그먼트)
Small / Tiny	near	near
Medium	far	near
Compact	near	far
Large	far	far
Huge	far	far

프로그램 크기가 64 KB 이하일 것 같으면 Small / Tiny 모델을 선택하는 것이 좋다.[1] 그 외 일반적인 경우라면 Large 모델이나 Huge 모델[2]을 선택하자.

---

1   far 및 huge 키워드를 사용하지 않으니 프로그램 덩치가 작다면 고려해볼 만한 메모리 모델이다.
2   두 모델 모두 64 KB 이상의 데이터 공간을 다룰 수 있기 때문에 차이가 없어 보인다. 하지만 Large는 개별 데이터가 64 KB를 초과할 수 없는 반면, Huge는 개별 데이터가 64 KB를 초과할 수 있다는 점에서 차이를 보인다.

TIP 64 KB를 초과하는 데이터의 경우 자료구조 앞에 __far 키워드를 붙이면 자료구조가 복수의 세그먼트로 구성되었다는 것을 알릴 수 있다. 호출되는 함수의 경우에는 기본적으로 __far 포인터로 인식하지만 호출자나 피호출자가 같은 세그먼트에 존재한다면 호출되는 함수에 __near 키워드를 붙여서 최적화를 수행할 수 있다.

메모리 모델을 정확히 이해했다면 C로 작성된 오래된 도스 프로젝트를 접해도 무리 없이 적응할 수 있다.

16.2 도스박스 빌드 시스템

이제 본격적으로 도스 프로그램 개발을 위한 빌드 시스템을 구축하고 다양한 도스 게임 프로젝트를 빌드해보겠다. 필자가 준비한 다음 깃허브 저장소의 Release 메뉴에서 DOSBox-X.rar 파일을 다운로드한 다음 압축을 푼다. C:\DOSBox-X 폴더에 설치했다고 가정하겠다.

```
https://github.com/pdpdds/DOSDev
```

그다음 소스 코드 역시 다운받아 C:\DOSBox-X\HDD\DOSDev 폴더에 압축을 푼다. 도스박스-X가 전역 공간에서 실행 가능하도록 환경 변수의 PATH 항목에 C:\DOSBox-X를 반드시 추가하자. 경로를 추가한 다음 콘솔창을 실행해서 dosbox-x를 입력했을 때 도스박스가 실행되는지 확인한다.

도스박스를 구동하면 자동으로 MDir 프로그램이 실행되게 해뒀다. 하드 디스크의 구성은 다음과 같다.

- BC31: 볼랜드 C++ 3.1 컴파일러
- TC: 터보 C++ 2.1
- WATCOM: 왓콤 C 컴파일러
- DOSDEV: 도스 샘플 프로젝트

지금 구축한 시스템은 다른 빌드 환경과 구분하기 위해 **도스박스 빌드 시스템**으로 지칭하겠다.

16.2.1 테트리스

DOSDev/dtetris 폴더로 이동한 다음 make.bat 파일을 실행해서 빌드한다. 빌드한 다음 DTETRIS. EXE를 실행해서 정상 실행되는지 확인한다.

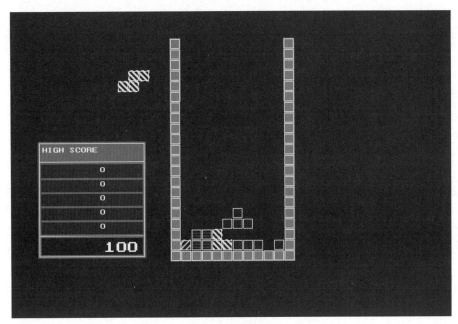

테트리스 실행 화면

make.bat 파일의 내용은 다음과 같다.

```
bcc -ml *.c graphics.lib
```

볼랜드 C++ 3.1로 컴파일하며 메모리 모델은 large 모델을 사용하겠다는 것을 의미한다. 또한 링킹 과정 시 graphics.lib를 링크하겠다고 알렸다. *.c 표현은 폴더 내 모든 c 파일을 컴파일하겠다는 의미다.

테트리스 프로젝트는 **BGI**Borland Graphics Interface API로 제작되었다. 도스 전성기 때는 다양한 비디오 그래픽 카드에 대응할 수 있는 전용 라이브러리가 절실했는데 당시 컴파일러 공급사였던 볼랜드가 이에 호응해서 제공한 그래픽 라이브러리이다. 이 라이브러리를 사용하면 개발자는 플랫폼의 그래픽 드라이버에 대해 몰라도 CGA/EGA/VGA에 대응하는 프로그램을 개발하는 것이 가능했다.

BGI API로 개발된 도스 프로젝트는 상당수 존재하며, 특히 이 테트리스 프로젝트를 분석하면 큰 도움이 될 것이다. 테트리스 프로젝트에서 사용한 BGI API를 간략히 정리했다.

BGI API

BGI API	설명
initgraph	그래픽 시스템을 초기화한다.
settextstyle	텍스트 스타일을 지정한다.
outtextxy	텍스트를 출력한다.
bar	막대기를 그린다.
rectangle	사각형을 그린다.
line	선을 그린다.
textcolor	텍스트 컬러를 지정한다.
gotoxy	커서를 지정된 좌표로 이동한다.
cprintf	문자열을 출력한다.

기타 고려해야 할 몇 가지 도스 API가 있다.

도스용 API

DOS API	설명
kbhit	키보드 입력 확인
delay	타임 딜레이 함수

16.2.2 슈터 프로젝트와 MegaBreak

megabreak 폴더에는 슈터 프로젝트, 그리고 브레이크아웃과 유사한 MegaBreak 프로젝트가 존재한다. 출처는 다음 깃허브이다.

```
https://github.com/carrierdown/megabreak
```

컴파일러는 도스용 WATCOM 1.9 버전을 사용한다.

먼저 슈터 프로젝트를 빌드해보자. 슈터 프로젝트는 종스크롤 비행 슈팅 게임 프로젝트다. 도스박스를 실행해서 DOSDev/megabreak 폴더로 이동한 다음 SHOOTMAK.BAT 배치 파일을 실행한다. 빌드 결과 SHOOTER.EXE가 생성된다.

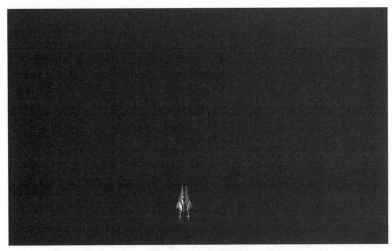

슈터 프로젝트 실행 화면

마우스로 이동하며 왼쪽 버튼으로 미사일을 발사할 수 있다.

다음으로 MegaBreak 프로젝트는 BRKMAK.BAT 파일을 실행해서 빌드한다. 원본 코드는 abs 함수 관련 에러가 발생하는데 libs/stdvga.h 파일에서 시작 부분에 #include 〈math.h〉를 추가하고 abs 함수를 fabs로 변경하면 빌드에 문제가 없다(필자의 도스박스 빌드 시스템 깃허브에는 수정한 버전을 올려두었다). 생성된 MEGBREAK.EXE 파일을 실행한 다음 아무 키나 누르고 게임을 플레이해보자.

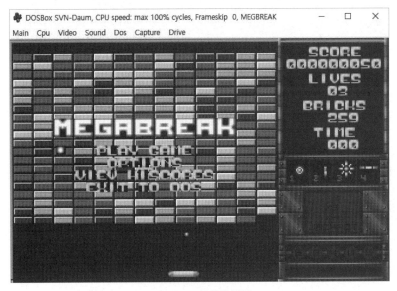

MegaBreak 실행 화면

슈터 프로젝트와 MegaBreak 프로젝트는 도스상에서 도스용 컴파일러로 생성한 32비트 도스 앱이다. 그래서 도스 익스텐더인 DOS4GW.EXE가 필요하다.

16.2.3 Little Game Engine

Little Game Engine은 심플한 도스 게임 엔진으로, 이 엔진을 활용하면 상대적으로 성능이 떨어지는 XT나 286에서도 원활하게 게임을 구동시킬 수 있다.

```
https://github.com/mills32/Little-Game-Engine-for-VGA
```

Little Game Engine을 활용한 2D 플랫포머 데모 화면

터보 C++ 3.0으로 정상 빌드 가능하며 다른 컴파일러를 사용하려면 수정이 필요하다.

도스박스를 실행한 다음 DOSDev/lge 폴더로 이동해서 make.bat 파일을 실행한다. 실행 결과 PLAY. EXE 파일이 생성된다. 데모 플레이 방법은 깃허브를 참조한다.

Little Game Engine 프로젝트는 비주얼 스튜디오 코드에서도 빌드 가능하다. 도스박스와 연동 가능하도록 작업해뒀다. 메뉴의 Open → Open Folder를 선택해서 lge 폴더를 지정한다. 그런 다음 Ctrl + Shift + B 단축키를 누르면 도스박스 빌드 시스템과 연동하여 프로젝트를 빌드한다. 그리고 메뉴의 Terminal → Run Task… 항목을 선택하면 게임을 실행할 수 있으니 확인하자.

16.2.4 Commander Keen in Keen Dreams

이드 소프트웨어가 개발한 2D 횡스크롤 플랫폼 게임 〈커맨더 킨〉 시리즈 중 2탄이다.

https://github.com/keendreams/keen

타이틀 화면

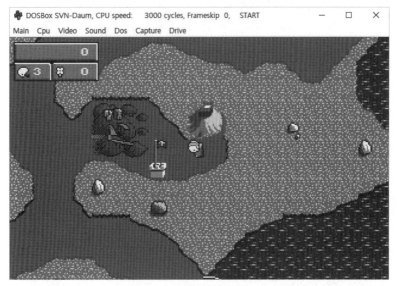

게임 화면

프로젝트는 keen 폴더에서 확인할 수 있다. 컴파일러는 볼랜드 C++ 3.1 IDE를 사용한다 볼랜드 C++ 3.1 IDE의 자세한 사용법은 인터넷을 참고한다.

빌드 절차는 다음과 같다.

- SRC/STATIC 폴더로 이동한 다음 make를 실행한다.
- SRC 폴더에서 BC를 입력해서 볼랜드 C++ IDE를 실행한 뒤 메뉴의 Project → Open Project 항목을 선택한 다음 KDREAMS 프로젝트를 선택한다.

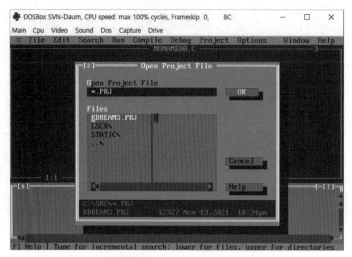

커맨더 킨 볼랜드 C++ 프로젝트 선택

- 메뉴의 Compile → Build All을 선택해서 프로젝트를 빌드한다.

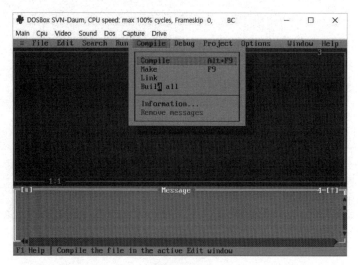

프로젝트 빌드

빌드가 성공하면 C:\TEMP 폴더(마운트된 HDD 폴더 기준)에 KDREAMS.EXE 파일이 생성된다. 이 파일을 DOSDev\KEEN\GAME 폴더로 복사한 다음 KDREAMS /DETOUR를 입력해서 게임을 실행한다.

16.3 콘솔 도스 빌드 시스템

지금부터는 Win32 콘솔 환경에서 DJGPP 및 오픈 왓콤 컴파일러를 사용해서 샘플 프로젝트를 빌드해볼 것이다. 이 빌드 시스템은 **콘솔 도스 빌드 시스템**으로 지칭하겠다.

먼저 **DJGPP**DJ's GNU Programming Platform를 설치하자. 공유 폴더의 Win32_djgpp.rar를 다운로드한 다음 적절한 위치에 압축을 푼다. 이 파일의 DEV 폴더에는 이후 살펴볼 프로젝트 소스 파일들이 들어 있다. **NASM**도 필요하므로 NASM이 설치되어 있지 않다면 참조 페이지에서 확인해서 다운로드해 설치한다. 전역 실행이 가능해야 하므로 환경 변수의 PATH 경로에 NASM이 설치된 경로를 추가한다. 콘솔창을 실행해서 다음과 같이 NASM이 실행되는지 확인한다.

```
C:\> NASM
nasm: error: no input file specified
type `nasm -h' for help
```

그다음은 **오픈 왓콤 C/C++**Open Watcom C/C++ 1.9를 설치한다. 설치 시 옵션은 '전체 설치'를 선택한다. 기본 경로인 C:\WATCOM 폴더에 설치했다고 가정한다. 오픈 왓콤 C/C++ 1.9 윈도우 버전을 정상적으로 설치했다면 콘솔 버전도 정상 실행되어야 한다. 콘솔창을 실행한 다음 WCC가 실행되는지 확인한다. 실행되지 않으면 환경 변수의 PATH 경로에 C:\WATCOM\binnt 경로를 추가해서 다시 확인한다.

16.3.1 Jump 'n Bump

〈Jump 'n Bump〉는 최대 4명이 동시에 플레이할 수 있는 간단한 게임이다. 서로를 향해 점프해서 상대방을 폭발시키는 것이 주목표다. 레벨 편집기를 사용해서 개성 있는 맵을 만들 수 있으며 팬이 만든 다양한 맵이 다수 존재한다.

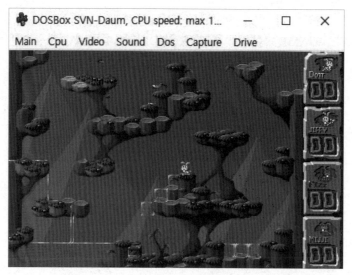

Jump 'n Bump 실행 화면

앞에서 압축을 푼 폴더를 보면 djgpp.bat 파일이 있다. 이 파일을 실행하면 현재 폴더에서 콘솔창이 열린다. DEV/jnb-src 폴더로 이동해서 다음 명령을 순차적으로 입력한다.

```
nasm -f coff -o gfx.obj gfx.s
gcc -I. -c main.c menu.c interrpt.c gfx.c
gcc -I. -L. -o jump.exe interrpt.o main.o menu.o gfx.o gfx.obj -ldj
```

정상 빌드되면 폴더에 jump.exe가 생성된다(경고가 나와도 상관없다). 이제 dosbox.bat 배치 파일을 실행해서 도스박스를 구동하여 jnb-src 폴더로 이동해 jump.exe가 정상 실행되는지 확인한다.

16.3.2 Eradicate

〈Eradicate〉는 윈도우 운영체제와 도스에서 작동하는 레이싱 게임이다. 자세한 내용은 아래 링크에서 확인한다. 권장 사양이 펜티엄2 350 MHz 이상으로 고스펙의 게임이지만 도스박스에서 원활하게 작동한다.

```
https://github.com/MutantStargoat/eradicate
```

윈도우에서 실행 가능하도록 비주얼 스튜디오 2019에서 빌드 가능한 버전을 공유 폴더에 올려뒀다. eradicate.rar를 다운로드해서 설치한다. 그리고 eradicate.sln을 실행해서 프로젝트를 빌드하면 eradicate.exe가 생성된다. 링크를 확인해서 게임 리소스를 다운로드하고 eradicate.exe를 해당 폴더로 복사한 다음 게임이 정상 실행되는지 확인한다.

DJGPP로 빌드를 시도하면 링크 과정에서 libmidas.a 라이브러리 관련 에러가 발생하며 책 출간 시점에서 아직 문제를 해결하지 못했다. DJGPP에서도 빌드 가능하도록 계속 살펴보고 있기 때문에 해당 프로젝트는 Win32_djgpp/DEV/eradicate 폴더에 그대로 남겨뒀다.

오픈 왓콤 C/C++ 1.9에서는 정상 빌드 가능하므로 콘솔창을 실행하여 프로젝트 폴더로 이동해서 빌드해보자. 먼저 libs/imago 폴더로 이동해서 wmake를 입력해서 해당 라이브러리를 빌드한다. 그다음 루트 폴더로 이동해서 wmake를 실행하면 game.exe 파일이 생성된다. 이 파일을 게임 리소스 폴더로 복사한 뒤 도스박스를 실행해서 게임이 정상 실행되는지 확인한다.

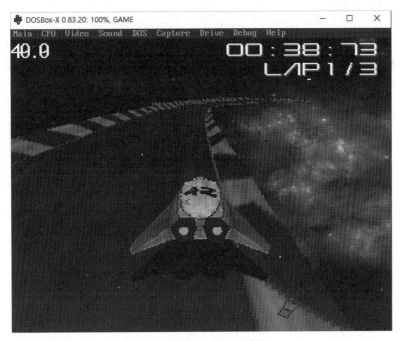

도스박스에서 Erdicate 실행

Eradicate 프로젝트는 윈도우와 도스 플랫폼에서 작동 가능하므로 개발은 윈도우 플랫폼에서 진행하고 도스 플랫폼은 배포용으로만 확인하면 개발 생산성을 향상시킬 수 있다.

마치며

이번 장에서는 도스 프로그램을 컴파일하기 위한 두 가지 도스 빌드 시스템을 확인했다.

- 도스박스 빌드 시스템
- 콘솔 도스 빌드 시스템

도스박스 빌드 시스템은 도스박스를 활용해서 도스용 프로그램을 개발한다. 도스박스는 리얼 도스 환경을 재현했기 때문에 도스박스 빌드 시스템은 실기로 그대로 옮겨서 도스 게임을 개발하는 것이 가능하다.

콘솔 도스 빌드 시스템은 윈도우 운영체제에서 콘솔창을 이용해서 도스 프로젝트를 빌드했다. DJGPP와 오픈 왓콤 C/C++ 1.9를 사용해서 몇 가지 프로젝트를 빌드했으며 이들 컴파일러는 32비트 보호 모드에서 작동하는 응용프로그램을 생성하므로 응용프로그램을 실행하기 위해서는 도스 익스텐더가 필요함을 확인했다.

두 빌드 시스템에서 빌드 가능한 프로젝트는 계속 리서치 중에 있으며 특히 도스박스 빌드 시스템의 경우 계속해서 다양한 샘플 예제를 추가하고 있으니 관심 있는 분은 꼭 확인하고 프로젝트를 빌드해 보기 바란다.

VGALIB

VGALIB는 도스와 리눅스, 그리고 웹에서 작동하는 프로그램을 작성할 수 있는 크로스 플랫폼 라이브러리다. 16장에서 소개한 Eradicate 프로젝트의 경우 크로스 플랫폼에서 작동하는 응용프로그램을 생성할 수 있었다. 마찬가지로 VGALIB를 활용하면 여러 플랫폼으로 응용프로그램을 배포하는 것이 가능하다.

```
https://github.com/drwonky/VGALIB
```

여기서는 VGALIB를 활용해서 현대적인 IDE로 개발을 진행하고 도스박스에서 그 결과를 확인하는 **듀얼 시스템** 프로그래밍을 살펴보겠다. 이에 더해 네이티브 환경에서 동적 디버깅을 수행하는 방법을 확인해보겠다.

VGALIB는 도스 API와 기타 플랫폼에서 사용하는 렌더링 API를 추상화했기 때문에 듀얼 시스템으로 활용할 수 있다. 또한 VGALIB 라이브러리는 VGA/EGA/CGA/흑백 해상도의 다양한 그래픽 모드를 지원하므로 구형 머신에서 작동하는 게임을 작성하고 싶은 경우 좋은 레퍼런스가 된다. 코드는 CPP로 작성되었기 때문에 가독성이 매우 높다.

VGALIB를 도스와 윈도우상에서 편하게 빌드할 수 있도록 정리했다. 샘플 프로젝트는 16.2절에서 살펴본 도스박스 빌드 시스템의 DOSDev/vgalib 폴더에서 확인할 수 있다.

17.1 Win32 빌드

먼저 윈도우 응용프로그램을 빌드해보자. 컴파일러는 비주얼 스튜디오 2019를 사용한다. SDL 라이브러리가 필요하므로 vcpkg 패키지 시스템을 활성화하고 vgalib.sln 솔루션 파일을 실행해서 프로젝트가 정상 빌드되는지 확인하자. 빌드 시 아키텍처는 x86으로 설정한다.

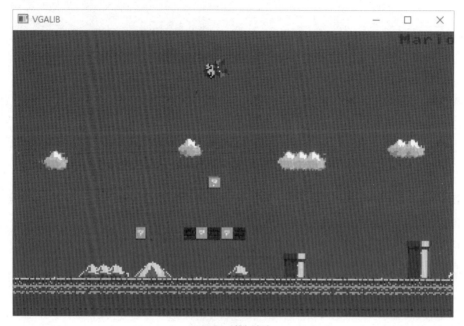

Win32 실행 화면

비주얼 스튜디오를 활용하면 동적 디버깅이 가능하니 직접 특정 소스 코드 위치에 브레이크포인트를 걸어서 변수의 값이나 콜 스택을 확인해보자.

17.2 도스박스 + 볼랜드 C++ IDE

계속해서 도스박스 빌드 시스템을 활용해서 빌드하는 방법을 설명하겠다. 도스박스를 실행하고 vgalib 폴더로 이동한 다음 bc를 실행해서 볼랜드 C++ IDE를 실행한다. 그다음 메뉴의 Project → Open Project를 선택하고 VGALIB.PRJ를 선택해서 프로젝트를 연 다음 메뉴의 Compile → Build All을 선택해서 프로젝트를 빌드한다. 정상적으로 빌드되었다면 C:\TEMP 폴더에 VGALIB.EXE가 생성되었을 것이다. 이 파일을 vgalib 폴더에 복사하고 실행해서 그 결과를 확인한다.

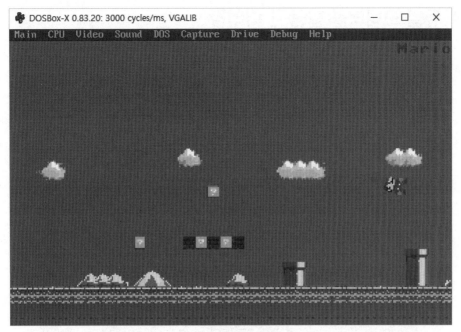

도스 실행 화면

Win32 버전과 비교하면 상대적으로 스프라이트 속도가 느리다.

17.3 도스박스 + 비주얼 스튜디오 코드

이번에는 비주얼 스튜디오 코드와 도스박스를 연계해서 프로젝트를 빌드해본다. 비주얼 스튜디오 코드를 실행하고 메뉴의 File → Open Folder를 선택한 다음 VGALIB 폴더를 지정한다. 메뉴의 Terminal → Run Build Task 항목을 선택하거나 단축키 Ctrl + Shift + B를 눌러서 프로젝트를 빌드한다. 빌드 결과 도스박스 화면의 최종 메시지가 다음과 같아야 한다.

```
Linking ..\..\TEMP\VGALIB.EXE:
```

비주얼 스튜디오 코드와 도스박스를 연동한 빌드 설정은 tasks.json 파일에서 확인할 수 있다. 도스박스 + 비주얼 스튜디오 코드 조합을 활용하면 16.2절처럼 수동으로 도스박스 빌드 시스템을 실행했던 과정을 자동화해주므로 개발 속도를 높일 수 있다.

17.4 듀얼 모니터를 활용한 디버깅

마지막으로 도스박스-X의 듀얼 모니터 지원 기능을 활용해서 VGALIB 프로젝트를 네이티브 도스 환경에서 동적으로 디버깅을 하는 방법을 살펴보겠다. 도스에서 듀얼 모니터를 사용하기 위해서는 비주얼 스튜디오 코드를 실행해서 VGALIB 프로젝트 폴더를 열고 Terminal → Run Task를 선택한 다음 항목 선택 창에서 Run을 선택한다. 그러면 도스박스 빌드 시스템이 실행되는데 창이 두 개 실행된다. 세컨더리 모니터인 디버거 화면은 프라이머리 모니터가 포커스를 가져야 조작할 수 있으니 유의한다.

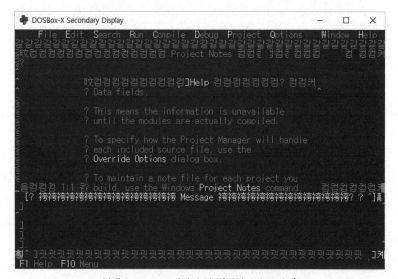

디버깅 대상 프로그램의 화면(프라이머리 모니터)

볼랜드 C++ 3.1 디버거 화면(세컨더리 모니터)

디버거 화면[1]에서 메뉴의 Window → Project 항목을 선택해서 파일 리스트가 나오게 한 다음 VGADEMO.CPP 파일을 열고 main 함수의 초반부에 브레이크포인트를 건다. 브레이크포인트 설정 단축키는 Ctrl + F8이다.

이제 디버깅을 해보자. 메뉴의 Run → Run 항목을 선택해서 디버깅을 시작한다. 단축키는 Ctrl + F9 인데, 이 단축키는 도스박스-X 단축키와 충돌하므로 도스박스 빌드 시스템에서는 이 도스박스용 단축키를 변경해놓았다.

볼랜드 C/C++ 3.1 IDE의 디버깅 단축키는 비주얼 스튜디오와 크게 다르지 않다. 그리고 디버깅 화면이 조금 불편하기는 하지만 익숙해지면 현세대 GUI 디버거처럼 사용 가능하므로 반복 학습을 통해서 적응하자.

과제 1

17.4절 내용을 따라 해서 프로그램을 구동하면 브레이크포인트가 히트할 것이다. Ctrl + F9를 눌러 프로그램을 다시 재개하면 다음과 같은 에러가 발생한다.

```
Divide Error
```

디버깅을 통해서 어떤 부분에서 에러가 발생하는지 확인한다.

과제 2

연습문제 1에서 발생한 문제는 디버거를 통해서 실행하는 경우만 발생하는 문제다. 프로그램을 디버깅하기 위해서는 디버거 관련 실행 코드도 메모리에 할당되어야 하는데 이에 따라 가용 메모리가 부족해서 문제가 발생한다.

이 문제를 해결하기 위해서는 디버거의 옵션에서 힙의 크기를 늘려주어야 한다.

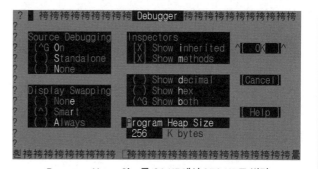

Program Heap Size를 64 KB에서 256 KB로 변경

메뉴의 Options → Menu를 선택한 다음 다이얼로그 창의 Program Heap Size 항목을 64에서 256으로 변경하면 문제를 해결할 수 있다. 수정하고 나서 프로그램이 정상 실행되는지 확인하자.

---

1   화면에 깨진 한글이 출력되어 다소 지저분하다. 한글이 출력되므로 도스의 한글 인코딩 문제로 생각할 수 있으나 도스박스 자체의 문제로 파악된다. 이후 도스박스-X가 업데이트되면 개선될 것으로 기대한다.

마치며

17장에서 소개한 VGALIB 프로젝트를 통해서 다음과 같은 내용을 확인했다.

- 16비트 도스 프로그램을 생성할 수 있으므로 저사양 도스 머신에도 작동하는 프로그램을 제작 가능
- 다양한 그래픽 모드에 대응할 수 있다(흑백, CGA, EGA, VGA 등).
- 비주얼 스튜디오 + SDL 라이브러리 조합으로 Win32 응용프로그램 개발
- 비주얼 스튜디오 코드 + 도스박스 빌드 시스템 조합으로 도스 앱 개발
- 네이티브 도스 환경에서 그래픽 도스 프로그램의 동적 디버깅 특히 MS-DOS 플랫폼은 현대 운영 체제의 창 모드 개념이 없어서 그래픽 응용프로그램을 실행시키면서 디버깅을 하는 것이 쉽지 않았다. 그래서 당시 개발자들은 이 문제를 극복하기 위해 흑백 화면과 컬러 화면의 그래픽 버퍼 주소가 다르다는 것을 이용해서 디버깅 시스템을 구축하기도 했다.[2] 흑백 그래픽 카드와 VGA 그래픽 카드를 머신에 설치하고 VGA 그래픽 카드는 응용프로그램 실행 화면으로, 흑백 그래픽 카드는 디버거 화면을 출력하는 데 활용한 것이다.

또한 VGALIB 프로젝트는 도스 플랫폼 서비스를 구현하기 위한 다양한 루틴을 구현했으므로 도스 관련 기능을 확장 개발하고 싶다면 좋은 자료가 된다. 여력이 된다면 프로젝트를 분석해보자.

---

2   관련 내용은 《게임 엔진 블랙 북: 울펜슈타인 3D》(한빛미디어, 2020) 서적을 참고한다.

CHAPTER 18

알레그로4

알레그로Allegro 2D 엔진은 비디오 게임이나 멀티미디어 프로그래밍을 제작하기 위한 크로스 플랫폼 라이브러리다. SDL 라이브러리처럼 이미지 그리기, 윈도우 생성, 사용자 입력, 사운드 재생을 추상화 해서 플랫폼에 상관없이 프로그래밍 가능한 환경을 제공한다. 공식 홈페이지에서는 알레그로 엔진이 게임 엔진이 아니라고 하지만 알레그로 엔진을 사용한 대부분의 앱은 게임이다.

알레그로 엔진으로 제작된 게임 화면

알레그로 엔진의 큰 장점 중 하나는 도스 플랫폼을 지원하는 유일한 라이브러리란 점이다. SDL이나 SFML 게임 엔진 등은 도스 플랫폼을 지원하지 않는다. 만약 SDL이 도스 플랫폼도 지원했다면 알레그로는 본서에서 소개하지 않았을지도 모른다.

알레그로는 큰 맥락에서 4.x 버전과 5.x 버전으로 구별해서 사용한다. 알레그로 프로그래밍에 입문하고자 한다면 최신 버전인 5.x 버전을 사용하는 것이 좋다. 다만 5.x 버전부터는 도스를 지원하지 않는다. 그러므로 도스에서 작동하는 알레그로 엔진 기반 게임을 제작하기 위해서는 4.x 버전 인터페이스로 게임을 개발해야 한다.

> **알레그로는 4.23 버전 이후로 더 이상 도스를 지원하지 않는다**
>
> 알레그로 엔진이 5.x 버전으로 업그레이드되면서 렌더링 구조가 현세대 방식으로 크게 수정되었다. 그래서 4.x 버전과 5.x 버전은 버전 넘버링만 다를 뿐 구조적으로는 크게 차이가 난다. 이 마이그레이션 과정에서 대부분의 플랫폼은 포팅할 수 있었지만 도스는 쉽지 않았던 것으로 보인다. 또한 도스의 경우, MSX 생태계에 비해 적극적으로 도스용 게임을 개발하는 이를 찾아보기 힘들다. 도스 플랫폼용 프로그램 개발자가 거의 없다면 굳이 도스 플랫폼을 안고 갈 필요는 없다고 알레그로 라이브러리 제작자는 판단한 것으로 보인다.

18.1 개발 시스템 구축: Win32/DOS 컴플리트 시스템

알레그로 엔진을 통해서 도스 게임을 개발하려면 먼저 다음 도구를 설치해야 한다.

- 비주얼 스튜디오 2019 커뮤니티 버전
- DJGPP
- 알레그로 4.23
- 도스박스

비주얼 스튜디오 2019는 이미 설치했었다. 설치를 하지 않았다면 부록을 참고해서 설치한다.

게임 개발은 듀얼 시스템을 활용한다. 그래서 개발은 Win32 플랫폼에서 비주얼 스튜디오로 진행하고 도스용 프로그램은 DJGPP 컴파일러 툴로 빌드한다.

아래 링크에서 DJGPP 컴파일러 툴(djgpp.rar)을 다운로드하고 적당한 폴더에 압축을 푼다. 이 책에서는 C:\GitHub\allegro4_dos에 풀었다고 가정하고 설명할 것이다.

```
https://github.com/pdpdds/allegro4_dos/releases
```

이 툴은 DJGPP + 알레그로 4.23 + 도스박스로 구성되어 있다. 그러므로 별도로 알레그로 엔진이나 도스박스를 설치할 필요는 없다. 콘솔 도스 빌드 시스템과 거의 동일하다.

이제 알레그로4 샘플 프로젝트를 설치할 차례다. 아래 링크(위 깃허브 저장소 메인 페이지)에 접속한 다음 Code 버튼을 눌러 소스 코드를 다운로드한다(allegro4_dos-master.zip).

```
https://github.com/pdpdds/allegro4_dos
```

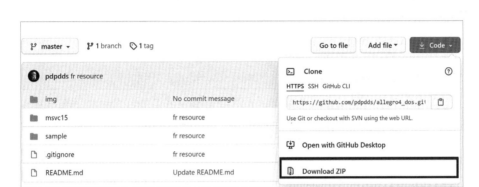

소스 코드 다운로드

그다음 압축을 풀고 내용물을 DJGPP의 루트 폴더로 이동한다. DJGPP 폴더의 내용물은 최종적으로 다음과 같아야 한다.

알레그로4 게임 개발 폴더 구성

각 폴더의 역할은 다음과 같다.

- allegro: 도스용 allegro 라이브러리

- djgpp: 32비트 C/C++ 컴파일러

- dosbox: 도스박스 에뮬레이터

- msvc15: 비주얼 스튜디오 프로젝트

- sample: 샘플 소스와 리소스가 존재. DJGPP, msvc15 두 컴파일러가 소스 코드 공유

- tools: 보조 툴

- djgpp.bat: DJGPP 개발 환경이 설정된 콘솔창 실행

- dosbox.bat: 도스박스 실행

도스용 프로그램을 빌드하려면 djgpp.bat를 실행해서 각각의 프로젝트를 빌드하면 되고 윈도우용 프로그램을 빌드하기 위해서는 msvc15 폴더로 이동한 다음 솔루션 파일을 열어 프로젝트를 빌드하면 된다. 지금부터 알레그로를 활용한 크로스 플랫폼 빌드 시스템을 **Win32/DOS 컴플리트 시스템**[1]으로 지칭한다.

Win32/DOS 컴플리트 시스템을 사용하면 윈도우 운영체제에서 최강의 IDE인 비주얼 스튜디오로 개발을 함과 동시에 C/C++ 언어를 사용할 수 있다. 물론 약간의 제약이 있긴 하지만 나름 최신의 방법으로 도스 프로그램을 제작할 수 있다. Win32/DOS 컴플리트 시스템의 특징은 다음과 같다.

- 하나의 소스로 Win32와 도스에서 작동하는 프로그램 제작

- 비주얼 스튜디오 2019 또는 그 이상 버전으로 프로그램 개발

- 비주얼 스튜디오 2019를 통해 선행적 디버깅 가능 및 앱 튜닝 가능

- DJGPP를 통한 도스용 바이너리 생성 및 도스박스를 통한 앱 테스트

이런 장점을 활용하면 도스 플랫폼에 대해 특별히 고민할 필요 없이 도스용 프로그램을 쉽게 제작할 수 있다. 이제 도스 게임을 제작할 준비가 완료되었으므로 다음 장에서는 본격적으로 알레그로 게임 프로그래밍을 시작해본다.

18.2 HelloWorld

본격적인 알레그로 프로그래밍에 들어가기에 앞서 Win32/DOS 컴플리트 시스템에 익숙해지기 위해

---

[1] 현재 모든 샘플 프로젝트는 아니지만 WSL2, 우분투 20 LTS에서도 도스 프로그램을 빌드할 수 있도록 작업했다.

HelloWorld 프로젝트를 먼저 살펴본다. Win32환경에서 HelloWorld 문자열을 출력해본 다음 도스에서 HelloWorld 문자열을 출력해봄으로써 Win32/DOS 컴플리트 시스템의 기본 구조를 이해해본다.

18.2.1 Win32 빌드

DJGPP 루트 폴더에서 msvc15/build 경로로 이동해서 dos_dev.sln 솔루션을 실행한다. 그다음 프로젝트 구성을 DEBUG, 프로젝트 플랫폼을 x86으로 설정했는지 확인한다.

프로젝트 구성과 플랫폼 확인

Ctrl + Shift + B 단축키를 눌러서 솔루션에 등록된 모든 프로젝트를 빌드한다. 프로젝트 빌드 결과 아무런 에러가 없어야 한다.

이제 시작 프로젝트를 01_helloworld로 설정하고 F5를 눌러 01_helloworld 프로젝트를 실행한다.

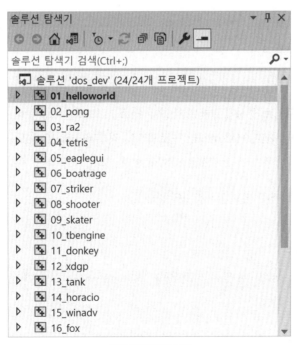

시작 프로젝트 설정

실행 결과는 다음과 같아야 한다.

Win32 HelloWorld 프로젝트 실행 결과

HelloWorld 프로젝트 파일은 msvc15/build/1_helloworld 폴더에서 확인할 수 있다. 이 폴더에는 다음 세 개의 파일만이 존재한다.

- helloworld.vcxproj
- helloworld.vcxproj.filters
- helloworld.vcxproj.user

이 세 파일은 모두 프로젝트 설정에 관계된 파일이다. 소스 코드는 도스용 바이너리를 생성하기 위한 폴더에 있는 코드를 공유한다. HelloWorld 프로젝트의 경우 sample/1_helloworld 폴더에 main.c 소스 코드가 있으며 이 파일을 도스 프로젝트와 Win32 프로젝트가 공유한다.

계속해서 도스용 프로그램을 생성하는 방법을 살펴보자.

18.2.2 DOS 빌드

DJGPP 루트 폴더에서 djgpp.bat 배치 파일을 실행한다. 그리고 콘솔창에서 다음 명령을 입력해서 HelloWorld 프로젝트로 이동한다.

```
cd sample
cd 1_helloworld
```

그다음 make를 입력하면 도스용 바이너리가 생성된다. dir을 입력해서 main.exe 파일이 생성되었는지 확인한다. 그다음 콘솔창을 닫고 DJGPP 루트 폴더의 dosbox.bat 배치 파일을 실행한다. 기본 하드 디스크 폴더로 sample 폴더가 마운트된다.

이제 도스박스에서도 1_helloworld 폴더로 이동해야 하는데 도스상에서는 이름이 8자 이상에서는 제대로 표기되지 않으므로 cd 1_hell~1, 또는 1_까지 입력 후 탭을 입력해서 자동 완성 기능으로 경로를 완성한 다음 해당 폴더로 이동한다. 그다음 main.exe를 입력해서 프로그램을 실행한다. 실행 결과는 다음과 같아야 한다.

HelloWorld 실행 화면

도스 HelloWorld 프로젝트를 빌드하기 위한 폴더 구성을 확인해보자. sample/1_helloworld 폴더에는 다음 파일이 존재한다.

- main.c: HelloWorld 프로젝트를 위한 소스 코드
- makefile: DJGPP 컴파일러가 바이너리를 생성하도록 지시하는 스크립트
- cwsdpmi.exe: 도스 프로그램을 32비트 보호 모드로 실행하기 위한 도스 익스텐더

main.c 소스 파일은 Win32 프로젝트와 공유한다.

추후 새 프로젝트를 만든다면 sample 폴더에 새 폴더를 만들고 이 폴더에 소스 코드를 추가한 다음 소스 코드를 빌드하는 방법을 설명하는 makefile 스크립트를 작성하면 된다. Win32 프로젝트는 솔루션에 새로운 프로젝트를 추가하고 난 뒤 sample 폴더에 있는 소스 코드를 추가하면 된다.

TIP DPMI는 Dos Protected Mode Interface의 준말이다. 알레그로4 엔진을 사용해서 빌드한 도스 프로그램은 32비트 보호 모드에서 실행된다.

18.2.3 Makefile

Makefile 스크립트는 이제 익숙하겠지만 도스 프로그램을 생성하기 위해 HelloWorld 프로젝트에서 사용한 makefile을 살펴본다.

```
CFLAGS = -I. -I..\\..\allegro\include
LDFLAGS = -L..\..\allegro\lib

-------- 실행 프로그램 이름 입력 --------
PROGRAM = main

-------- 컴파일시킬 소스 파일들 --------
SRC = $(PROGRAM).c

-------- 기본적인 컴파일 --------
all: $(PROGRAM).c
    @echo BUILD... $(PROGRAM).exe
    gcc $(CFLAGS) $(LDFLAGS) $(SRC) -o $(PROGRAM).exe -lalleg
```

- CFLAGS: C관련 플래그 설정. -I 옵션은 헤더 포함 경로를 지정한다. 여기서는 소스 코드가 있는 폴더와 알레그로4 엔진의 헤더 경로가 지정되었다.

- LDFLAGS: 라이브러리 관련 플래그를 설정한다. 여기서는 알레그로4 엔진의 라이브러리 경로가 지정되었다.

컴파일러는 GNU C 컴파일러인 GCC를 사용했다. DJGPP는 크로스 플랫폼 컴파일러이므로 GCC는 호스트 플랫폼이 Win32이고 타깃 플랫폼이 도스다.

```
gcc $(CFLAGS) $(LDFLAGS) $(SRC) -o $(PROGRAM).exe -lalleg
```

$(SRC)는 컴파일에 참여할 소스 파일이 지정된다. 여기서는 main.c 하나뿐이다. $(CFLAGS) 와 $(LDFLAGS)는 앞에서 설명했으며 이를 통해 헤더 경로와 라이브러리 경로가 지정된다. -o $(PROGRAM).exe를 통해 컴파일을 통해 생성할 바이너리 이름을 지정한다. 여기서는 main으로 지정된다. 그리고 -lalleg 옵션을 통해 alleg, 즉 알레그로4 라이브러리를 링크시킨다.

18.2.4 정리

이번 절에서는 HelloWorld 프로젝트를 Win32 응용프로그램으로 개발하는 방법을 설명함과 동시에 도스용으로 생성하는 방법을 설명했다.

도스 환경에서 프로그래밍을 하는 것은 매우 불편한 감이 있으므로 Win32 환경의 비주얼 스튜디오를 활용해서 게임을 재빨리 개발한다. 그다음 도스용으로 빌드해서 도스 환경에서 프로그램이 정상적으로 작동하는지 확인한다. 이 프로세스가 가능한 이유는 알레그로4 엔진이 크로스 플랫폼용 게임 엔진이며 두 플랫폼이 같은 게임 소스 코드를 공유하기 때문이다.

다만 이후 여러 가지 샘플 프로젝트를 테스트해보면 알겠지만 도스는 속도나, 해상도, 사운드, 메모리 크기 등의 제약 때문에 우리가 바라는 대로 정상적으로 실행되지 않는 경우가 많다. 그러므로 도스에서 작동하는 게임을 제작할 때에는 게임에 사용되는 리소스를 최적화하고 게임 로직을 단순화하는 등의 추가 작업이 필요하다.

18.3 알레그로4 프로그래밍 기초

지금부터는 알레그로4 API를 간단히 살펴본다. 먼저 HelloWorld 프로젝트를 구현한 알레그로4 API를 이해하는 것으로부터 API 학습을 시작한다.

코드는 계속해서 1_helloworld 프로젝트를 참고한다.

18.3.1 기본 프레임워크

HelloWorld 문자열을 출력하기 위한 기본 프레임워크를 살펴보자.

프로그램 엔트리 (main.c)

```
#include <allegro.h> // 알레그로4 API
......
int main(void) {
    if (allegro_init() != 0)  // 알레그로 엔진의 초기화 ❶
        return 1;

    BITMAP *screen2;  // 더블 버퍼링을 위한 서피스
    install_keyboard()  // 키보드 핸들러 설정;

#ifdef _WIN32 // 윈도우용 그래픽 모드 설정 ❷
    if (set_gfx_mode(GFX_AUTODETECT_WINDOWED, 320, 200, 0, 0) != 0) {
#else
```

```
    // 320x200으로 도스용 그래픽 모드 설정 ❸
    if (set_gfx_mode(GFX_AUTODETECT, 320, 200, 0, 0) != 0) {
#endif
        ...... // 예외 처리
    }

    // 더블 버퍼링을 위한 비트맵 생성 ❹
    screen2 = create_bitmap(screen->w, screen->h);  // Set up double buffer
    if (!screen2) {
        allegro_message("Failed to create double buffer. Out of memory?");
        exit(1);
    }
    set_palette(desktop_palette);  // 컬러 팔레트 설정
    clear_to_color(screen, makecol(255, 255, 255));  // 화면을 흰색으로 설정한다.

    while (!key[KEY_ESC]) {
        clear_bitmap(screen2);  // 비트맵 서피스를 초기화
        textout_centre_ex(screen2, font,  // 특정 폰트로 비트맵 서피스에 문자열을 그린다.
                "Hello, world!", SCREEN_W / 2, SCREEN_H / 2, makecol(0, 0, 0), -1);
        blit(screen2, screen, 0, 0, 0, 0, screen->w, screen->h);  // screen2를 screen에
블리팅 ❺
        rest(1);  // 1밀리세컨드 슬립
    }
    return 0;
}
#ifdef _WIN32  // ❹
END_OF_MAIN()
#endif
```

while 루프에서 문자열을 그리는 렌더링을 수행하고 있으며 ESC를 누르지 않는 한 루프를 벗어나지 않고 화면상에 HelloWorld 문자열을 계속해서 그린다. 기본 프레임워크 구조는 이해하는 데 특별히 어려움은 없으리라 판단한다.

❹에서 _Win32 매크로를 확인할 수 있는데 _Win32 매크로는 Win32 전용 매크로다. Win32에서 이 부분은 다음과 같이 확장된다.

```
int __stdcall WinMain(void *hInst, void *hPrev, char *Cmd, int nShow) {
    return _WinMain((void *)_mangled_main, hInst, hPrev, Cmd, nShow);
}
```

WinMain은 Win32 응용프로그램의 엔트리며 내부에서 _WinMain 함수를 호출한다. _WinMain 함수는 첫 번째 파라미터로 주어진 _mangled_main 함수를 내부에서 호출하는데 이 함수는 소스 코

드의 main 함수에 해당한다.

HelloWorld 프로젝트에서 사용한 알레그로 API를 다음 표에 정리했다.

알레그로 API

API	설명
allegro_init	알레그로 엔진을 초기화한다.
install_keyboard	키보드 핸들러를 설정한다.
set_gfx_mode	그래픽 모드를 설정한다. 여기서는 320 × 200로 설정했다.
allegro_message	파일에 메시지 로그를 남긴다.
set_palette	팔레트를 설정한다.
clear_to_color	비트맵을 지정한 색상으로 초기화한다.
clear_bitmap	비트맵을 초기화한다.
textout_centre_ex	비트맵에 지정한 폰트로 문자열을 그린다. 제공된 좌표를 기준으로 문자열이 중앙 정렬된다.
blit	비트맵 간 블리팅을 수행한다.
rest	지정한 밀리세컨드만큼 쉰다.

18.3.2 디버깅

Win32/DOS 컴플리트 시스템을 제공하는 이유 중 하나는 강력한 디버깅을 지원하기 위해서다. 여기서는 HelloWorld 프로젝트에 브레이크포인트를 설정하고 내부 값을 조회하는 방법을 살펴본다.

먼저 다음 그림과 같이 textout_centre_ex 함수 위치로 이동한 다음 F9를 눌러서 브레이크포인트를 설정한다.

```
44  白  while (!key[KEY_ESC]) {
45
46        clear_bitmap(screen2);
47        textout_centre_ex(screen2, font, "Hello, world!", SCREEN_W / 2, SCREEN_H / 2, makecol(0, 0, 0), -1);
48
49        blit(screen2, screen, 0, 0, 0, 0, screen->w, screen->h);
50
51        rest(1);
52  }
```

브레이크포인트 설정 및 히트

프로그램을 실행하면 브레이크포인트가 히트될 것이다. 이제 screen2 비트맵 객체로 마우스 포인터를 클릭한 다음 Shift + F9키를 눌러 값을 조사해본다.

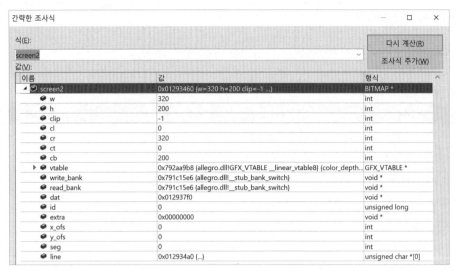

screen2 객체 내부 값들 조회

예를 들어 이 객체의 속성 w, h에는 값이 각각 320, 200으로 설정되어 있음을 확인할 수 있다.

계속 강조하지만 Win32/DOS 컴플리트 시스템을 사용하면 프로그램 실행을 중간에 멈추고 내부 값을 조사할 수 있다. 도스에서는 이 작업이 쉽지 않아서 매우 불편하므로 도스 게임을 개발할 때는 Win32/DOS 컴플리트 시스템을 적극 활용하자.

18.4 알레그로4 API 활용

이번 절에서는 Win32/DOS 컴플리트 시스템을 파고들기 전에 알레그로4 엔진에서 제공하는 API의 사용 방법을 좀 더 살펴본다. 이를 위해 몇 가지 샘플 프로젝트를 준비했다. 샘플 프로젝트 리스트는 다음과 같다.

1. 비트맵 로딩

2. 더블 버퍼링

3. 타이머

4. 바운딩 박스를 통한 충돌 감지

5. 스네이크 바이트 게임

6. 데이터 파일 사용하기

다음 링크에서 샘플 프로젝트를 다운로드하고 압축을 푼다.

```
https://github.com/pdpdds/allero4programming
```

이 프로젝트를 빌드하기 위해서는 알레그로 엔진 라이브러리 관련 적절한 포함 경로와 라이브러리 경로를 지정해야 한다. Win32/DOS 컴플리트 시스템이 C:\GitHub\allegro4_dos에 설치되어 있다고 가정하고, 환경 변수 항목에 ALLEGRO4DOS를 추가하고 값으로는 다음 경로를 지정한다.

```
C:\GitHub\allegro4_dos\msvc15
```

이제 tutorial.sln 파일을 실행해서 프로젝트를 빌드해본다. 모든 프로젝트는 정상 빌드되어야 한다.

18.4.1 비트맵 로딩

소스 코드는 bitmap 프로젝트를 참고한다. 이 프로젝트는 비트맵 이미지를 화면에 출력한다.

비트맵 이미지 출력 (bitmap.cpp)

```cpp
#include <allegro.h>

int main(int argc, char *argv[]) {
    allegro_init();
    install_keyboard();
    set_color_depth(16);
    set_gfx_mode(GFX_AUTODETECT, 640,480,0,0);
    BITMAP *pImage = NULL;  // 비트맵 정보를 담는 구조체

    pImage = load_bitmap("image.bmp", NULL);
    blit(pImage, screen, 0,0,0,0,200,200);
    readkey();
    destroy_bitmap(my_pic);

    return 0;
}
```

프로젝트를 실행하면 allegro.dll 파일이 없어서 프로그램이 제대로 실행되지 않을 것이다. $(ALLEGRO4DOS)\lib\msvc 경로에 있는 alleg42.dll 파일을 루트 폴더 하위 Debug 폴더에 복사하고 이름을 allegro.dll로 이름을 변경한 뒤 실행해보자.

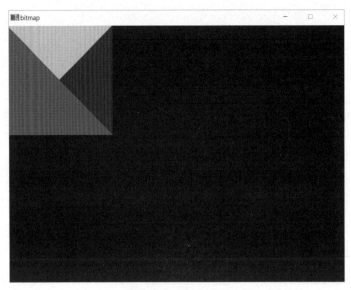

비트맵 출력 예세 실행 화면

비트맵을 출력하기 위해 사용된 API는 다음과 같다.

비트맵 출력 관련 알레그로 API

API	설명
load_bitmap	비트맵을 로드한다.
blit	비트맵 이미지를 화면에 블리팅한다.
destroy_bitmap	생성된 비트맵 객체를 파괴한다.

18.4.2 더블 버퍼링

더블 버퍼링 기법은 화면을 갱신하기 위해 사용되는 일반적인 기법이다(4.4.2절 참고). 화면(장면)을 관리하는 버퍼를 두 개 생성하고 화면 갱신 타이밍 때 전면(프런트) 버퍼와 후면(백) 버퍼를 교체함으로써 자연스럽게 화면을 갱신하는 방식이다. 코드는 doublebuffer 프로젝트를 참고한다.

더블 버퍼링 (doublebuffer.cpp)

```
......
int main(int argc, char* argv[]) {
    allegro_init();
    install_keyboard();
    set_color_depth(16);
    set_gfx_mode(GFX_AUTODETECT, 640, 480, 0, 0);  // 화면 해상도는 640 * 480
```

```
    // 공 이미지를 로드한다.
    BITMAP* pBall = NULL;
    pBall = load_bitmap("ball.bmp", NULL);

    BITMAP* buffer = NULL;  // 후면 버퍼를 생성한다.
    buffer = create_bitmap(640, 480);

    while (!key[KEY_ESC]) {
        ProcessKey();  // 키 입력을 처리한다.
        RenderBall(buffer, pBall);  // 더블 버퍼링을 사용해서 화면을 갱신한다.
    }

    destroy_bitmap(pBall);  // 공 이미지를 파괴한다.
    destroy_bitmap(buffer);  // 후면 버퍼를 파괴한다.
    return 0;
}
```

공의 위치 갱신

```
void RenderBall(BITMAP* pBitmap, BITMAP* pBall) {
    draw_sprite(pBitmap, pBall, g_xPos, g_yPos);  // 비트맵 이미지를 후면 버퍼에 그린다.
    blit(pBitmap, screen, 0, 0, 0, 0, 640, 480);  // 전면 버퍼로 후면 버퍼를 블리팅한다.
    clear_bitmap(pBitmap);  // 후면 버퍼 내용을 초기화한다.
}
```

실행 결과는 다음 그림과 같다. 커서를 누르면 공이 이동하는 것을 확인할 수 있다.

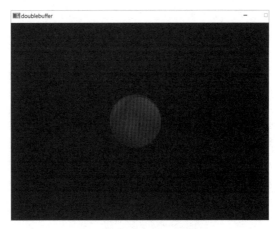

더블 버퍼링 프로젝트 실행 화면

새롭게 등장한 API는 draw_sprite 함수다. 이 함수는 비트맵 이미지를 화면 객체에 그린다.

18.4.3 타이머

더블 버퍼링 예제는 키보드를 눌러서 공을 움직이면 컴퓨터 성능에 따라 공의 이동 속도가 다를 수 있다는 문제가 있다. 이 현상이 발생하는 이유는 렌더링을 수행하는 while 내부에서 공의 좌표를 갱신하는 ProcessKey 함수의 초당 호출 수가 대상 컴퓨터에 따라 다를 수 있기 때문이다. 즉 초당 루프 횟수를 동일하게 유지하는 방법이 필요하다. 알레그로에서는 타이머 기능을 활용하면 초당 프레임 수를 일정하게 유지할 수 있다.

소스 코드는 timer 프로젝트를 참고한다. 기본 골격은 더블 버퍼링 예제와 유사하다.

```
#include <allegro.h>

volatile long g_speed_counter = 0;  // 속도 카운터

void increment_speed_counter() {  // 속도 카운터 값을 증가시키는 타이머 콜백 함수
    g_speed_counter++;
}
END_OF_FUNCTION(increment_speed_counter);  // 타이머 함수가 끝남을 명시적으로 선언
......
int main(int argc, char* argv[]) {
    allegro_init();
    install_keyboard();
    install_timer();  // 타이머 시스템을 초기화한다. ❶

    // 관용적으로 사용. 도스용에서만 의미가 있고 다른 플랫폼에서는 제거해도 된다.
    LOCK_VARIABLE(speed_counter);
    LOCK_FUNCTION(increment_speed_counter);

    // 초당 타이머 함수 호출 수(BEAT PER SECOND)
    install_int_ex(increment_speed_counter, BPS_TO_TIMER(60));  // ❷
    ......
    while (!key[KEY_ESC]) {
        // g_speed_counter 값이 0이 될 때까지 공의 좌표를 갱신한다.
        // 타이머 호출 수 빈도에 따라 g_speed_counter 값이 커지면 커질수록
        // 공의 이동 속도는 빨라질 것이다.
        while (g_speed_counter > 0) {
            ProcessKey();
            g_speed_counter--;
        }
        RenderBall(buffer, pBall);  // 더블 버퍼링을 사용해서 화면을 갱신한다.
    }
    ......
}
```

실행 결과는 더블 버퍼링 예제와 동일하지만 다른 컴퓨터에서 프로그램을 실행해도 공은 동일한 속도로 이동할 것이다.

먼저 ❶에서는 install_timer 함수를 호출해서 타이머 시스템을 초기화한다. 그다음 ❷의 install_int_ex 함수를 호출해서 타이머 콜백 함수를 지정한다. 여기서는 타이머 콜백 함수로 increment_speed_counter 함수를 지정했다. 이 함수는 전역 변수인 g_speed_counter 변수의 값을 증가시킨다.

타이머 콜백 함수의 호출 빈도는 install_int_ex 함수의 두 번째 파라미터로 결정된다. 여기서는 초당 60번이 호출되도록 BPS_TO_TIMER(60)으로 파라미터 값을 설정했다. 초당 30번을 호출하려면 두 번째 파라미터에 BPS_TO_TIMER(30)을 전달하면 된다. 초당 콜백 함수가 많이 호출될수록 g_speed_counter는 큰 값이 될 수 있으며 이 때문에 공은 초당 더 먼 거리를 이동할 수 있다.

게임 제작 시에는 콜백 함수 호출 주기를 BPS_TO_TIMER(60)으로 설정하면 되겠다.

18.4.4 바운딩 박스를 통한 충돌 감지

더블 버퍼링 예제와 타이머 예제에서는 공을 이동시키는 것이 가능하지만 화면 영역 바깥으로 공을 이동시키면 공이 멈추지 않고 계속 이동해서 화면에서 사라져버린다. 공의 충돌 처리에 대한 로직이 없기 때문이다. 이번 절에서는 충돌 처리에 대한 기초 아이디어를 살펴본다. 코드는 boundingbox 프로젝트를 참고한다.

예제는 두 오브젝트를 화면에 출력하고 두 오브젝트가 충돌할 때 충돌했다는 메시지를 출력한다. 첫 번째 오브젝트는 방향키로 조정 가능하고 두 번째 오브젝트는 A, S, W, D키로 조정 가능하다.

오브젝트 충돌 처리 (boundingbox.cpp)

```
......
typedef struct tag_OBJECT_INFO {  // 오브젝트 정보 구조체
    int posX;  // X 좌표
    int posY;  // Y 좌표
    int width; // 너비
    int height;// 높이
} OBJECT_INFO;
......
OBJECT_INFO g_object1; // 첫 번째 오브젝트
OBJECT_INFO g_object2; // 두 번째 오브젝트

int main(int argc, char* argv[]) {
    ......
    BITMAP* image1 = load_bitmap("image1.bmp", NULL);  // 첫 번째 오브젝트 비트맵
```

```
    BITMAP* image2 = load_bitmap("image2.bmp", NULL);  // 두 번째 오브젝트 비트맵
    ...... // 두 오브젝트 정보 초기화
    while (!key[KEY_ESC]) { // ESC를 누르지 않는 한 루프 반복
        while (g_speed_counter > 0) {
            ProcessKey();  // 오브젝트의 좌표를 갱신한다.
            g_speed_counter--;
        }
        // 두 오브젝트가 충돌되었는지 확인한다.
        CheckCollision();
        // 바운딩 박스 출력 여부를 결정한다.
        CheckBoundingBox();
        // 화면을 렌더링한다.
        RenderScene(buffer, image1, image2);
    }
    ......
}
```

실행 결과는 다음 그림과 같다.

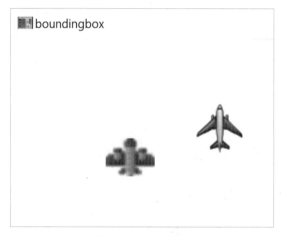

바운딩 박스 예제 실행 화면

오브젝트를 움직여서 두 물체가 겹칠 시 충돌 메시지가 출력되는지 확인해보자.

다만 이 바운딩 박스를 활용한 충돌 처리는 결점이 존재하는데, 다음 그림을 통해서 확인할 수 있다.

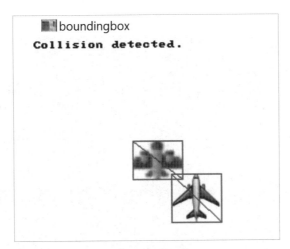

FALSE POSITVE

즉 사각형 바운딩 박스를 사용하다 보니 이미지상으로는 실제 충돌하지 않았음에도 충돌한 것으로 나타나는 것이다. 이를 거짓 양성, FALSE POSITVE라고 한다. 이 문제를 해결하기 위해서는 픽셀 기반 충돌 감지를 활용하거나 복잡한 다각형으로 충돌 처리를 확인하는 기법을 사용해야 한다.

18.4.5 스네이크 바이트

MSX 편에서도 언급했지만 스네이크 바이트는 소코반, 테트리스 등과 함께 게임 개발 시 기본 튜토리얼로 언급되는 유형의 게임이다. 여기서는 알레그로4 엔진을 사용하는 스네이크 바이트 소스 코드를 빌드해본다. 코드는 snakebyte 프로젝트를 참고한다. 코드 원본 출처는 다음 깃허브 저장소이다.

```
https://github.com/sbryant31/Snake
```

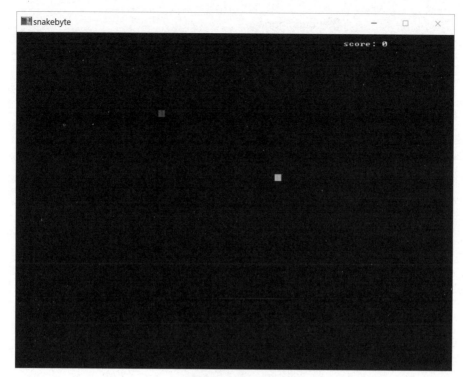

스네이크 바이트 실행 화면

지금까지 튜토리얼을 잘 따라왔다면 스네이크 바이트 프로젝트의 내부 작동 원리를 이해하는 데 크게 무리가 없을 것으로 판단하고 소스 코드 설명은 생략한다.

18.4.6 데이터 파일 사용하기

바운딩 박스를 통한 충돌 감지에서는 리소스로 image1.bmp, image2.bmp 2개의 파일을 사용했다. 만약 게임 볼륨이 커짐에 따라 리소스 파일이 증가한다면 리소스를 관리하고 정리하는 것이 부담이 될 것이다. 알레그로4 엔진은 리소스 관리를 위해 전용 유틸리티인 **grabber**를 제공한다. 이 유틸리티의 소스 코드는 알레그로 엔진에 포함되어 있다. 코드는 datafile 프로젝트를 참고한다.

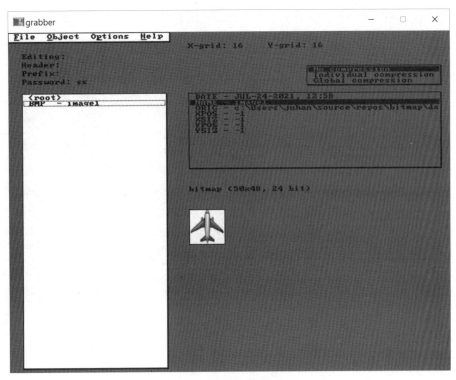

grabber 유틸리티 실행 화면

grabber 유틸리티를 사용하면 여러 리소스를 단일 파일에 담을 수 있고 이 단일 파일을 게임 코드에서 쉽게 조작할 수 있다. 여기서는 바운딩 박스 예제에서 사용했던 image1.bmp image2.bmp 파일을 사용해서 데이터 파일을 생성해보겠다. grabber 툴은 공유 폴더에서 다운로드한다.

먼저 다음 그림과 같이 비트맵(Bitmap) 리소스를 추가해보자. 이름은 image1로 지정한다.

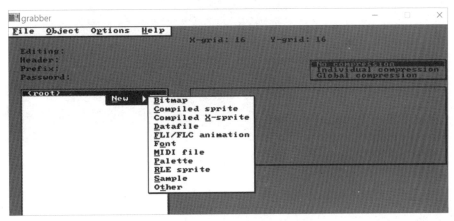

비트맵 리소스 추가

비트맵 리소스를 추가한 다음에는 이 리소스에 image1.bmp를 연결하기 위해 리소스를 클릭하고 오른쪽 버튼을 누른다. 그다음 Grab 항목을 선택하고 image1.bmp 파일을 선택한다.

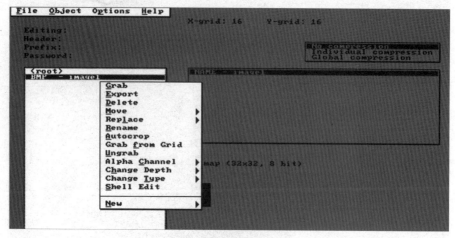

Grab 선택

image2.bmp 항목에 대해서도 동일하게 작업한다.

Header 항목에는 "image" 문자열을 입력한다. 그리고 Prefix 항목에는 sample을 입력한 다음 저장을 누르면 datafile.dat 파일과 image.h 파일이 생성된다.

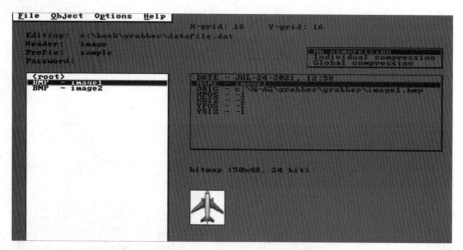

Header 및 Prefix 값 설정

생성 파일들을 튜토리얼의 datafile 프로젝트 폴더에 복사하자. 데이터 파일을 로딩하는 예제의 골격은 바운딩 박스 예제와 거의 동일하다. 여기서는 다른 부분만 살펴본다.